中南大学卓越工程师培养系列精品教材

人际传播与沟通

禹建湘　主编

科学出版社

北　京

内 容 简 介

本书主要阐述人际传播与沟通的内涵、规律、特点、过程、情境、技巧等，论述言语行为与非言语行为在人际传播与沟通中的运用，讲解在跨文化语境和新媒体语境中如何进行人际传播与沟通。本书融合了传播学、心理学、行为学、社会学、语言学等前沿知识，理论联系实际，注重人文精神，突出实用性，以案例展示的方式辨析了人际传播与沟通中的共性与个性问题。

本书对日常生活中的人际传播与沟通具有针对性的指导作用，可作为传播学、秘书学、公共关系学、国际交流等专业本科生及研究生的教材或参考书使用，也可以作为大学人文素质课教材使用，同时能为那些有意提升人际传播与沟通能力、提升个人素养与魅力的人士提供参考。

图书在版编目（CIP）数据

人际传播与沟通／禹建湘主编. —北京：科学出版社, 2017.9

ISBN 978-7-03-054141-3

I.①人… II.①禹… III. ①人际关系–研究 IV. ①C912.11

中国版本图书馆CIP数据核字(2017)第194000号

责任编辑：张　达 /责任校对：邹慧卿

责任印制：张欣秀 /封面设计：铭轩堂

科学出版社 出版

北京东黄城根北街 16 号

邮政编码: 100717

http://www.sciencep.com

北京京华虎彩印刷有限公司 印刷

科学出版社发行　各地新华书店经销

*

2017 年 9 月第 一 版　开本：720 × 1000 B5

2017 年 9 月第一次印刷　印张：19 7/8

字数：340 000

定价：52.00 元

目　　录

第一章　人际传播与沟通概要

第一节　人际传播与沟通的内涵

自从人类诞生开始，为了个体的生存和族群的发展，人们就不断进行着沟通和传播。人际沟通与传播是与人类互为因果、共生共存的一种社会现象。作为个体，谁也不可能真正与世隔绝。人总是处于与他人紧密联系的互联传播圈中，沟通与传播不仅是人类生存与发展的必然之途，也是人类精神领域的永恒渴求。逃避孤独是人类与生俱来的本能倾向，自出生之日起，人便踏上了表达与倾听之途。终其一生，人类竭尽所能运用他所可能拥有的语言文字、肢体动作等各种手段，传达信息，获取认同，赢得支持。同时，人类也不断观察世界，接收来自他人的讯息，以便了解生存环境，应对挑战，给予他人理解。

人际沟通与传播是一门既古老又年轻的学科。作为一种人类现象，人际沟通与传播的历史可追溯到远古时期，早期的人们便已学会通过表情、手势、动作等体态语言来表达自己的思想感情。而作为一门真正意义上的学科，它却显得较为稚嫩。大约从 20 世纪 70 年代初期开始出现在美国等欧美国家大学的课程中，然后迅速蔓延至全球。学者们在 20 世纪 70 年代末 80 年代初将沟通与传播学引入中国。定义人际沟通与传播的内涵，首先必须关注其核心词“沟通”和“传播”。中文中，“沟通”的古义指开沟通渠，使两水相接，也可指具体事物的交流。具体事物的交流逐渐被“交易”、“交换”、“流通”等词所指称，而沟通更侧重信息的交流与分享。在此意义上，中文中“沟通”一词与西文中的“communication”非常相近。“communication”有通信、传达、交流、沟通、传播等多种中文译法。“传播”与“沟通”等译法，始自 20 世纪 70 年代末，逐渐被更多的人接受。随着实践的发展与不断完善，“communication”不仅指单向的物质实体和精神内容的扩散、传布，而且具有双向的人际交往、思想沟通、信息共享等意蕴，它的外延扩展领域越大越宽。而在文化接受与约定俗成的用法中，“传播”一词似乎更突出传递、扩散的含义，更多地被新闻界所使用，如“新闻传播学”、“大众传播”、“网络传播学”等，传播原理作为新闻专业学生的必修课程在大学中普遍开设。而“沟通”则更强调互动、交际、交往，现多用于管理界，如“管理沟通”、“人际沟通”等。上述各种译法，各有千秋，无所谓高下。很多学者，之于这两个词也并未截然区分，他们在同一部著作中，也经常交叉使用这两个概念。如在公共关系学中，既有“人际沟通”的说法，也存在“大众传播”的概念。因此，为避免纠缠于无休止的概念辨析，本书将“沟通”与“传播”合二为一，重点探讨“人际传播与沟通”。

综上可知，早期的传播定义重视的是信息交换。随着传播思想的发展，学者们开始强调作为人们用来创造意义之符号过程的传播。约翰•斯图尔特（John Steweart）曾指出人类建构他们自身的现实：传播是人们建构自身的方式。人类世界不是由物体构成的，而是由人们对物体的反应构成的，或者是由物体的意义构成的，而这些意义是在传播中商定出来的。不要企图将传播仅仅看作是一种共享思想的方式，因为它远远不止于此。人们正是使用这个过程来限定现实本身的。

从这个角度来说，人际传播就不仅是两个人之间的信息传递，而是人们通过人与人之间的传播来商定意义、身份和关系的方式。围绕着人际传播的问题，存在着丰富多样的理解方式和研究方式。西方在人际传播研究领域起步较早，积累了大量的研究成果。国外学者探讨人际传播主要有三种宽泛的方法：以个体为中心的人际传播；以对话或互动为中心的人际传播；以关系为中心的人际传播。

以个体为中心的人际传播理论是西方研究者的一个研究侧重点。这个视角注重理解个体如何计划、生产和加工人际传播的信息。这些理论将传播视为一种以个体为中心的认识活动。此项工作始于杰拉尔德 • 米勒等人，他们论证说，当人们就其互动者做出预测，其基础是将人视为个体，而不是视为一个社会角色时，如教师或职员，人际传播就产生了。对人际传播采取这一视角的学者们注重精神表达，因为它会影响人们如何解释信息、如何行事。

人际传播理论的第二个侧重点是以对话或互动为中心。这个视角将人际传播理解为一种信息，或是一种发生在人与人之间的、与行为有关的联合行动。这一视野从个体以及他或她的性格或认知状态转向多种多样的理论，侧重于信息的内容、形式和功能，侧重于互动方的行为交往。学者们感兴趣的问题是，“在传播中，我们的理解、意义、规范、角色和规则如何在互动的意义上被创造出来”。①

人际传播理论的第三个视角以关系为重点。在许多研究者看来，关系是人际传播的核心。采取这一视角的学者们重视理解传播在发展、维持、终止社会和人际关系——包括朋友关系、约会关系、浪漫关系和同居关系——方面的作用。对于这一视角的学者而言，重要的是关系范围内的信息如何影响或建构关系。

在审视人际传播的著作和论文时，我们发现精确地定义人际传播是有难度的，不同学者彼此也承认存在着许多不同的定义。但大部分学者都认同：人际传播是一个过程，它涉及两个或数量不多的人，涉及创造意义；而且，它是通过言语或非言语信息行为得以实现的。②人际传播是20世纪70年代末80年代初的“舶来品”，国内学者立足于国外学者的研究成果，对人际沟通与传播也进行了种种界定：

王国元等人认为：“人际沟通，就其最一般的意义而言，指的是人与人之间的信息交流与共享。”③

贾启艾等人认为：“人际沟通就是人们运用语言符号系统和非语言符号系统传递信息的过程。把人的观念、思想、感情等看作信息，人际沟通就可看作信息沟通的过程。”④

史锋认为：“人际沟通是指人与人之间的信息、思想与情感的相互传递的过程。”⑤

段京肃、罗睿认为：“人际传播是指个体与个体之间的信息传播，其中包括了面对面的交流和非面对面的交流（如通过书信、电话等媒介进行的交流）。人际传播是建立人际关系和其他社会关系的必要手段与过程。”⑥

周庆山认为：“人际传播在广义上使用，就是人与人之间的信息交流。大

---

① Littlejohn & Foss. 2005. *Theories of Human Communication*. San Francisco：Wadsworth Publishing.

② 莱斯莉·A. 巴克斯特，唐·O. 布雷斯韦特. 2010. 人际传播：多元视角之下. 殷晓蓉，赵高辉等译.上海：上海译文出版社.

③ 王国元等. 2010. 人际沟通. 北京：中央广播大学出版社.

④ 贾启艾等. 2010. 人际沟通. 南京：东南大学出版社.

⑤ 史锋. 2011. 人际沟通与礼仪. 北京：北京师范大学出版社.

⑥ 段京肃，罗锐. 1996. 基础传播学. 兰州：兰州大学出版社.

凡个人与个人、个人与群体、群体与群体之间通过个人性媒介（面对面传播时所使用的自身感知器官与非面对面时使用的个人性通信媒介）进行的信息交流，都是人际传播的范畴。”

张迈认为：“人际传播是确定的个人之间的符号相互作用。这样的定义，可以使人际传播同组织传播、大众传播等区别开来。”①

李彬认为：“所谓人际传播，一般是指人们相互之间面对面的亲身传播，所以又称为面对面传播、人对人传播。”②

黄晓忠等人认为：“人际传播通常指个人与个人之间的双向互动传播。”③

基于目前学术界对于人际传播与沟通尚没有公认统一的认识，本书为了讨论方便起见，在综合考虑众多学者研究的基础上，将人际传播与沟通定义为：人际传播与沟通是指个体或者群体之间运用语言符号系统或非语言符号系统进行信息交流、情感沟通、行为协调的互动过程。这个相对简单的定义揭示了人际传播与沟通的一系列特征。

一、人际传播与沟通发生在相互联系和依赖的个体或群体之间

当代哲学家马丁·布伯（Martin Buber）曾经指出，构成人类世界的本质是关系。人是关系的存在。“人生存的基本事实是彼此关联着的人。”“人无法逃避与他人发生关系。我与你相遇，我和你彼此关联，即使我们的交往是一场相互斗争。即使在彼此的关联中，我已不完全是我，你也不完全是你。”但是“只有在生动的关联中，才能直接认识人所特有的本性。”④纵观人的一生，无时无刻不处在各种关系中，刚出生的婴儿脱离母亲的乳汁便无法生存，长大的孩子穿梭在家庭和学校中，人际关系日渐复杂。进入社会的成年人更处在多重身份下，不得不随时调整自己的角色，以配合纷乱的各种关系。脱离了与他人的关系，人就无法定义自己，也无从认识世界，终将失去人自身特有的属性。

人际沟通与传播在相互联系的个体与个体之间进行，如丈夫与妻子、恋人朋

---

① 周庆山. 2004. 传播学概论. 北京：北京大学出版社.

② 李彬著. 2003. 传播学引论. 北京：新华出版社.

③ 黄晓忠，杨效红，冯钢. 2005. 传播学关键术语解读. 成都：四川大学出版社.

④ 马丁·布伯. 1997. 对人的问题的展望//熊伟主编. 存在主义哲学资料选辑（上卷）. 北京：商务印书馆：185.

友、顾客与售货员、教师与学生等；也可以在是个体与群体之间的交流，如演说与展示等；同时，沟通与传播还可以在群体与群体间进行，如辩论、会议、研讨、争论等。进行传播与沟通的个体或群体必然有着简单的联系，或者存在血缘关系，如兄弟姐妹、父母子女的训诫等；或者因工作关系存在业缘关系，如上司对下属、同事之间、推销员对顾客等；因为地缘关系而形成的邻居、老乡等。

互相交流的个体或群体不仅只是单纯的联系，而且也彼此依赖、互相影响。一个人的行为可能对另一人或群体产生影响，反之亦然。如组织的负责人在董事会议上宣布的决定及规章制度对整个组织的个体都有约束和规范作用，那么组织中群众共同的诉愿也会影响到领导的决策与判断。在家庭中，由于个体间的紧密联系，人际传播有时会牵涉整个家庭成员，如开过家长会的父亲，因为孩子学习成绩差、调皮等原因受到老师的责备，回来可能会责罚孩子，也可能指责妻子家教不严，过于娇纵孩子，从而挑起家庭大战。

二、人际传播与沟通主要通过语言符号系统或非语言符号系统

人际传播与沟通包括语言和非语言的信息交流。人们所使用的语言文字、面部表情、眼神传递、身体姿态等都传递着人际信息。同样，人们也通过自己的视觉、听觉等感官尤其是视觉和触觉来接收信息。甚至沉默也传递着人际信息。

语言是人们交际的工具，是人类传递信息最重要的手段。它在人际传播与沟通中有着独特的力量。语言又可分为口头语言与书面语言两种。

（一）口头语言

口头语言是人际沟通与传播最直接的工具。“最常用的信息传递方式是口头交际”，具体包括“演说，正式的一对一讨论，小组讨论以及非正式的小道消息传播”。其“优点在于快速传递和快速反馈。在这种方式下，信息可以在最短时间里进行传递，并在最短时间内得到对方的回复。如果接收者对信息不确定，迅速的反馈可以使发送者及时核查其中不够明确的地方，因此它能使我们及早更正错误。”①

① 斯蒂芬·P. 罗宾斯. 2005. 组织行为学（第10版）. 孙健敏，李原译. 北京：中国人民大学出版社.

（二）书面语言

书面语言是人际传播与沟通的文字符号系统，“包括备忘录、信件、组织内部发行的期刊、布告栏以及其他任何传递书面文字或符号的手段”。书面语言的优点在于“它有形而且可以核实。一般情况下，发送者与接收者双方都拥有沟通记录，沟通的信息可以无限期地保存下去。如果对信息内容有所疑问，完全可以而后进行查询。对于复杂而长期的沟通来说，这点尤为重要”。[①]

在人们传播和沟通中，非语言符号系统也有着极为重要的作用。在某些场合，非语言信息甚至传递着比语言信号更多的意义。情到深处，恋人间脉脉含情的注视有时胜过千言万语；感动之时，紧握的双手传递的温暖比任何语言更为真实。非语言符号系统主要分为视一动符号系统和辅助语言系统。

1. 视一动符号系统

视一动符号系统包括手势、面部表情、体态变化等内容，又称为“身体语言”。人们的微笑、皱眉、咧嘴等都表达着思想感情，传递着信息内容。人们的每一种身体动作都包含有一定的信息和意义，甚至是面无表情也可能暗示着个体的心不在焉或者内心的不认同。身体语言是语言沟通的辅助者，并常常使言语沟通更为复杂，蕴含更多的信息。如口头表示认同的对方却不断触摸自己的鼻子，嘴角咧开微笑，但眼角却无动于衷，这样的听者或许只是碍于情面认同你的观点，实质心里却是抵触的。

2. 辅助语言系统

辅助语言系统，指的是口头语言交往时的“语言表情”：如音质、音幅、声调以及说话时的停顿、速度等。在传播过程中，它能起到强化或削弱信息的语义分量，完善语言本身无法表达的意见的作用。

事实上，在具体的人际传播与沟通中，信息和意义在更多的情况下是由语言符号系统和非语言符号系统共同表达。有时人们传达的信息清晰无误，如表意明确的放假通知，吐词清晰、概念清楚的交谈，但更多的时候，我们必须全方位运用我们的感官去捕捉蕴含在语言及非语言中的稍纵即逝的信息。例如妻子满含期待地询问丈夫：“今天你要外出应酬吗？”妻子希望丈夫能留在家里

① 斯蒂芬·P. 罗宾斯. 2005. 组织行为学（第10版）. 孙健敏，李原译. 北京：中国人民大学出版社.

陪自己，所以眼神中饱含留恋，先生如果未能留意到此讯号从而加以情感上地安抚，只简单地回应“是的”，必然让妻子异常失望。

三、人际传播与沟通是一个无法回避、不可逆转、无法重复的过程

（一）人际传播与沟通是一个过程

人际传播是一个不断变化发展的过程。把传播看成过程，意味着每一个传播情境只是不断发展的系列传播活动中的一部分，各种事件和关系总是不断变化，持续发展着。有些变化很容易被人捕捉，如表情的急剧变化。而有些变化则很难被人所察觉，如心理活动的微妙动荡。但它们总是在处在不断变化中。

在这个过程中，传播和沟通的主客体总是相互影响，一个人的情绪可以刺激另一人的情绪，这反过来对第一个人又产生影响，如此无限循环。譬如，夫妻争吵中，其中一方情绪失控，大声咆哮指责，另一方出于保护自我的本能，也会相应地提高嗓音，大声申辩或反向批评对方，如此双方都不断被对方激怒，陷入交流的恶性循环中。而假设在这种情境下，其中一方能够先冷静下来，放弃敌意，静心诚意地交流，必然会让对方失控的情绪也逐渐平缓下来，进入沟通的良性循环中。把每次传播看作循环过程，意味着我们在沟通与传播中，既要关注我们对他人发出信息所产生的效果，也应重视他人对我们所做出的反应。然后，我们可以根据新信息不断做出调整。

1. 无法回避

传播与沟通活动往往被视为有意的、有目的的、有动机的。通常情况下确实如此，因为购物，所以我们需要咨询相关的营业员；因为分歧，所以我们争论，试图让对方理解自己的立场与观点；因为宣传，所以我们四处发散传单。但事实上，人际沟通和传播是即使你有意逃避，不愿意参与也无法回避的存在。设想你在站台等车，心绪不佳，不愿与人交谈，双手插在衣服口袋里，目光呆呆地直视远方，双唇紧闭。然而，旁边的路人都能从你的状态中解读出你此刻所传达的一系列信息——也许是缺乏交谈的兴趣，也许是等车颇为无聊，又或者是正在沉思某事。在这种情境中，你虽然没有主动进行传播与沟通，但周边的人却接收到了来自你的信息。在一个互动情境中，所有可见的行为举止皆可以是传播，并被认为是一种信息。无意识的言辞、姿势或体态，甚至是穿着都

概莫能外。譬如你一身正装，喻示着你对某事或某人的重视；而相反，一身俏皮活泼的休闲搭配亦能让人察觉你轻松愉悦的心情。明白我们无法不传播的事实，会让我们更加注意自己的言行举止，调整自己的行为。

2. 不可逆转

中国成语“覆水难收”形象地表明了传播与沟通的不可逆转性。电脑中，程序是可以逆转的，重启系统又可以恢复到最初的设置。生活中，水可以变成冰，冰又可以还原成水，只要人们愿意，冰与水可以不断地转换。然而，世界上更多的存在是不可逆转的，米可以变成饭，饭却无法变成米；房子旧了，只能重新装修，却已不是原来的房子；情感淡了，即使努力经营，也只能感慨“人生若只如初见”的美好了。人际传播与沟通就是不可逆转的。每个人际传播与沟通的过程与经验都是独特的，在任何情况下都不可能回收，一旦信息开始传递并被接收，传播活动就无法逆转了。人际冲突时，人们总是由于冲动说出一些负气伤害他人的话语，而事后冷静下来又颇为后悔，然而伤害一旦造成，便在对方心里刻下了永久的烙印，无法再弥补。有时我们在沟通与传播中，无意中说的话或做的事情，自己转瞬即忘，似乎无迹可寻，但也许给那些偶然听到或看到的人留下了深刻的印象，无法消除。譬如满口道德的教师随地吐痰，自己可能忘得干干净净，可无意中窥见的学生或许颇受刺激，心目中教师形象一落千丈。

3. 无法重复

人类之于美好的景色、情感、场景、谈话等都希望永远定格在当下。然而，遗憾的是，人际传播与沟通除了不可避免和不可逆转外，也无法重复。道理很简单，人际沟通与传播总是处于时间的长流里，每次人际传播和沟通的经验都是独一无二的，在任何情况下都不可能丝毫不差地重现。所有的人和所有的事情都在持续地变化着，人们永远也不可能重回当时的环境、想法、关系和行为情境中。即使我们在原地将所有的过程重演一遍，也无法再拥有当时的感觉。譬如曾经一度让人们落泪的电影，重看时却不再哭泣，只因为当时触动自身的契机，或许是氛围，或许是回忆，现在已经不存在了。因此，在人际沟通中，我们可以通过近因印象，通过最近的活动努力塑造或改观自我的形象，但却永远无法消除曾经的首因印象，即第一印象。因此，在正式的传播与沟通中，譬如应聘、相亲等，我们必须重视自己的表现，塑造良好形象。

理解人际传播与沟通的内涵，在掌握其概念所涵盖的三个基本特征外，还需了解人际传播的八个基本要素。在所有的人际传播与沟通中都包括：①信息源—接收者；②编码—解码；③信息；④渠道；⑤噪音；⑥语境；⑦伦理；⑧能力。

（1）信息源—接收者。人际传播与沟通活动的参与者是人为主体的，其中拥有并发送信息的一方，称为信息源，而接收并做出响应的一方则是信息接收者。在实际的传播与沟通过程中，信息源与接收者的角色常常互换，每个个体都具有双重功能。

作为独一无二的存在，每个个体由于先天遗传、个体生理及后天习得、社会实践的不同，其个性也迥然相异。对于具体的个体而言，潜藏在内心深处的无意识的欲求、意图、兴趣、理想、信念、人生观、世界观等，呈现在表层的为人处世乃至惯常的习惯倾向、说话的语速、声调的高低等都影响着沟通与传播的内容及方式，同样也决定了怎样接收和处理信息。譬如，性格乐观通达的人善于接收和挖掘信息中的积极因子，也更易传递正面讯息；反之，悲观抑郁的人则会将视线聚焦于万里晴空的一片乌云，从而灰心失望，无法享受当下的景色，传递给他人的，也常常是负面信息、负面情绪居多。

（2）编码—解码。随着时代的发展，信息化产业的全方位渗入，在信息的处理流程中，编码的内涵有了更广阔的天空，语言、文字、图表、数据等都是人们创造的符号世界。就符号系统而言，人们用各类符号进行思维和交流信息的过程，也正是编码与译码的过程。广义上的信息的编码包含着人们以文字、图表、数据、声像、色彩等符号对一切信息做出的系统的、形象的、逻辑的表述。换而言之，各类文稿的编写、商业广告的制作，以及进行计算机处理信息过程中代码转换的过程，都是广义上的编码过程。

解码亦称译码，是指把在信道中传递的信号重新还原成信息。具体说来，就是把信号、符号译成它们所表达的思想内容，使之完全或基本上还原为本来的信息。精确的译码更多地发生在机器系统内，譬如电脑。而人际传播与沟通以人为中心，存在于个体的主观理解中。杜威认为：“意义产生于人与环境的互动之中，而语言是我们获得意义的一个必不可少的条件。”理查兹则断言：“意义主要不存在于符号，而存在于人。”每个人都有自己的独特的“意义体系”。解码过程，就是意义互现的过程。人们传递的符号的形式、言称对象和部分意义及语言本身所具有抽象和概括性，加之个体的经验范围以及传播活动的具体情境等主客观条件使人们在认识与理解编码意义上，呈现多样性和复杂性。①

（3）信息。信息是人际传播与沟通中信息发送者与接收者之间传播与沟通的具体内容，它可以是听觉、视觉、触觉、嗅觉、味觉或者他们的结合体。在传播过程中，走路、握手、摸耳朵、打哈欠、哭等都在传播信息。同样，衣服的款式、皮包的颜色、电脑的墙纸乃至字迹、遣词造句的方式等都传播着关于自己的信息。自然，人们不仅传递信息，同时也反馈信息。人们往往通过微笑、点头、皱眉、抚摸、拍打等方式传递自己对信息的认可或否定。

信息有很多种分类法。具体来说，大致可分为数据性信息和情感性信息。所谓数据性信息是指人们传播和沟通中的有关事实、事件、过程、资料等客观性的信息。它往往指涉现实世界，也可称为内容信息。所谓情感性信息是指人际沟通与传播过程有关个体意愿、态度、感受等主观性信息。它往往侧重人们交流时彼此间的关系，也可称为关系信息。

一般而言，人们会根据彼此间的关系传递相应的内容信息。例如，主管可能对下属说："你立刻到办公室来见我。"这一信息反映了他们地位间的差别，揭示了上下级的关系。而情人之间的对话则可能是这样的："亲爱的，下班后到办公室等我，一起回家吧。"这一信息在内容上与上一个例子是相似的，但却映射出两者平等且亲密的关系。

人际传播与沟通中所产生的问题，往往在于关系方面，而不在内容方面，也就是不能正确地区分内容信息和关系信息。心理学家徐浩渊博士在《我们都有心理伤痕》一书中列举了这样一个例子：

妻：累死我了，一下午谈了三批客户，最后那个女的，挑三拣四，不懂装懂，烦死人了。

夫：别理她，跟那种人生气，不值得。（提建议）

妻：那哪儿行啊！顾客是上帝，是我的衣食父母！（觉得丈夫不理解她，烦躁）

夫：那就换个活儿呗！（接着提建议）

妻：你说得倒容易，现在找份工作多难啊！甭管怎么样，每个月

① 黄晓忠，杨效红，冯钢. 2005. 传播学关键术语解读. 成都：四川大学出版社.

我还能拿回家三千多块。都像你的活儿，是轻松，可是每个月那几百块钱够谁花呀？眼看涛涛就要上大学了，每年的学费就万把块吧？！（觉得委屈，丈夫不理解，还说风凉话，开始抱怨）

夫：嘿，你这个人怎么不识好歹？人家想帮帮你，怎么冲我来了？（也动气了）

妻：帮我？你要是有本事，像隔壁小萍丈夫那样，每月挣个四五千，就真的帮我了。

夫：看着别人好，和他过去！不就是那几个臭钱吗？有什么了不起？！

在这个案例中，导致夫妻争吵的原因并不是内容信息，丈夫充分理解了妻子所传达的内容信息，但是却忽略了彼此间的特殊关系。妻子想交流感受，宣泄烦恼，希望得到丈夫的理解与关怀，但是丈夫却只针对内容层面，试图解决问题，导致妻子颇为失落。如果丈夫在接收内容信息同时，能敏锐地捕捉到妻子传递信息中的情感诉求，情形就大不一样了。

妻：累死我了，一下午谈了三批客户，最后那个女的，挑三拣四，不懂装懂，烦死人了。

夫：大热天的，再遇上个不懂事的顾客是够呛。快坐下来喝口水吧（把她平日爱喝的冰镇酸梅汤递过去）。（对感受表示理解）

妻：唉，挣这么几个钱不容易，为了涛涛今年上大学，我还得咬牙干下去。（感到了丈夫的理解和关切，继续倒苦水）

夫：是啊，你真是不容易，这些年，家里主要靠你挣钱撑着。我这个挣公家饭的人，最多能整个宽敞的房子回来。（表示接受）

妻：话不能这么说，涛涛的功课、人品，没有你下力，哪儿能有今天的模样？唉，我们都不容易。（感受到了接受，也回报接受）哎，厨房里烧什么哪，这么香？

夫：红烧狮子头。（得意地笑）涛涛，别学啦，吃饭！你妈回来了。

案例小结：男女双方沟通时，男性更容易接收信息的内容层面，而女性更关心信息的关系层面。了解到两性沟通的差异，关注不同性别的取向，就容易扫除两性传播间潜在的障碍。

人际传播与沟通中，内容信息相对较容易处理。因为一般来说，传播的讯息内容对参与双方来说都是外在的，存在于客观世界中，往往是可见可辨的。譬如如下对话："有人敲门吗？""没有啊"。"可是我好像听到敲门声了。"对于这样的分歧，只需打开门看是否有人即可解决。人们常常以为自己在为传播的内容而争论，事实上，他们争论的实质是关系问题。尤其是亲密关系中，让人们不满的并非谈话的内容，而是感觉受到忽视与不尊重。

（4）渠道。信息渠道在人际沟通中是指信息发送者和接收者之间的媒介环节。信息在传递过程中经常被转换成更便于传递的语言、文字、肢体动作等符号形态，通过听觉渠道、视觉渠道、嗅觉渠道、触觉渠道等传递给接收者。电话、电子邮件、新闻、电影、电视、广播、传真、报纸等传播媒体也属于信息传递过程中的中介环节。此外，还有一类较为特殊的传播渠道，在人际传播与沟通中，个体所依托的人际关系也可以成为信息渠道。如中国社会科学心理学家周晓虹在《现代社会心理学》中所总结的中国人的三种人际关系：人情模式、人伦模式、人缘模式。正式沟通一般依托人缘模式，而非正式沟通则往往依托人情模式、人伦模式。

传播与沟通的过程很少只通过一个渠道发生，通常是同时通过两个、三个乃至更多渠道进行。每种信息渠道都有自己的优势，也有自己的局限，多种渠道并用，可以形成互补优势。例如，教师授课时，清晰流利的口头表达是主要的传播渠道，多媒体的绚丽色彩和音影效果、潇洒漂亮的粉笔字加上优雅生动的教学手势表情，合奏出完美的教学内容。

然而，渠道并非是供个体交流的无障碍通道。在实际生活中，人们会通过渠道传递一些信息，但是也会阻止一些信息通过。例如，在教育的过程中，教育者倾向于让年幼的学生接收正面讯息，而有意识地保留一些负面信息，以免伤害孩子幼小而懵懂的心灵。谈恋爱初期，恋爱的双方也有意无意地遮掩自己的缺陷及毛病，尽力塑造出一个近乎完美的自我形象，以获取对方的好感。

（5）噪音。噪音在人际传播与沟通中是指对信息传递和理解产生干扰的一切因素。在人际沟通中，各种客观存在或有意无意制造的噪音作为沟通与传播的背景是无所不在的，也是无所回避的，作用于沟通与传播的各个环节。噪音可分为内源噪音与外源噪音两大类，亦可具体化为物理噪音、生理噪音、心理噪音、语义噪音等。

1）**物理噪音**是传播者与接收者之间的物质干扰声。例如，谈话时门砰然关闭、风吹动书页、孩子尖叫、阴暗的光线、紧迫的时间、汽车鸣笛、雷声轰鸣、难以辨认的字、错误的语法等，它们会阻止信息的传递与接收。

2）**生理噪音**是指信息传播者或接收者因自身生理缺陷而造成的阻碍信息传递的因素。如近视、远视、口齿不清、失忆、失明等。

3）**心理噪音**是指信息传递和接收主体精神上的干扰因素，包括想法、对他人的成见、情绪化等。心理噪音往往被人们所忽略，由于它不易察觉，难以类比，有时又转瞬即过，尚未被意识到就已消失不见。

4）**语义噪音**是指说话者和倾听者因不同的意义空间而发生的干扰元素。表达不当、语言不通、逻辑混乱、理解歧义、自相矛盾、模糊不清等都属于语义噪音。例如，物理学家运用专业术语解释相对论时，造成理解上的障碍，可视为噪音。

（6）语境。传播与沟通活动不可能发生在真空中，它总是发生在一定的语境中。语境会影响信息的内容和形式，通常，我们会根据自己与朋友独处或有众多无关的旁观者、打电话还是发短信、周围气氛是和谐还是紧张等不同情形来选择不同的话题和形式。有时，语境会被人所忽略，如平和的天气、安静的环境等；但语境也可明显地主导、抑制传播者传播和接收的方式。例如，婚礼、体育赛场、酒吧等环境的沟通就会因语境的不同而明显不同。

1）**物理语境：**物理语境是指有形的、具体的环境。谈话在过道、教室、马路、教堂、会议室或公园中进行，都一定程度上影响到信息传播的内容和形式。例如，男士可能会选择带女友去有特殊纪念意义的地方求婚，如初次约会的地方等。

2）**时间语境：**时间语境是指传播与沟通发生的时间，包括一天中的某个时刻，一周中的某天，一月中的某个星期等，都对传播具有重要影响。有些人属于早睡早起型，上午精力充沛，心情愉悦，传播沟通效果较之晚上更好。而一些人属于晚睡晚起型，晚上较之早上思维更活跃。有些渠道允许信息同步传播，如面对面的交谈、视频聊天等，信息的传递和接收是同时进行的；而有些渠道却只能进行异步传播，如写信和电子邮件等，信息的传递和发送不是同时进行的。

3）**文化语境：**文化包括人们的文化信仰和风俗习惯。人们往往难以察觉这种情境的影响，除非他们对别种文化有过亲身体验。传统、戒律、习惯和风俗对于所有文化中的人们的特质和性格都有强大的影响。在异种文化语境中，我们也许意识不到自己貌似普通的行为举止中正传播着反映我们文化背景的东西。例如，在同一栋大楼工作的两个陌生人，早上等电梯的时候，西方人可能会相互微笑，点头问好；而中国人却较为严肃，对陌生人保持一定的戒心。

4）心理情境：心理情境由存在于传播双方头脑中的诸因素构成。根据传播双方的情绪或态度，这种情境可能是严肃或幽默、正式或非正式、友好或敌对的氛围。同时心理情境也与参与者的地位关系、扮演的角色、友情、仪式或场合的庄重诙谐有一定的关系。例如，同事间正谈笑风生，相互开着轻松的玩笑，一向严肃、不苟言笑的领导突然出现，谈话有可能戛然而止。

（7）伦理。人际传播与沟通存在于社会的方方面面，父母与子女之间、夫妻之间、老师与学生之间、同事之间、上下级之间等，都有自己的伦理要求，如家庭道德、职业道德、社会公德等。因此，人际传播方式和内容的选择，不仅要考虑效率和满意度，还要考虑伦理。例如，从事秘书职业的人员，首要的职业道德就是保密与忠诚，在不违背法律的前提下，不该说的绝对不说，不该做的绝对不做。在人际沟通中，真诚、信任、尊重、与人为善等准则是构建和谐人际关系的重要因素，几乎适应于所有文化的人际沟通。

（8）能力。能力即个体进行有效沟通与传播所具备的人际传播能力。沟通能力包括：清楚地知道面临何种情境、特定听众有何需求与兴趣、适合谈论的话题、不适合提及的主题、怎样引导话题的走向、如何巧妙地转移或结束话题、对方可以接受或喜欢的沟通方式等。此外，沟通与传播能力也包括对非语言符号系统的灵活运用，如对人际空间的灵活掌控、目光的交流次数、姿势的变换、音调音高的选择等。

良好的人际沟通能力之于个体有着重要的意义。戴尔·卡耐基曾指出，专业知识在一个人成功中的作用只占 15%，而其余的 85%则取决于人际关系。西奥多·罗斯福也认为：成功的第一要素是懂得如何搞好人际关系。的确，人的一生总是处于与他人的交集中，幸福感很大程度上来自个体与他人的相处程度，人际传播能力的强弱对于经营我们生命中有着重要意义的亲情、友情、爱情、家庭关系和工作关系起着至关重要的作用。

第二节　人际传播与沟通的功能

人为什么需要传播，归根结底是由人的本质所决定。从微观的角度而言，个人的发展需要人际传播和沟通。个人是社会的个人，个人的发展与生存不可能离开他人。无论是学习、求职、工作、还是结交朋友、恋爱、婚姻、教育孩子都必须有他人的参与，否则，人类的一切活动都无法进行。在个体的生命中，传播与沟通占据了人类的大部分时间。人际传播与沟通使个体获得社会化的能力，在社会分工与参与中发挥自己的潜力，实现自己的目标与价值。从宏观的角度而言，由于科技的迅速发展，国际交往日益频繁便利，整个世界紧缩成一个“地球村”。地球村的出现，打破了传统的时空观念，使人们与外界乃至世界的关系更为紧密。人际传播作为社会传播的重要组成部分，发挥着越来越重要的作用，它成为实现社会协作的重要纽带，也是传承社会文明与文化的重要手段。人际沟通的整体状态，是我们构建和谐地球的关键之所在。下面，我们详细从各个侧面阐述人际传播与沟通的具体功能。

一、认识自我

卡西尔（Emst Cassirer）在《人论》开篇中即指出：“认识自我乃是哲学探究的最高目标——这看来是众所公认的。在各种不同哲学流派之间的一切争论中，这个目标始终未被改变和动摇过：它已被证明是阿基米德点，是一切思潮的牢固而不可动摇的中心。”“人被宣称应当是不断探究他自身的存在物——一个在他生存的每时每刻都必须查问和审视他的生存状况的存在物。人类生活的真正价值，恰恰存在于这种审视中，存在于对人类生活的批判之中。”蒙田也认为，世界上最重要的事情就是认识自我。[①]认识自我的激情始终攫住人，使其努力试图深入了解自我。正确的自我认识，了解自己的欲望需求、兴趣爱好、性格气质、世界观、价值观等，有助于我们清醒地面对现实，协调人际关系，树立正确的人生目标，实现自我价值。然而，认识自我并非易事。几千年来，许多哲学家、心理家、文学家穷其一生，写下无数著

① 恩斯特•卡西尔. 2003. 人论. 甘阳译. 北京：西苑出版社.

作与研究分析总结，却无人敢断言人究竟是怎样的。正如人们常说的“不识庐山真面目，只缘身在此山中”。

自我认识，是指主我对客我的认知和评价，即对自己存在状态的察觉。包括对自己生理状况（身高、体重、肤色、发质等）、心理特征（兴趣、爱好、能力、性格、气质等）以及自己与他人的关系（如自己与周围人们相处的关系，自己在集体中的位置和作用等）。自我认知的范畴较为广泛，主要可以分为三个方面的内容：物质的自我、社会的自我和精神的自我（见表 1.1）。

表 1.1　自我的构成[①]

自我	自我认识	自我感情	自我控制
物质的自我	对自己的生活状况以及服饰、家属、财产等的认识	自豪感或自卑感	追求生理、外表的物质欲望的满足、维护家庭利益等
社会的自我	对自己的社会关系、人际关系、公共团体中的地位、作用、名望的认识	自豪感或自卑感	追求名誉地位、与他人协作或竞争、取得他人的好感等
精神的自我	对自己的智力、性格、兴趣、气质等特点的认识	自豪感或自卑感	追求信仰、注意行为符合社会规范、要求自己智慧才能的发挥等

自我认知主要通过自己对日常活动的反思、他人的评价及社会化中自我角色的定位来认识自我。上述表格中，物质的自我，我们可以通过自我观察、自我总结获得，而社会自我及精神自我往往则需借助他人的评价实现。个体社会化的过程，始终伴随着他人对自我的评价活动。而人际传播与沟通正是他人认识自我、给予自我评价的重要途径。主体借助他人之于自我的种种评价逐渐建构起完整的自我形象。

通过人际沟通，个体在获取他人对“我”的评价时，情感会发生相应的变化，产生自豪感或自卑感。他人恰当的评价，既能让我们认识到“我是谁？我的脾气如何？我是否能与他人和谐相处？我是否准时？我是否守信”等性格、气质特征，也能让我们确认自己的社会角色。在社会学中，社会角色是指与人们的某种社会地位、身份相一致的一整套权利、义务的规范与行为模式。[②]通过人际传播与沟通，我们能够了解他人对我们的角色认知和角色期待，从而更多地了解自己的优势和劣势，进而适当加以调整，以适应周围环境。例如，老

① 董天策. 1995. 传播学导论. 成都：四川大学出版社.

② 郑杭生. 1987. 社会学概论新编. 北京：中国人民大学出版社.

师可以通过学生的评价，了解到自己上课的优势是知识面广，但不够幽默风趣，从而在今后教学中坚持自己的优势，更多地博览群书，同时有意识地关注语言的表达，增强幽默感，以完善课堂教学。

只要是生活在社会中的个体，没有人能完全不受他人想法言论或社会比较的干扰，这是人的天性的一部分，要支配天性，就必须服从天性；反抗天性，只会让其加剧。然而，个体也不能因此而一味地依赖他人评价，这样很难建立稳定的自尊感。他人的评价并不总是恒定不变，有时也许带有他自己的偏颇。庆幸的是，在通过人际传播与沟通获得评价，从而实现自我认知的心理活动过程中，自我并非是纯粹被动的，它既是客体，又是主体。在被他人评价时是作为客体的，而在获得信息后，自我可以对信息进行加工，去粗取精，选取合理部分，正确认知自己。

二、建立和谐人际关系

人作为群居动物，终其一生都处在各种关系中。离群索居的生活实际上是不可想象的。在这个意义上，人际关系决定着人生的高度、厚度和广度，建立和谐的人际关系是人终生的使命和挑战。因为相互依赖性，人际传播与人际关系不可避免地联系在一起。人际关系引起人际传播和沟通，而人际传播与沟通影响人际关系，也定义人际关系。个体进行人际传播和沟通在很大程度上取决于一个人和另一个人的关系。人际传播活动可以帮助我们与他人建立关系。通过人际传播，人们可以向朋友表达友情，向父母表达亲情，向恋人表达爱情，同时也能对他人给予的爱和支持予以回应。美国社会心理学家舒兹（W. C. Schuts）认为，人人都有通过人际交往建立人际关系的需要，他将这种需要分为三类：

（1）“包容”的需要：即希望从交往中与他人建立和谐的关系。

（2）“控制”的需要：即在“权力”基础上希望对他人产生某种良好的调节作用。

（3）“感情”的需要：即在“友爱”基础上与他人建立并维持某种良好关系。

舒兹关于人际交往中的需求分类，让我们看到建立和维持紧密关系，是人们最重要的需要之一，而人际传播与沟通是满足和实现三种需要最重要的方式和手段。每个人都希望获得爱和喜欢，同时也希望能给予他人关怀和爱。这种需要帮助人类缓解孑然一身来自这个世界的孤苦与绝望，帮助我们分享幸福，承受悲痛，使我们对世界、对人生更为积极乐观。

自然，需要注意的是，人际传播并不总是构建和谐关系。如果我们以友好的方式沟通互动，给予他人尊重与支持，就更可能建立友谊、获得认可、赢得爱情；但如果经常散播憎恨和伤害的信息，那么极有可能获得对抗的人际关系。因此，良好的人际沟通与传播实质上是一门艺术，需要努力经营，并不是任何人都能轻易地赢得和谐的人际关系。在通过人际沟通与传播构建和谐人际关系时，个体首先要准确定位自己与他人的关系，确认自己的角色身份，扮演好自己的人际角色，构建人际关系。由于人际关系总是处于动态变化中，我们也需要根据其增益、淡化、变异、巩固等不断调整自己的沟通方式，以稳固和谐的人际网络。

三、认识和顺应环境

当代社会是一个信息化时代，每日的讯息铺天盖地地向人们奔涌过来，让人应接不暇。世界未来学家阿尔温·托夫勒（Alvin Toffler）曾指出："谁掌握了信息，控制了网络，谁就掌握了整个世界。"在这样的信息时代里，只有尽可能获取更多的信息，才能做出明确的判断与选择，最终实现决策与管理，从而认识和掌控周围的环境，立于不败之地。

信息的获取不可能从天而降，只有充分与外界、他人进行沟通与传播，才能广泛接收来自四面八方的信息，捕捉瞬息即变的时代内在的规律，以不变应万变，找到相应的对策。人际传播可以让我们学习，更好地了解外在的世界——客观环境、事件和其他的人。虽然大量的信息来自媒体，但我们仍然可以通过人际传播，与他人交换和讨论、学习和吸收这些信息，从而去粗取精，去伪存真，留取重要而真实的信息，提前预测和审视各种可能的变化，在问题尚未出现之前，防患于未然；而在身处困境时，及时更新观念，转换思维方式，寻找问题的症结，摆脱困境，获得新生。

不同的人之于信息的拥有量是截然不同的。乐观开朗、积极主动、乐于和他人打交道的人往往能接触到更多的信息，其视野也因此更开阔，事业发展前景更广阔。而消极被动，不愿与人相处，总是远离人群者则封闭在自我的小世界里，对于外界纷繁的变化无从把握，在激烈的竞争中往往无所适从。

四、交流人生经验、满足情感需求

《庄子·养生主》中曾感慨："吾生也有涯，而知也无涯。以有涯随无涯，殆已。"庄子的话听来有几分无奈，的确，人的一生看似漫长，在无穷的宇宙中却如白驹过隙，无从觅迹。而知识的海洋却浩瀚无边，无始无终。人类试图以有限的生命去追寻无限的知识，在某种意义上的确是徒劳的。然而，值得庆幸的是，我们并不需要"事必躬亲"地去积累经验和知识。通过与他人的传播与沟通，我们可以不断获得许多有益的启示，从而尽可能地避免人生误区。儿时父母的循循教诲，少时师长的诲人不倦，职场前辈的点拨提携，无一不是我们人生历程中最宝贵的财富。子曰"三人行，必有我师焉。择其善者而从之，其不善者而改之"即是这个道理。人际交往作为双向性的沟通与交流，使传播者和接收者皆能博采众长、取长补短，不断提升和完善自我。

马斯洛（Abraham Harold Maslow）的需要层次论中指出，人们一旦满足了基本的生理需要和安全需要，便会产生社交需要、尊重的需要以及自我实现的需要。其中，后三者属于人类特有的高层次需要。社交的需要也叫归属与爱的需要，是指个体渴望得到家庭、团体、朋友、同事的关怀、爱护、理解，是对友情、信任、温暖、爱情的需要。尊重的需要可分为自尊、他尊和权力欲三类，包括自我尊重、自我评价以及尊重别人。自我实现的需要是最高等级的需要。满足这种需要就要求完成与自己能力相称的工作，最充分地发挥自己的潜在能力，成为所期望的人物。这是一种创造的需要。自我实现意味着充分地、活跃地、忘我地、全神贯注地体验生活。在马斯洛的需要层次体系中，由此我们可以看出，人类高层次的情感需求总是与他人紧密相连，通过与他人相互沟通和交往获取爱，赢得尊重，实现自我。论喜怒哀乐，我们总渴望有人能共同承担。

五、促进世界和谐发展传承社会文化

从社会发展的角度来说，人们通过传播与沟通形成特定的社会关系，在彼此沟通与联系中相互影响，促进健康的社会思想传播，形成良好的社会风气，促进世界和谐发展。

一个社会的文化，无论是物质文明还是精神文明，都是人类在漫长的历史中不断地积累和发展而形成的。《大英百科全书》对文化的界定较为认同两种分法：第一类为“一般性”定义，即文化是“总体的人类社会遗产”；第二类是“多元的相对的”文化概念，认为“文化是一种渊源于历史的生活结构的体系”并为某集团成员共有，主要体现在这一集团的“语言、传统、习惯和制度”中，包括“有激励作用的思想、信仰和价值，以及它们在物质工具和制造物中的体现”。[①]这两种解释，前者显然是笼而统之的“大文化”概念，即以世界为主体，将一切的文化和文明作为人类总的遗产继承。从这个角度而言，世界的发展离不开各国、各民族之间相互的文化交流与沟通。当今世界，正处在一个经济全球化、文化多元化、政治多极化的时代，各国经济相互促进、各种文化协调发展，不同政治形体共存发展，这正是多元化时代特有的标志。哲学家罗素先生曾指出，“须知参差不齐乃是幸福的本源”。人类文明之所以异彩纷呈，就在于人们能或多或少做到各执己见，保持自己的独立性。因此，世界和谐发展的根本在于各国人们不断加强传播与沟通，认识和了解异国他乡在与自然和谐相处过程中所产生的独特文化，真正从内心深处接纳和尊重欣赏他国文化，减少由于误解和偏执而引起的国际纷争，真正构建一个缤纷绚丽、和谐温馨的地球花园。

关于文化的第二种认识，显然是更具体的所谓“小文化”的概念，它往往是某个具体国家、某个民族在漫长的历史中所形成的一种具有稳定性的相应价值观念体系支撑的文化精神结构。信息时代的到来，打破了世界各国固有的界限，任何国家试图在对外隔绝的状态下保存和发展自身的文化业已失去了可能性，正如马克思所言：“某一个地方创造出来的生产力，特别是发明，在往后的发展中是否失传，取决于交往扩展的情况。当交往只限于毗邻地区的时候，每一种发明在每一个地方都必须重新开始……只有在交往具有世界性质，并以大工业为基础的时候，只有在一切民族都卷入竞争的时候，保存已经创造出来的生产力才能有了保障”。[②]因此，对于具体的国家和民族的发展而言，对内须加强不同领域、不同团体的信息沟通与协作发展，增强社会团结，改善不良风气，建立与发展新型人际关系，共同推进经济建设发展，巩固国家安全，保证

---

① 李宗桂. 1988. 中国文化概论. 广州：中山大学出版社.

② 中共中央马克思恩格斯列宁斯大林著作编译局. 1995. 马克思恩格斯全集（第三卷）. 北京：人民出版社.

和谐、有序、稳定、健康的社会关系；对外则须与世界各国建立广泛而经常的联系，加快跨文化间的传播与沟通，学习各国的先进经验，以开放、兼容并收的姿态博众家之长，补一己之短。

第三节　人际传播与沟通的类型

在人际传播学界关于人际传播的类型，诸位学者立足于不同的出发点有不同的分法，我们主要解释以下几种不同的分法，旨在为读者开拓视野，了解不同的学术观点。

一、人际传播与沟通类型的三分法

从广义的人际传播来说，个人与个人、个人与群体、群体与群体之间通过语言符号系统和非语言符号系统进行的信息传播、感情交流等，都属于人际传播的范畴。本书对人际传播的界定就是从这个角度而言的。具体而言，广义的人际传播又可分为三种类型：个体间传播、小群体传播和公众传播。

（一）个体间传播

个体间传播就是指两个个体间的传播。人际传播包含且至少包含两个人，这里实际上就排除了我们自身内部进行的传播。在个人头脑内进行的信息活动通常被称为自我内部传播，内部传播是我们与他人进行传播与信息交流的起点。

个体间的传播是人际传播的基本单位。它往往以面对面的交流与沟通方式为主。两个个体处在同一空间中，置身于特定的语境，如优雅安静的咖啡厅、微风拂面的小河边、温馨甜蜜的卧室，语言成为沟通主要的载体，个体特定的姿势、眼神、气味、衣着、发型等其他非语言暗示也传递着讯息。在两个人的传播沟通过程中，我们投入的是整个身心，而不仅仅是语言或姿势、身体或大脑、理智或情感的单方面投入。我们用整个灵魂来领会和把握传播过程中不断流动变换的讯息。我们根据他人向我们表露的多种多样的暗示与讯息勾画出对方的整体图像。因此，在面对面的传播与沟通中，我们能够全方位地展现自我，也能更全面地了解他人。它是传播效果最为显著的沟通方式，我们不仅通过听觉辨析说话者强调的重点，还可以通过视觉观察说话者表情动作的变化，从而捕捉传播者微妙的心理过程。整体而言，两个人面对面的沟通有助于沟通双方控制沟通的走向，产生共鸣。同时，我们也能够根据对方给予我们的整体信息给予及时而明确的反馈，达到良好的沟通效果。

科学技术的发展给个体间传播与交流带来了新的契机，人们可以通过书信、电话、电脑等方式进行信息交流活动。尤其是以计算机为媒介的在线交流已经成为人们进行新型人际交流的重要体验。在线交流与面对面交流有明显差异。后文关于直接传播与间接传播部分有详细阐述，此处忽略不谈。

（二）小群体传播

所谓的群体，是指三个更多的面对面相互影响的人，为了分享信息，解决难题，或自我维护而结成的有一定目的、结构、准则、内聚力、交际功能的联合体。小群体内部成员之间的信息交流与分享成为小群体传播。当某人坐在饭桌前，和家人商量一起度假的事情时；当某人和班上同学一起讨论去养老院看望孤寡老人时；当某人和同事们一起谈论工作计划时；当某人和摄影协会的成员们一起探讨拍摄技巧时……都在进行小群体传播与沟通。

与个体间传播相比，小群体传播的途径、方式和面对面传播大体相似，主要使用语言符号系统和非语言符号系统。但也存在一些差异：其一，最典型的区别在于，面对面传播仅涉及两个人，而群体传播至少涉及三个人。因为规模的增大，使得更多的渠道和关系可以被利用。随着群体的扩充，潜在的关系也迅速发展。其二，面对面传播相对较为自由，较少约束和规则，也不总是有特定的目的。当然，非常正式的访问活动等除外，譬如国家领导人之间的正式或非正式访谈，都须遵循一定的准则。而小群体传播由于群体自身的性质，其内部往往存在一定的行为准则。它们随着时间的流逝，由群体自身建立起来，也许是自然而然产生的，也许是成员相互制定、要求大家共同遵守的。譬如，家庭内部或许会约定当长辈说话时，不允许孩子插嘴、对老人说话要轻言细语等规矩。群体规则一般不具有法律效力，但它可以决定成员参与活动的方式、处理事情的方法及成员所使用的语言等。其三，群体传播较之个体传播结构更为复杂。个体传播的两者主要以平等或不平等关系为主，而群体传播内部则有一定的结构。其结构的种类和程度是多样的。结构可包括领导形式。它涉及的是一个影响系统——谁被谁影响——依地位、权力或一些别的可变因素而定。结构有时是正式的，有时是非正式的。其领导方式可以是平等的、形式上的、约定俗成的，或者没有领导，群体的构建或许只是为群体成员提供相聚的机会，如同学聚会、老乡会等。而在正式群体中，则会有领导、议事日程和规章制度等。

（三）公众传播

公众传播是指发生在诸如大礼堂、露天广场等公开场合的传播行为，类似于古希腊时期的公众演说，传播的时间、地点一般都是按照计划进行，传播的过程具有明显的行为标准和进行程序。公众传播是一种“公开的说话”，可以是一个人也可以是几个人在特定的环境中向面临共同问题的社会群体即公众进行面对面的交流。在这里，公众是一个开放的整体，即它们可以是高度组织化的群体，也可以是分散的个体，他们是由于某种问题而临时集合在一起的群体。譬如美国的总统竞选，竞选前，竞选人巡回各州面对选民发表的竞选宣言，竞选成功后发表的就职演说都属于公众传播。此外，特殊情况下，如突发地震、火灾等，各部门的负责人发布的紧急疏散宣言也属于公众传播。当代社会，随着民主和法制的逐渐健全，类似听证会这样的机构逐渐增多，加之信息化时代带来的沟通交流平台的畅通便捷，为公众传播提供了更多的可能性和发展的空间。公众传播传为一种社会性比较强的传播活动，将越来越广泛地应用于人际传播领域，有助于促进人际传播的研究范围，具有较强的现实意义。

二、效果与动机分类法

按照人际传播的效果和动机分类，可以把人际传播分为满足性交流和手段性交流。

（一）满足性交流

满足性交流主要是为了使受众在精神、情感、心理方面得到满足和愉悦，而没有什么直接的功利性目的。例如，和朋友谈论流行服装的款式、议论他人是非、谈论天气或者约会、讲故事、说笑话，或者进行一些只是为了消磨时间的活动，这些只是为参与者提供精神娱乐的功能，而没有以特定目的为出发点。

娱乐最重要的功能就是远离繁琐的俗务，调整个体的行为和心态，让人们在紧张的工作和学习之余放松神经、得到休息。典型的满足性交流的基本特点在于参与者重视的是交流过程本身以及在交流过程中所获得的情感满足。

（二）手段性交流

手段性交流也可以成为目的性交流，它是指传播者出于一定的社会目的有意识地试图影响交流对象的一种交流方式。它不同于满足性交流，具有明显的目的性，如学习、告知、影响、说服、激励、帮助等作用。实际交流过程中，由于对某一功能的侧重，就形成了不同的传播类型。

1. 告知性交流

这是一种以告知为主要目的，在于使受者接收传者信息的交流方式。在告知性交流中，传播者的主要意向是发送自己所拥有的某种信息，而受者主要以接收信息为主。例如，主管对下属公布奖金分布方案，老师宣布得奖学生名单，同事传达下午聚餐的消息，交警说明处罚原因等都属于告知性交流。这种传播交流相对，较为简单：传播者在交流中占主导地位，而接收者则相对处于被动接收的状态。值得注意的是，传播者在告知受者坏消息时，须注意传播的方式和策略，尽量避免和减少受者所受的刺激和伤害。譬如解雇员工时，我们可以选择环境较为安静、气氛较为和谐的场合进行。

2. 劝服性交流

劝服性交流已不局限于传播者向接收者传递信息，而是在传递过程中，传播者试图通过自己的言行去影响他人的态度和行为，以“说服”为重心，试图让受者在观念、思想、价值观、信仰和态度等方面朝着传播者所希望的方向发展。例如，我们可能希望对方为特定的竞选人投票、去尝试新的减肥方式、购买一件新衣服、观看某部电影、参加一个特别的课程、用某种方式进行思考，我们也可能希望对方相信某些事情是正确的而某些是错误的，希望他认同我们的某个观点——这份清单是无止境的。事实上，人们把大部分时间都花在人际劝说上。“控制”的需要是舒兹关于人际关系中三大需求之一。如果可能的话，每个人都希望事情、他人按照自己所想象的方向发展。因此，某种意义上，几乎所有的传播活动都具有劝说的性质。人际交往说到底就是一场意志力搏斗的过程，只是程度有所区别：有人意志坚定，控制欲强；有人较为软弱，控制欲相对较弱。性格气质不同的两个人，最终或许会出现较强的一方说服较弱的另一方；或许彼此互不妥协；或者彼此和谐共处，尊重各自的观点和意见。

3. 激励性交流

激励指激发人的动机、诱导人的行为，使其发挥内在潜力，朝着目标努力前进的过程。激励性交流较之告知性和劝服性交流更为复杂，它在涵盖前两者的前提下，力图强化受众已有的各种信仰、思想、行为和态度，并促使其产生具体的行为，朝着积极向上的方向发展，激励性交流以促使对方产生具体的实际行动为最终目的；而告知性和劝服性交流并不要求受者必须产生行动。激励对于个体而言就是极为重要的意义，它是管理学的重要研究课题。美国哈佛大学的威廉·詹姆斯（William James）教授在对职工的激励的研究中发现，按时计酬的职工仅能发挥其能力的 20%～30%，而如果受到充分的激励，则职工的能力可以发挥到 80%～90%，其中 50%～60%的差距由激励工作所致。也就是说，同样一个人在通过充分激励后所发挥的能力相当于激励前的 3-4 倍。世界各国的管理学家和管理心理学家以及社会学家，都非常重视激励问题，纷纷提出自己的见解。奥德弗（Clayton Alderfer）的“ERG”理论。麦克利兰（David McClelland）的“成就需要理论”。赫兹伯格（Fredrick Herzberg）的“双因素理论”。詹姆斯的“期望理论”。洛克（Edwin Locke）的“目标理论”。斯金纳（Burrhus Fredenic Skinner）的“强化理论”以及亚当斯（John Stacey Adams）的“公平理论”和“挫折理论”等都是激励理论中颇有影响的理论。

4. 学习性交流

学习型交流是指传者和受者通过人际传播与沟通，彼此学习，相互进步。与他人的沟通联系，一方面，能让我们了解到他人不一样的思维方式，从而突破我们原来固有的思维模式，使我们变得更通达、明事理。另一方面，也可以让我们接触许多新的资讯和知识，从而完善和巩固我们的知识体系，丰富我们的人生阅历。人类有限的生命使我们无法穷尽知识的海洋，但是通过学习和沟通，我们可以让自己尽可能地变得丰盈而充足。

5. 帮助性交流

顾名思义，帮助性交流即指通过传播和沟通帮助他人。譬如，各种类型的医学治疗专家通过人际互动的方式提供专业帮助。心理学家通过和咨询者相互沟通交流，给予相应的心理治疗。除开这些专业的帮助者，我们在日常生活中也常常充当助人者或求助者。譬如，安慰刚刚失恋的朋友，给予同事一些专业上的建议，帮助高考学生选填志愿，指导实习生操作仪器或者征询他人意见，请求别人帮助等，这些都构成了帮助性交流。这种交流滋润了人类的心灵，让人们获得幸福感和满足感。

以上是五种主要的手段性交流，由于传播过程中传播者对于传播目的的主观倾向性的不同而带来沟通传播类型的不同。

三、符号分类法

按人际传播过程中使用的符号手段可以把人际传播分为语言符号传播和非语言符号传播。

（一）语言符号传播

语言是人类社会约定俗成的较为高级和复杂的符号，是人们交流与沟通的最基本形式。语言符号系统是传播与沟通中最重要的载体。它是人类区别于其他动物的一个显著标志，也是人类社会赖以生存和发展的必要条件。

口头沟通是人们之间最基本、最常用、最直接有效的语言沟通方式。口头沟通可以是简短的问候、寒暄，也可以是较复杂的交谈、演讲、谈判等；可以是正式的会谈，也可以是非正式的讨论；可以是面对面的谈话，也可以是不见面的电话交流等。

语言的交流对人际关系有很大影响，把感情诉诸语言有利于我们更好地感知自我并强化人际间的相互影响。

语言的含义是多变的，我们对语言的有效运用取决于对语言如何根据不同的传播情境产生不同的意义这一现象的认识。正确理解和传播语言，很大程度上取决于语言的使用者是否传递了尽可能完整的信息，语言使用者必须提供给接收者尽可能多的信息来表达其思想、体验、感情和感觉，以使接收者能理解其本意。应当尽可能使信息充足，这样对方才能理解语言使用者的参照系。但是过犹不及，过多的信息又会增加反感，超出人们接受限度的过多细节，很可能使听者感到厌烦或不知所措。

阻碍传播过程中信息交流的一个重要原因是接收者在接收语言信息的时候，将事实、推论和判断混为一谈。事实是指可以验证的陈述，它可以或已经经过直接的感受：看、听、摸、尝、嗅等。假如有人想从所感受的事物中推出结论，这个结论就可以称为推论。若有人进一步使评论增加含有评价性质的成分，就叫做判断。判断表明某人认为某事好或坏，有益或有害、公正或不公正。譬如，李丽看到王芳开了一辆新的跑车上班，于是对同事说："王芳开了一辆很酷的新跑车。她只是个普通的职员，哪有钱买跑车呀，一定是傍了个大款。她这个人呀，真是个典型的坐享其成的拜金主义者！"在这段话中，第一句"王芳开了一辆很酷的新跑车"，这是李丽经过直接观察得到验证的事实。第二句话认定王芳一定傍大款了，属于推论。事实上，王芳或许压根儿没买新车，只是借朋友车开开而已，或许通过投资、中奖等方式获得跑车。第三句话由此认定王芳是个典型的拜金主义者，属于对个体品质的判断。从上述例子可以看出，分清这三个概念是十分有益的，因为这样引起误解的可能性较小。它可以防止人们做出错误的陈述或判断，或不必要、不理智的行动，还可以防止人们由于耳闻的证据不足和判断不清而造成的错误印象。人际传播的准确性常常有赖于区分事实、推论和判断三者差别的能力。

在任何传播的互通过程中，我们都努力在内心形成关于对方的印象，正如他或她也形成关于我们的内心印象。我们未来将要进行的相互间所有的传播都建立在这些内心印象的基础上。我们对语言的运用，特别是我们互相观察对方运用语言的方式，将影响到我们如何形成这些内心影响。我们令对方形成的关于我们的内心印象与我们的自我印象越是趋近一致，人际间的传播就越有效。我们利用语言交流思想、表达感情；我们利用语言推理论证并将感性经验转化为理性概念，或将理性概念转化为感性经验，懂得如何恰当地运用语言将提高人际传播的有效性。

（二）非语言符号传播

非语言具有奇妙的言说力量。在日常交往中，非语言的言说比我们所能意识到的要多得多。美国学者艾伯特·梅瑞宾（Ebert Merabian）提出了一个著名沟通公式：沟通的总效果=7%的语言+38%的音调+55%的面部表情。根据他的研究，在信息传递的全部效果中，人与人之间的沟通高达93%是通过非语言沟通进行的，其中首推人类的面部表情。美国体语研究权威伯德惠斯戴尔（Ray Birdwhistell）认为，即使在人们面对面交流时，有声信号也低于35%，而65%的交际信号是无声的。人们平均每天用于讲话的时间仅有10～11分钟，平均每句话仅占2.5秒，其余绝大部分时间，人们都是用非语言手段向外发出信息的。不仅传播研究汇集成说，在心理学、人类学等诸多领域，也都有类似的证明：人类表达情感的93%的讯息，来自非语言传播。可见，非语言足以构成人际交流的主要信息源。人的外部表情动作可以展示人心内部的状态。当我们想向一个人传情达意时，有时词语会显得无能为力。此时，人们更喜欢通过非语言传播的多种渠道，发送和获得他们需要的讯息及其意义，并借此判断、认识和描述自己与他人的关系。

借助于非语言信息，人们可以用来判断、创造和发展各种关系。非语言传播能直接表现人的喜欢和不喜欢，表达他人在自己心目中的地位，显露出在多大程度上，双方愿意互相地融入。在显示自己的独特性时，在建构双方关系时，非语言符号还可以起到修辞、替换词语的作用，给人带来更大的可信性。当对方在说话时，如果一方一边点头附和，一边用鼓励的眼神凝视着对方，无疑可以给予对方极大的鼓励；自然，如果一方口头应和，眼神却游移不定，满脸心不在焉的样子，自然暗示了其对谈话内容的不耐烦。因此，某种意义上，非语言沟通还可以规范语言的走向，使之继续、转移或停止。此外，从表达情感的角度来看，阿尔伯特·麦拉宾认为，非语言传播涉及三种主要的感情范畴，即接近欲或好感，统治欲或权力感，以及变通或随适。

非语言传播无处不在，不可避免，当人们与他人接触时，即使尚未开口，其姿势、服装等就已经向他人传递了某种信息。语言的传播往往是一时的，而非语言传播则能持续不断地向我们传递可见性的、有意识的、自然流露的，甚至无意识间发出的讯息。事实上，更多的非语言传播是无意识的，并非人为可以控制的，因而可信度更高。研究表明，在传播过程中，当语言传播的信息与非语言传播的信息发生矛盾时，人们倾向于依据非语言所传达的意义，做出自己的判断。研究者伯尔古恩认为非语言传播渠道比语言传播渠道更丰富，能携带比语言更多的讯息，因此人们更偏信非言语传播的讯息。尽管如此，人们还是较少单独使用非语言形式。非语言传播往往用来强调、重复、强化词语的讯息，或者用来产生与词语讯息相反的效果。[①]

第四节　人际传播与沟通的历史发展

人际传播是人类交往最原初、最基本和最重要的形式，是社会得以形成的基础。无论是从历史还是从逻辑的层面上讲，人类的第一个精神互动就是人际传播，以至于库利把人类社会与人际传播当作统一问题的两个方面，“既然交流的需要是如此原始和基本的人性特点，我们就不能把它看着是与思考和生存需要相分离的或是它们的附属物”。[②]

追溯人类传播的历史，在语言产生之前，人类的祖先经历了漫长的原始传播时代，传播史学者将之称为前语言传播时代。在这个时代，人类传播和动物传播尚没有本质的区别，我们的祖先只能依靠动作、表情、吼叫或其他简单的音节来传递信息，协调采集和狩猎活动，或表达喜怒哀乐的感情。伴随着人类早期的简单劳动，作为人类最基本传播手段的语言开始产生。“劳动的发展必然促使社会成员更紧密地互相结合起来，因为它使互相支持和共同协作的场合增多了，并且使每个人都清楚地意识到这种共同协作的好处。一句话，这些正在生成的人，已经达到彼此间不得不说些什么的地步了”。[③]恩格斯认为，劳动中的相互协作对语言的需要促进了早期人类发音器官的发达，经过漫长的进化和发展，终于出现了分音节的语言。而在这个过程中，脑髓和感觉器官也不断趋于发达。脑和为它服务的器官，越来越清楚的意识及抽象能力和推理能力的发展，又反作用于劳动和语言，为这二者的进一步发育不断提供新的推动力。人类社会及其以语言为核心的信息传播系统，正是在这种永不枯竭的动力的推动下，不断走向更新更高的发展阶段的。语言的产生，标志着从动物传播到人类传播的重大飞跃。从语言产生到今天的信息社会，人类传播经历了漫长的历史发展过程。传播是通过一定的媒介、手段或工具进行的。根据媒介产生和发展的历史脉络，人际传播大体上经历了以下几个发展阶段：口语传播时代、文字传播时代、印刷传播时代、电子传播时代。

---

① 薛可，余明阳. 2007. 人际传播学. 上海：同济大学出版社.

② 库利. 1999. 人类本性和社会秩序. 包凡一等译. 北京：华夏出版社.

③ 1995. 马克思恩格斯选集（第 4 卷，第 2 版）. 北京：人民出版社.

口语传播是人类传播活动发展的第一个阶段。这一阶段从人类摆脱茹毛饮血的原生状态组建原始社会开始，一直到文字的出现。简言之，就是从人类开口说话到用手写字这一漫长的时期。口语的产生无疑加速了人类社会进化和发展的进程。直到今天，口语依然是人类最基本、最常用和最灵活的传播方式。然而，口语传播受到空间和时间的巨大限制，只能近距离沟通，而且转瞬即逝，只能依赖人自身的记忆。

因此，即使在以口语传播为主的时代，口语也并不是唯一的传播手段。为了适应越来越复杂的社会生活和越来越大的环境空间，人类不断地发明和采用一些简单的体外媒介，如用约定的实物来传递和交流信息、利用结绳或图形符号来记录重要的事件或生产和交易情况，利用擂鼓或燃放烟火以及这些信号的接力传送等保持远距离联络。这些媒介的使用，意味着人类传播开始进入一个新阶段：人类不再单纯地依赖体内信息系统传播，而开始向功能更强、效率更高的体外化信息系统进军了。

文字是人类传播发展史上的又一次重大里程碑。如果说语言的产生使人类彻底摆脱了动物状态，那么文字的出现使人类进入一个更高的文明发展阶段。文字作为人类掌握的体外化符号，大大加速了人类利用体外化媒介系统的进程。以我国汉字的载体而论，从早期的石壁、石器、陶器、青铜器，到甲骨、竹简和木简，再到后来的纸张，书写材料不断趋于轻便化，文字信息的传递和沟通越来越容易。道路的开拓，驿站、邮政设施的建立，也使得文字信息能够在越来越广大的区域内进行传播。以文字为核心的体外化信息系统的形成和扩展，大大地推进了各地区的经济、政治和文化交流与融合。文字克服了声音语言的转瞬即逝性，能将信息长久地保存下来，使人类的知识、经验的传播不再单纯地依赖人脑有限的记忆力；同时，它打破了音声语言的距离限制，能将信息传递到遥远的地方，扩展了人类交流和社会活动的空间。

文字出现以后，人类经历了一个很长时期的手抄传播阶段。印刷术的发明标志着人类掌握了复制文字信息的技术原理，从此摆脱了效率低、规模小、成本高的手抄传播历史。经过欧洲工业革命的推动，印刷技术不断革新，迅速跨越了人力生产而进入机械动力和电力生产的阶段。印刷机的出现迎来了近代报刊的诞生，伴随着读写能力的普及，印刷媒介开始在社会变革和社会生活中扮演越来越重要的角色。在 21 世纪的今天，印刷媒介已经高度普及，书籍、报纸、杂志等出版物作为人们每天获得信息、知识、娱乐的基本渠道之一，在人际传播与沟通过程中产生越来越重要的影响。

如果说印刷传播实现了文字信息的大量生产和大量复制，那么电子传播最重要的贡献就是实现了信息的远距离快速传输。随着摄影、录音和录影技术的进步，人类不但实现了声音和影像信息的大量复制和大量传播，而且实现了它们的历史保存。电子技术的发展推动了计算机的诞生，“电脑”开始执行人脑的部分功能，电脑兼有信息处理、记忆和传输功能，其信息处理速度快、精度高，记忆也比人脑更牢靠。电脑的出现，意味着人的大脑这一信息处理中枢也开始了体外化的进程。电子传播技术的发展，使人类的传播与沟通进入了一个全新的、前所未有的时代。①

从社会发展的历史长河来看，人类传播的发展史就是人类在生产和交往活动中不断创造和使用新的传播媒介、使社会信息系统不断走向发达和完善的历史。语言符号系统的产生标志着人类彻底摆脱了动物传播状态。文字、印刷、电子媒介等体外化信息系统的形成，意味着人类传播能力的不断扩展和效率的不断提高。

西方较早地从理论上较为系统地探讨了传播与沟通。最早可以追溯到古希腊和古罗马时代的修辞术。公元前 5 世纪，柏拉图和亚里士多德创立了西方最初的传播理论，这就是以柏拉图的《高尔期亚篇》和《裴德若篇》为代表的“论辩术”和亚里士多德的《修辞学》。公元 300—400 年，开始出现专门的有关传播的研究，早期的有关传播理论是围绕劝服性论辩和公共传播两个领域而建立的。在中世纪和文艺复兴时期，传播理论的研究没有取得进展，直到 17 世纪，传播研究才再次返回修辞学领域。可以说，现代修辞学一直是传播研究的主体。西方人际传播领域的开创学派当属 20 世纪 20 年代的芝加哥学派。芝加哥学派的帕克（Robert Ezra Park）、库利（C. H. Cooley）和米德（J. H. Meade）等人把人际传播看作是形成人类社会的必要条件。其后在 20 世纪 60 年代末、70 年代初，迈克尔·罗洛夫（Michael Roloff）对人际传播理论进行系统化的理论整合，人际传播在传播研究中才取得较为独立的分支学科的地位。从 20 世纪 80 年代初开始，西方的人际传播研究迅速发展起来，很快形成显学，终于在 20 世纪 90 年代迈向成熟。这一标志是詹姆斯·麦

① 郭庆光. 1999. 传播学教程. 北京：中国人民大学出版社.

克罗斯基（James McCroskey）、卡尔·拉森（Carl Larson）和麦克·纳普（Mark Knapp）的《人际传播引论》等一批人际传播学著作的问世，以及詹姆斯·麦克斯基（James Mycoskie）和约翰·司徒尔特（John Stuart）等人对人际传播理论的深入阐述。90 年代以后，网络进入社会生活。网络不仅仅是一种技术，而是一种以技术为依托、以信息为标志的崭新的生活方式。它不仅带给人们线上生存方式，也直接影响了人们的沟通、交流方式，大大拓展了人际传播的渠道。人际传播媒介也随之呈现初泛化的趋势。与此同时，关于人际传播的研究范围不断拓展，除了对人际传播定义的进一步界定，学者们从不同层面深化研究。其他学科如哲学、语言学、符号学、解释学、文化人类学、定性社会学、心理学及批判学等学科不同程度地影响和渗入人际传播学领域，深化了关于人际传播与沟通的研究。非语言传播和语言传播研究取得了丰硕成果，人际传播的各种理论命题也受到了更加科学和严谨的验证。认知理论、符号互动论以及交往行为理论的研究更加系统化和明晰化。①

对中国来说，传播学是“舶来品”，于 20 世纪 70 年代末 80 年代初被大规模引入中国。20 世纪 70 年代末到 80 年代末是“传播学本土化”得以提出的时期。80 年代，我国大规模引入介绍西方的传播学理论。内地学者在吸收西方传播学理论基础上开始自主研究传播学，主要集中于新闻学领域。这一时期较有代表性的成果是 1988 年戴元光、邵培仁等人合著出版的第一本具有概论性质的《传播学原理与应用》，这是我国传播学者在消化、吸收西方传播学理论基础上自主编著的第一本传播学教材，标志着本土学者研究的重大突破。1988 年开始，全国有 10 多所新闻院系开设传播学课程，部分学校还将传播学课程列为专业必修课，复旦大学是国内首先开设传播学课程的院校。

但是直到 90 年代，人际传播学才从传播学中独立出来，开始被单独作为一门学科加以研究。1991 年，学者熊源伟、余明阳在中山大学出版社出版了《人际传播学》，它从一定意义上可被称为国内第一部研究人际传播学的著作。2012 年，薛可等人重新修订了《人际传播学》，由上海人民出版社出版，成为众多高校选择的教材。此外，人民出版社于 2003 年出版的《人与人的相遇——人际传播论》也是当前人际传播领域颇有特色的著作。它立足于马丁·布伯（Martin

① 张晓菲. 2005. 西方人际传播理论研究评析. 武汉：武汉大学硕士学位论文.

Buber）的研究，对人际传播的本体意义进行了较深层次的探讨。此外，众多学者也纷纷从各个角度发表有关人际传播的学术论文，研究人际传播的历史沿革、网络中的人际传播、人际传播与大众传播等关系。目前，西北大学、复旦大学、上海交通大学等相继开设了人际传播学课程，使这一方面的研究不断深化。①

时至今日，与传播学相同的是，人际传播是一个跨学科的领域，不同的视野以及不同的实践要求会提出不同的观点，建构不同的理论，即便是同一学科内部，由于价值取向和研究者个体经验等原因，也会存在不同的观察角度，会遵循不同的研究路径而得出不同的结论。但迄今为止，人际传播在我国尚没有得到充分的重视，还处于起步阶段，研究成果也较为有限：已出版的少量成果，或者是对国外人际传播理论的较少部分进行梳理，或者是管理学的一些研究者站在组织传播的立场对人际传播进行了一些研究，或是更大程度上混合于其他论题之中。总体而言，人际传播与沟通作为一门从传播学独立出来的全新学科，其理论基础颇为薄弱，尚需要学者在未来的研究中对其深入拓展，才能使其得到长远的发展。

① 薛可，余明阳. 2007. 人际传播学. 上海：同济大学出版社.

第二章　人际传播与沟通的规律和特点

第一节　传统人际传播的特点

人际传播是社会生活中最直观、最常见、最丰富的传播现象，它也是人类交往最重要的形式之一。所谓人际传播（personalcommunication）有广义和狭义两种理解。广义的人际传播是指大众传播以外的其他人类传播类型，狭义的人际传播则指的是在两者或两者以上之间进行的面对面的或凭借简单媒介如电话、书信等非大众传播媒介的信息交流活动。人际传播是一种最典型的社会传播活动，也是人与人社会关系的直接体现，是组织传播和大众传播的基础。

传统的人际传播是指借助语言和非语言符号彼此交流各种不同观点、思想和感情的信息交流活动。西方著名传播学者施拉姆（Wibur Schramm）对此下的定义是："个人与个人之间无需传播机构居间的传播行为，包括谈话、演讲、上课等面对面的传播，也包括有工具在中间的协助的传播，如打电话、用扩音器说话和书信往来。"[①]"传统的人际传播已被人们所熟识，并且得到广泛的应用。它与网络人际传播显著不同的地方是传者知道受方是谁，而且能很快或即时取得回报，并且没有也不必依靠传播媒介来居间作用。有人把传统的人际传播形象地称为 FTF（face to face）"[②]传统人际传播的特点主要有以下几个方面：

一、双向交流性

从信息传播的角度来看，在人际传播中，每个人既是信息的发送者又是信息的接受者，参与者的传播行为共同构成了这样一个传播过程。双方的信息传

① 熊源伟，余明杨. 1991. 人际传播学. 广州：中山大学出版社.

② 邵培仁. 2004. 传播学. 北京：高等教育出版社.

播是以一来一往的方式进行，传播者与接受者不断地变换着角色，要求每一活动参与者都有自己的积极性，不要把对方看作是一种客体，而是在传达信息的过程中必须理解、分析其动机、目的、需要等，在这期间每一方都可以根据对方的反应对自己的传播行为进行相应的修改、补充传播内容或者改变传播方法，进行及时的调整以把握传播效果。可见，人际传播是传播参与双方相互间的传播，因而是双向互动的过程。

从参与的角度来看，在人际传播中，双方的参与性强。传播双方一旦发生交流和沟通，双方便不断地对调传播的角色，既说又听，既写又看，既发表自己的见解又接受对方的意见，相互讨论、商量对话等。这样的传播过程，信息反馈灵活，易于相互调整适应。尤其是在面对面的人际交流中，双方能够及时做出反应来表达自己的情绪和意见，能够通过观察对方的反应及时调整自己的传播内容、方式或符号，相互间不断进行信息反馈，易于达到相互适应的沟通。正是这种双重角色使信息交流不断地进行传播、反馈，从而保证了传播的双向互动性。

从主客体的关系看，在人际传播中，参与的双方是处于互为主、客的传播关系状态。在交流沟通中，双方可根据需要不断调整传播角色，既可是传者又可是受众；既发表自己的看法，又倾听接受对方的意见。即使是通过中介进行的非面对面的人际传播，也明显地表现出信息交流的双向性，需要双方适时地做出调整、反应，从而使传受双方相互适应，取得预期的传播效果。特别是融会的人际沟通，相互沟通的地位平等，分不清谁是主动的传播者、谁是受传者。应该说双方都是传者和被传者，互为传播之主、客体，在一个完整的传播过程中，传播参与者几乎同时充当着传播者和受传者的双重角色。

施拉姆和奥斯古德（Osgovd，Charles Egerton）的研究也都论证了这点。施拉姆认为，人际传播的双向性质与参与者的双重角色有关。在一个完整的传播过程中，传播的参与者都充当着传播者和接受者的角色，正是这种双重角色使得信息交流不断进行传播、反馈，从而保证了传播的双向性，无论是我们日常的人际交往活动还是网络互动，无不体现了这种双向性。实际上，在施拉姆之前，奥斯古德的“传播单位”的论述也阐明了传播参与者在传播过程中的双重角色。在奥斯古德看来，参与传播活动的人就是一个传播单位。在接受信息的过程中进行解释，尔后又将解码的结果进行编码，传递与之相关的信息。二者在这方面的思想是一脉相承的。传播双方的双向性并不是说在实际的传播过程中参与双方在地位上是完全平等的并能够完全平等地进行交流。实际情况往往是相反的，传播的信息、能力和时间是不平等的。在我们日常的交往中，总是会有一方比另一方更加积极主动，但是仍然不能从本质上否定传授双方的双向互动和反馈。

二、反馈及时性

恐怕没有一种传播形式的反馈比人际传播更迅速及时了。人际传播多数是“面对面的”、或通过媒介进行直接的交流沟通活动。在面对面的传播的场合，传播者在与对方交谈过程中，通过察言观色往往可以了解对方的心理。一个信息传递过去，甚至不需等到对方做出回答，就可从对方一举一动和面目表情中先获取反馈信息。同时，这种双方的信息授受以一来一往的形式进行，就会使传播者在发出信息之后不断有机会根据对方反应，或修正自身发出的信息，或详加说明，或改变话题。这对受传者也是一样。双方还可以互换角色，每一方都可以随时根据对方的反应相应地修改、补充传播内容或改变传播方法。即使是通过媒介的人际传播，如电话、书信等非面对面的人际传播，从信息反馈的角度看，也比其他传播形式更为及时。

正因为人际传播的主体容易通过观察对方的反应来不断调整自己的传播方式和内容，或根据需要及时做出某种反应，以表达自己的态度和情绪。反馈的优势，带来这类型传播方式在调整适应上的优势。通过及时的反馈，传播者可以很快调整自己信息传播的内容和方式。因此，人际传播是一种高质量的传播活动，尤其在说服和沟通感情方面，它的效果比其他的传播形式要好得多。另外，人际传播过程中的既直接、及时，又集中、明显，并且是持续不断的反馈的这种特殊性，使得人际传播的传播双方都可能参与对传播速度的控制，这是其他传播方式无法做到的。再者，由于人际传播时反馈信息迅速简便的获得，所以交流双方能及时作出反应，对传播信息加以控制，这一点也是大众传播所无法比拟的。

三、高频度互动性

无论人们用什么样的方式进行人际传播活动，其结果都将对传播的参与双方产生较大的影响，从社会学上来说就是产生较强的互动。所谓互动是社会上人与人、群体与群体之间通过接近、接触或手势、语言等信息的传播而发生的心理交感和行为交往的过程。传统意义上的互动基本上是通过面对面的人际传播所形成的直接互动，现代社会的互动已经超越了时空的界限，形成了以大众传播为媒介的间接互动。但是，从互动的深度来说，人际传播所形成的直接互动的影响在一般情况下显然远远超过大众传播所形成的间接互动。

人际传播双向性强，反馈及时，因而互动频率高。这种互动表现为周而复始的编码与译码过程，即传播者编码传递之后，受传者马上进行译码，并对反馈信息进行编码、传递；原来的传播者又译码、编码……这是人际传播与大众传播相区别的最重要的一个特色。

人际传播互动性强，首先是由于传播参与者双方是相对明确的。不管是两人之间的传播还是小群体传播，或者是公众传播、组织传播，传授双方总是明确的、固定的，有一定范围的。这样，人际传播总是处于比较特定的人际关系中，通过信息的交流、沟通，就能有效地影响或改变对方的心理或行为，从而进一步影响彼此的人际关系。譬如，经过一番耐心的沟通与交流，原本互相有矛盾的朋友能够互相理解，握手言和；经过组织的一次会议，大家统一意见，协调行动等。

人际传播互动性较强，还与传播内容的保密性有关系。人际传播的内容一般是不公开的。传播内容的公开也是在一定的传播范围内公开，超过这一范围的人了解到信息的可能性就比较小了。因为通常情况下人际传播的内容都关系到参与者双方自身的利益，所以人际传播的内容是比较保密的。也只有做到这些，参与者双方在传播过程中就有十分强烈的心理卷入或者行为卷入愿望，从而使得双方在情绪、态度和行为等方面发生比较明显的互动变化。

传播学研究的一些成果证实人际传播的互动性较强。譬如说拉扎斯菲尔德（Paul Lazarsfeld）的“两级传播理论”、罗杰斯（E. M. Rogers）和休梅克（Pamela J. Shoemaker）的“创新扩散理论”都充分揭示了人际传播的影响比大众传播的影响更为有效。

四、双重手段性

人际传播在手段上丰富多彩，可以是语言符号的传播，也可以是非语言符号的传播。人际传播可以是面对面的，也可以是非面对面的。面对面时人的全部感官包括眼、耳、鼻、舌都可能受到刺激，这些感官把接收到的信息汇总给大脑，双方彼此接受到对方的信息，从而起到传播的效果。所以传播者不但可以运用语言来交流思想感情，同时还可以使用副语言符号来表达意义，譬如眼神、表情、动作等手段。

在一定的情况下，副语言的符号系统往往显得更加重要，传送出语言符号所不能表达的意思，很多时候关键性的问题是需要观察副语言符号系统来获得，副语言符号系统也常常让参与者把本想隐藏的秘密暴露。可以说，人际传播不仅运用语言符号作为交流手段，而且也运用副语言符号作为交流的手段。同样，受传者也可以通过多种渠道来接收信息。这种传播者与被传播者之间的直接传播比大众传播、组织传播等更能完整有效地传递信息。如“我不大同意你的意见”这句话，如果是写成文字，对方看了，则会心里不舒服的；但如果是面对面的交流，而且是以比较温和的语气和面带微笑地说这一句话，那么对方就会容易接受的。

在传播的过程中，作为语言线索的言语交际是一种可以控制的行为，每个人可以对自己交流中的语言进行反复的琢磨和组合，但作为副语言线索的非言语行为却既有可控制的部分——如人的手势和表情；也有不可控制的一部分，就是在无意中泄漏了参与者内心秘密的部分——如在审讯犯人的时候，尽管犯人对于一些罪名矢口否认，但是机智的警察还是能够从犯人的言语疏漏和神情举止中发现犯人在说假话，因为犯人在回答问话的过程中无意间传播了他不愿意供认的事实。在现实生活中，即使一个人沉默不语也是在传递着一种信息，我们可以从其穿着打扮、行走姿势、脸色神情等找到一些“蛛丝马迹”。这无疑告诉我们，副语言传播具有一种无意识性，常常使得人际传播的参与者在不知不觉的情况下传播出信息。“明白人们无法不传播这一事实，会使我们每时每刻都更加注意自己的行为举止。我们在他人面前可能会暴露的关于自身的情况，远远超出我们所能意识到的范围。”①

人际传播具有交流手段丰富、符号多样化的特点：从口头到文字、图像到音响，从仪表到举止等，构成人际交往中的复杂符号系统，它从各方面对交往中人的思想、情感产生综合的影响。特别是面对面进行人际传播的时候，传受双方可以动用所有的传播手段、媒介、载体来传递信息，真正实现“全息化”

---

① 理查德·威瓦尔. 1989. 交际技巧与方法. 北京：学苑出版社.

的传播。比如一个人可以通过语言表达自己的意图，同时用自己的饰物、装扮、体语等非语言符号向对方进行自我信息的传递，通常这些信息内容会更加真实可信，能给对方留下深刻印象。

五、传播情境性

不管参与者是否意识到，人际传播总是发生在一定的社会环境中，总是“在特定的时间和地点、一定的物质和时间的背景中进行的。他们可能站着或者坐着，走着或同乘一辆车。他们可能在人群之中或者单独在一起，在朋友中间或在陌生人中间，在房间里，在大教堂里或在街上。所有这些因素又都可能在交谈过程中起作用，但都不是谈话的内容。我们在什么时间、什么地方、同谁在一起等情况可能限制我们谈话的内容和方式……对于某些事物来说，有适宜谈论它们的时间和地点。同样也有不适宜谈论它们的时间和地点”[①]。这里的时间、地点、参与者和话题等各种因素构成了我们现在所说的传播情境。“我们进行交际所采用的方式会在各方面受到语言环境的制约：如果环境嘈杂，我们就得大声说话；如果谈话范围过于广泛．我们就得加以紧缩；如果在正式场合，我们就应选用一套与非正式场合下所用的完全不同的词语”[②]。由此可见，人际传播并没有一个固定的模式，而是需要根据传播环境的不同，相应地调整自己的传播措施，采用不同的传播方式以适应外界环境的变化。关于这一特点克劳佩弗（D. W. klopf）在1988年提出的人际传播模式中就有明显的体现。它明确地告诉我们，在人际传播中不能忽视“噪音”的干扰，即传播干扰。传播干扰主要分为外部干扰和内部干扰。外部干扰主要表现在传播环境中的物质性干扰，譬如日常生活中流言的产生就是因为在传播的过程中受到了其他因素的干扰，使得传播的信息内容发生这样或那样的变化，脱离本貌；内部干扰主要是一种心理干扰，在人际传播中存在的有意无意的偏见即是传播内部干扰的一种重要表现，这些都是传播中的软性干扰因素。内部干扰由于大多是心理干扰，常常被我们忽视。譬如说人与人之间的面对面的传播沟通，会随着传播现场情境的变化而变化。在面对面的情况下，多种渠道和多种手段的配合，会形成特

---

① 皮特·科德. 1983. 应用语言学导论. 上海：上海外语教育出版社.

② 同①。

殊的传播情境，而这种特殊的情境会产生新的意义。人际传播情境因素提醒我们，要时刻考虑到外界环境的变化，把外界一些干扰因素考虑在内，同时也要做好自己的心理准备，防止内部干扰，使得我们能够掌握环境的变动，保证信息畅通，顺利地实现交流沟通。

六、自发性

与组织传播和大众传播相比，人际传播属于一种非制度化的传播，规定性不强、随意性较大。在传播速度的控制上，传受双方可以自主控制传播速度。这里的非制度化并非说人际传播不受任何制度的约束和影响。实际上，人际传播也是一种社会关系的体现，参与的双方虽然都是拥有独立意志的主体，但他们都是由一定的社会关系，如夫妻关系、父子关系、长幼关系、上下级关系、朋友关系、同僚关系等相连接的；在人际传播内容中，传授双方所使用的词语、语气、态度等，无一例外，都是这些关系的体现。这里所说的非制度化传播，主要是指在传播关系的成立上具有自发性、自主性和非强制性的特点，人际传播主要是建立在自愿和合作基础上的活动。在人际传播中，双方都没有强制对方的权力，也没有被强制接受的义务，在某种程度上这意味着人际传播是一种相对自由和平等的传播活动。[①]在传播过程中，传者和受者的位置在交流过程中可随时互换，传播的内容和方式也可根据现实情境随时做调整和改变。

七、私人性

人际传播的私人性也被称为个人性。大多数人际传播是个体对个体，即两个人之间的交流。这种个人与个人之间的交流又有两种情况：一是面对面的，直接通过双方的语言、表情、动作、行为进行的“亲身”交流，如谈话；二是非面对面，通过个人性的媒介如电话、电报、书信、便条等通信工具进行的“个体媒介交流”。它具有较显著的私人性、个体性。即使是一对多的人际传播，其私人性也比组织传播和大众传播要明显。由于人际传播是一种直接交流，除非传受双方中一方或双方公开交流内容，对外界而言信息都不具有公开性。当

① 郭庆光. 1999. 传播学教程. 北京：中国人民大学出版社.

有秘密指令、重要文件需要传达时，由于人际传播的对象和传播范围可以控制，这种传播方式比其他方式有优势。

同时，由于人际传播受个人性的限制，一次传播的覆盖面十分狭小，若要对大量的受众进行传播，其速度不如其他方式快。又由于个人间的传播双方参与度高，若要把一个信息传给大量的公众，需要经过多层次的传播过程。因此，人际传播极易受各传播层次上的传播者的态度、情绪、传播能力等个人因素，或时空等环境因素的影响，而使信息形成传播上的障碍。

八、情感性

人际传播最具有情感性、最富有人情味。首先，人际传播的符号多种多样，除了语言、文字、图像、音响，还有诸如眼神、表情、动作、姿态、服饰、特定的物品，以及交往的时间、空间环境等，从而使双方从感官到理智上受到多方面的信息刺激，所传递的信息意义比其他形式的传播更为丰富和复杂。其次，人际传播传递和接收信息的渠道多、方法灵活；传播者可以使用语言，又能够运用表情、眼神、动作等多种渠道来传达信息，同样受传者也可以通过多种渠道来接收信息。最后，在一般的情况下，人在交往中的感情投入和流露，是随对象的增加而递减；对情感的直接体验，是随距离接近而更加深和丰富。因此，个人私下直接交往的场合，比在公共场合感情沟通的效果更为明显，更有利于情感的交流，更易于达到以情动人、以情化通的效果，故采用人际传播方式最容易让人感受到情感的力量。

九、共同经验性

人际传播必须在共同的经验范围内进行。施拉姆说，两个人（或两个以上的人）由于一些其共同感兴趣的信息符号聚集在一起，就称作人际传播，这种过程是符号的共享过程。可见，人际传播必须在一种相同或相似的经验范围内进行交流，否则无法完成人际传播，会传而不通，这是所有传播的前提，但是共同的经验范围对于人际传播来说尤其重要。因为如果经验范围不重合，双方的交流就会立刻中断，人际关系就会立刻受到影响。而大众传播、组织传播则具有一些缓冲的因素，如大众传播中受众对某条信息不能理解，可以不去理解，继续接受其他信息，传播活动不会中断；组织传播也是这样，虽然效果受到一定程度的影响，但不至于马上产生负面效果。这也是由于人际传播及时性反馈的特点而造成的。

十、可控性

人际传播范围具有一定的可控性。传播过程中参加人数的多少，决定了他们相互作用的形式。面对面的传播，如谈话，偶发机会较多，接受信息的人转眼间就可能成为信息的传播者，角色交替随时进行，双方交流很容易成立。因此，这也决定了传播活动只在少数人之间展开，它的最小规模就是两人之间的传播。

由于人际传播的规模小，传播的范围可以得以控制，传播的对象可以有一定的限制，这样，传播的内容容易保密，不至于失控。凡是不适合或不能对外传播的内容，如党和行政首脑所讨论的问题、中央保密文件的内部传达、两个人或少数人之间的隐私或密谋等，都是用人际传播的方式进行的。显然，传播范围的可控性，是人们选择人际传播形式的一个重要依据。

十一、主客体意识性

传播双方都有明确的自我意识和对象意识，他们都比较清楚自己的身份特点（主体性）和对方的身份特点（对象性）。人际传播一旦发生或在正式发生之前，传受双方已经清楚地意识到，自己是以什么身份（或角色）在同对方进行信息交流。

十二、主体差异性

由于人际传播主要在个人之间进行的，因此最容易受个人主观因素的制约。比如个人活动能力的限制，使信息的传递受时空的制约，传播面比较窄，传播的速度比较慢。人的素质、观念、态度、情绪、语言等因素的影响，使信息在传递的过程中失真，或形成人为的传播障碍。在人际传播过程中，也可能会遇到社会性、心理性的障碍。这些障碍可能与沟通的渠道、编码解码的过程无关，而是由参与者之间不同的历史文化背景、政治态度的差异以及参与者个性之间的差异、心理特征或双方的某些特殊心理关系造成的。因此，在人际传播过程中，必须充分考虑到参与者之间自身的一些差异，并且对这些做好充分的理解和关照，这样才能在彼此友好的基础上进行传播。譬如说跨文化传播就是在综合参与者个体之间不同的社会、文化等差异基础上的传播活动，如果不能充分考虑人际传播背后的因素，那么沟通和交流将是很难进行下去的。

十三、受限制性

人际传播的优点，使其在很多时候、很多地方成为了其他传播的有益补充。但是，任何事物都有两面性，人际传播覆盖面窄、易变形，多数流于记忆等特点则成为其不足之处。首先，人际传播发出的信息往往只在瞬间起作用。传播双方的观点，如果不借助录制设备，就只能留存在对方的记忆中。其次，人际传播的覆盖面小，复制信息的能力不强。人际传播只限一时一地，不如大众传播可跨越时空的障碍，同时向许多地方传播信息。且大众传媒可大量制作讯息，单位成本低，而人际传播讯息制作单位成本高。最后，人际传播适应面不及大众传播媒体广。大众传播媒体能适应社会的普遍需要，而且十分迅速；其效率之高、适应面之广，是人际传播无可比拟的。

第二节　网络人际传播的特点

互联网的出现，宣告了人类信息时代的真正到来。它对人际传播产生了深刻的影响，使人类交往的结构和形式等发生了根本性的变化，给人际传播带来了一个全新的时代。网络人际传播是指以互联网为平台（工具）而形成的一种人际交流和沟通的现象。网络作为一种新兴的媒介形式，有许多不同于传统媒介的特点，这直接导致了网络人际传播有一些不同于传统人际传播的特点：

一、关于传播主体

（一）传播主体行为的匿名性

面带微笑、举止优雅、热情地打招呼、察言观色等，这是传统人际传播应该遵守的礼数，而网络中的交流却像是“假面的舞会”，所有的舞者只要不做介绍，没人知道你是谁，你也没有必要知道谁是谁，因为网络人际传播具有匿名性。和传统的人际传播相比较，网络人际传播最大的特点就是匿名性。所谓匿名，不是说没有名字，而是指传播双方隐去了在物理现实中全部的身份或部分的真实身份，包括法定的姓名、住址及其他与个人身份、社会角色相关的一切属性信息，网络人际传播中传受双方是处于一种匿名状态，因为网络用户名的申请是非实名的，在网络上进行人际传播的双方并不知道对方的真实状况。由于网络人际传播的匿名机制，网友在交流时多采用化名，而很少使用自己的真实信息。这一点满足了人际传播中的保密性的需要。虽然网络中的传播比人际传播的对象和传播范围宽，但同样是可控制的，你在网络上不知道对方的身份，对方可能同时以双重身份或多重身份与你聊天，而你也可以这样做，你也可以拥有多重身份。拿 QQ 来举例，一个 QQ 号就很有可能被多人使用，这也是为什么现在利用 QQ 来传播一些诈骗信息的原因，QQ 的匿名性使你不知道对方是谁，即使是与你每天聊天的那个网络用户名，你也没办法确认对方的身份。网络特有的隐蔽性，使传播双方处于一种免除责任的需要，因而在网络人际交往言中语的攻击行为是经常能见到的。交往主体在网络中所带的“面具”，在一定程度上保护了人们的隐私，人们很少担心自己会因为在网上的言语而受到惩罚。虽然每台机器都有唯一的 IP 地址，但由于网络管理的滞后，人们没有充分意识到可以查证网络行为责任人的意义。而匿名的状态给传播提供了特殊的交流情境，在这里人们卸下了现实中的身份，放弃心理戒备，进行轻松、平等的交流，充分展现着“本我”的魅力，但是不得不承认的是，匿名的屏障作用所导致的“解放”也可能带来传播伦理与道德的失范，本我欲望的暴涨会做出种种现实禁忌的事，所以网络中时常也充溢着“语言暴力”“信息滥发”“网络色情”“网络犯罪”等，其实这种主体真实身份的隐匿或丧失正是网络人际传播与传统人际传播大相径庭的根本原因。

（二）传播主体能力的适切性

在传统的人际传播中，交流的双方只要具备听说能力，交流就可以顺利进行。而在网络人际传播中，人们需要有更高层次的能力，首先要识字；其次要懂得计算机基本操作的常识；再次为了使交流能够持续下去，需要有较好的文字组合能力或是具有某一领域的专长。CNNIC 第十二次调查中显示，中国的网民特征是：“男性、未婚者居多，年轻，大多处于社会的管理或者技术行业，学历较高。其中学生有很大比例，特别是高学历的学生，而这些高学历的学生将来必定是社会的中坚力量，关系着社会发展的命脉。”[①]

有人曾说网络人际传播是比传统人际传播更有“文化”的交流，这种说法不无道理，随着网络的发展，一些具有高学历、共同的兴趣、共同的信仰、共同的文化价值观、相同的品位和喜好的人们将聚集到一起，用他们的知识来更新网络文化，从而引导网络人际传播发展方向，博客、播客、维客的出现已印证了这一想法。

（三）传播主体心理的切近性

在日常交流中，人们为了建立良好的人际关系，在与他人接触时会有一些心理选择，如考虑到自尊心、感悟、意向、利害、好恶、个性等，希望从对方身上找到共通点，这是对交流心理的第一层防护，而交流的环境、场合及彼此的身份为交流心理添上了第二层防护。进行传统人际传播的人们，心理很敏感，易于受到外界和自身因素的影响，所以心里的真正表状需要掩饰，从而使交流双方的心理距离拉大。而网络人际传播则不然，虽然传播的双方面对的是机器，虽然他们之间的物理距离会相隔千里，但他们的交流会抛开所有忌讳；因为是非面对面的传播，彼此看不到对方的表情，也不受物理环境的制约，在现实中认识也好不认识也罢，在网络中只不过是一个代号，人们对于对方的提问可以敞开而谈，心理上的防护通通甩掉，这时心灵的切近才是最重要的。当然，有的时候心灵过分的亲近难免会受到伤害，当交流的语言过激，传播双方会自动中止交流，也许这是另一种对心理进行防护的方式。

（四）传播主体行为的弱功利性

在传统的人际传播中，我们在与人进行面对面的沟通交流的过程中，都会带有一定程度的功利性，这和我们作为一个社会人的角色是分不开的，有的时候我们需要结交朋友，有的时候我们需要在一个团体中表现自己，有的时候我们需要解释自己的行为立场，有的时候我们需要说服对方。而在网络中，一方面，网络的虚拟性使得日常的社会权利和其他制约在这里无法发挥作用，现实

---

① 陈卫星. 2001. 网络传播与社会发展. 北京：中国传媒大学出版社.

干预的困难使人们更易超脱于现实关系；另一方面，网络的匿名性带来了种种的不确定性和非连续性，人们之间的人际关系处于离散状态，彼此不存在竞争，并且网络脱离现实物理实体，不涉及利益的得失，它的交流是非功利性的，在这里传播的目的不在于劝服、控制，而是信息、态度和情感的共享。例如，在BBS中，人们常常会提出一些问题，而讨论者们会欣然地给予建议和回答，人们处在互助的氛围中。因此，在网络人际传播中，由于网络匿名性、虚拟性、广泛性、偶然性的特点限制，这种为了达成一定目的的人际交往，在网络上相对弱了很多，大部分传受双方为了满足一种情感需求而在网上进行人际交流，可能不为特定的目的，传受双方也能彼此聊很长时间，在网络人际传播中，情感的非理性宣泄与满足是更为常见的交流目的。可以说，网络人际传播的目的在于交流行为本身，以及交流对于人的一般社会性需要，尤其是人际感情需要的满足功能，主要体现在问候、情感交流、闲聊、娱乐等方面。这种漫无目的、随意的交流，我们可以看成是网络人际传播不同于传统人际传播的弱功利性的一面，也可以理解为人际传播的功利性在网络这个特殊环境下的特殊表现。

（五）传播主体身份的多重性

在传统人际传播中，传播对象之间进行交流的时候，传播双方有一个基本的固定的形象，即使人可能本身是多元化的，但是为了使传播效果更有效，为了取得对方的信任，传播者会努力保持一个相对唯一的印象，而且由于受环境的限制，交流情境往往是比较单一的。如在现实的“面对面”中传播者暴露给人们的是唯一的身份，即学生、老师、政府官员……仅此而已。在网络技术的支持下，网络人际传播中的交流情境比较复杂，传播双方可以体现多元化的沟通，一个上网者在不同的交流情境中，他扮演的角色可能是不同的，而且在同一时间，他会表现出完全不同的个性，可能会展示其内心阴暗的一面，也可能会展示优秀的一面，其有可能是口若悬河的交谈者，也可能是耐心木讷的倾听者，更有甚者，男人可能会扮成女人，女人也可能扮成男人来进行网络人际传播，这种在网络中的角色转换，释放了人们在现实生活中被压抑的情感与个性。一个人决定何时以何种面目出现，和其本身的性格无关，完全与心情、处境有关。在网络中，通过匿名，通过个体生命的想象力，虚构出多个自我。正如戈夫曼所说的那样，传播者可以像戏剧演员一样在舞台上表演不同的角色。时而是一个口若悬河的演说家，时而是一个性格怪异的问题少年，甚至可以尝试性别互换的刺激，在 MUD 游戏（Multiple User Durgem，即网络游戏）中人们的身份多重性会得到更好的发挥。总之，网络传播者总会为自己确立多个理想中的身份，这种传播主体的角色多重性在传统的人际传播中基本上是不可能出现的。

二、关于传播对象

（一）传播对象的偶然性与广泛性

在传统人际传播中，有一个比较明显的特点，就是传播双方的明确性，人与人之间的交流在本质上被限制在两个不同的空间维度中，一个是物理距离导致的空间维度，一个是不在同一时间点上的空间维度，共同的时空存在是传统的聊天能够发生的基础。但是，在网络人际传播中，传播的空间无限巨大，人与人的接触带有很大的未知性和偶然性，人们大多是不相识的，传播双方是不明确的，具有不确定性，因为人际传播的网络非常复杂，传播主体的偶然性更明显一些。在网络人际传播中，加入聊天的人数随时都是动态变化的，人们之间的相互关系也可以随时发生变化，不像传统人际传播中的关系那么固定，这与网络传播的匿名性特点也分不开。即使在一对一的网络聊天中，传播主体之间的交流也是具有偶然性的，因为一方可以随时搜索其想要与之交往的对象，也可以随时中断与对方的交流。只要一方不高兴了，则不会受到任何限制，只需要断开与对方的交流窗口。而在聊天室的人际传播更是这样，每个人可以随意地参加与他人的聊天，与自己聊天的对象也具有很强的偶然性。

传统意义上的人际传播一般受到各种因素的限制，相对来说，交流的范围是有限的。主要是在自己认识的圈子中，虽然也可以在旅途与陌生人交流，或者通过征友的方式与外界交流，但其范围和数量都是有限的。在网络人际传播中，人们交谈的对象、交谈的内容却都具有广泛性，人们谈话的主题会时常发生变化，人们的喜好会随时发生变化，谈论的内容很广泛，这是一个全通道型的交流网络，而且，和自己交谈的对象，天南海北的都有，而不像传统的人际传播中，只局限于自己认识的人，或者是身边的人。可以说，基本上打破了地域的局限性。不同文化背景的人通过网络进行人际传播的可能性大大增加。网络传播的广泛性还有一个比较明显的表现就是，它不像传统人际传播那样会受到时空的限制，无须大家都在同一时间进行沟通。因为，即使网络用户不在线，一方也可以与他进行人际沟通，传播者可以留下信息，等到对方上网时，对方就能看到信息，并反馈给传播者，这大大加深了网络传播的广泛性。

（二）传播对象的非实体化

传统人际传播要求传播主体和对象扮演不同的社会角色，传播环境和人际关系的不同会使角色发生改变，因此一个人所扮演的常常是复合角色即社会学所说的“角色丛”，它具有直接、真实、稳定的特征。社会学者们称这种具有外在的人口属性或社会属性的身份为“社会身份”。网络是以虚拟实在为技术支撑的，现实交往中那些备受关注的实体化特征在虚拟网络中得到隐匿，使得网络传播的对象呈现出非实体化的特征。在网络人际传播过程中，用户在E-mail、IRC或BBS的注册表或登记表上随意填写一个代码或昵称就可以获得相应的角色身份。因而人们在其中扮演的实际上是一种虚拟的角色，它具有“获得性、间接性、匿名性、体验性、丰富性或多样性、创造性或想象性、个人性、自主性、变换性、单一情景性、缺乏责任性及缺乏内在统一性”的特点，有人甚至认为：“在交往过程中，交往的‘伙伴’或‘对手’对彼此而言只是一个幽灵似的符号或代码。”

（三）传播对象的角色多重性

由于在网络人际传播中，一个传播主体可以在同一时间与多个不同的传播对象进行人际交流，这在传统的人际传播中是不可能出现的，因为这种做法没有办法实现人际传播中的保密性。但是在网络人际传播中，由于网络技术的特点，即使是同时与多个传播对象进行交流，也能实现人际传播中的保密性。网络人际传播的这种角色多重性，给进行人际传播的双方带来了丰富的情感体验，同时也给人际传播中的角色定位带来了混乱。在传统人际传播中，也存在着局部人格的展现，如人们常说的“见人说人话，见鬼说鬼话”，实际上指出了在传统人际传播中，存在面对不同的传播对象人们会表现出不同的局部人格这种现象。而在网络人际传播中，这种局部人格的展现更为严重，而且由于脱离了身份等客观因素的限制，局部人格的展现更为自由随意。

而且，这种角色多重性还表现在，在网络人际传播中，某人可以是一个正在进行中的人际交流里的传播主体，也可以同时是另一个交流中的传播对象。在网络人际传播中，传播者和接收者没有明显的界限，人们有时是信息传播者，有时是信息接收者。从网络人际传播的发展趋势上看，人们似乎对于传播者的身份更加感兴趣，博客、播客、维客的出现迎合了网民们“爱现”的需求。

三、关于传播范围

（一）传播范围的开放性和全球性

网络人际传播突破了地域因素的限制，实现了跨国传播。互联网作为一个信息交流的平台，大大缩短了空间距离，是一个开放的系统。相对于传统人际交流中的书信，电子邮件的优势是不言自明的，几乎是随发随收的即时信件。网络世界是一个开放多元的世界，它跨越了时空的地理界限，基本上打破了种族、国家、地域等各种各样有形无形的“疆界”，实现了人与人之间的“无限互联”。

（二）传播范围的非确定性

传统人际传播中交流范围是确定的。因为在现实世界中，人们的社会关系如亲戚、朋友、同学、邻里、师生等在很大程度上是一种“熟人型”的，其交往活动依附于特定的物理实体和时空位置，并受着较为稳定的社会价值观念文化的支撑和规约。而在网络空间中，尽管计算机专家可以将一切信息还原为“0”或“1”，也就是说，信息在构成上是确定的，但信息的庞杂性、虚拟性和超时空性的特征使得作为行为目的、意义和情感的传播通道并不是清晰可辨的，也不具有外在的可触摸和可察觉的时空位置和实体形态，而只有一种功能上的实在性。

（三）传播范围的超越时空性

费孝通先生曾经指出：“社会关系是一根私人关系所构成的网络，亲地缘、业缘一直是人们之间沟通的主要联系。”[①]这是费孝通对于传统人际关系的很好概括，也就是说，传统人际交流和沟通一般都是局限在有亲缘、地缘或业缘关系的人与人之间，再加上社会、文化等因素的限制，传统意义上的人际传播交流范围是十分有限的。而网络通过技术上的支持，可以使交流在世界范围内的信息网带上穿梭，就像是随时随地处于旅途中，人们可以不断地交换交流对象，并且这些交流对象的来源也很广泛，这就极大地扩充了我们日常交友的范围。

同时网络人际传播新的方式使一些陌生人间的联系频繁了。有学者的研究表明，尽管基于 blog 的主要人际沟通还是现实生活对网络辐射的结果，但有必要特别指出的是网络陌生人所占的百分比虽然远低于现实生活中的熟人，但高于其他各项。[②]这就意味着网络的确扩大了人际交往的范围，点头之交的弱联系广泛存在。事实上，一旦 blog 主人做出欢迎的姿态，访问他人 blog 的用户还是比较愿意与对方发生更进一步的交流，同时也给了我们一个讯息，方式的变化与改进会进一步扩大人们的交往范围，陌生人的交往得到支持和扩充。

这里的陌生人和都市街头擦身而过的陌生人是不一样的，网络上若干互动成员有明显的共同特质，在线上互动过程中，又有可能有其他团体成员或背景相似者旁观，因此即使网络成员间互不相识，也比较容易进行互助。网络人际传播不仅扩大了它的交流境地，而且也使人们以一种认同感来建立彼此的人际关系。

四、传播语境

（一）传播环境的虚拟性

传统人际传播中，在环境方面有个很大的限制，其覆盖面小，复制信息的能力不强，只限一时一地，不可跨越时空的障碍，同时向许多地方传播信息，所以传播环境往往是确定的。但是，在网络人际传播中，由于网络技术的发展，人们不用担心地域、职业、性别的差异，也不害怕与陌生人交往可能带来的危险性，人们的传播环境相对来说是安全的，不仅在交际中不怕被人知道，而且在自己选择的地方上网，如家里、公司，与天南海北的人交际，其环境的自由

① 费孝通. 1948. 乡土中国. 上海：上海观察社.

② 王华雯. 2007. 一种新型的交往方式：网络人际传播再思考. 长春：吉林大学硕士学位论文.

与安全使得人们在网络人际传播中更加放松、自由。网络人际传播中，传受双方都是通过网络解读信息，具体的时间、地点等场景制约作用基本消失，在文化背景、风俗习惯、社会地位、教育程度等社会差异方面的影响也会降低，所以在网络的虚拟空间中进行人际交流，人们很少担心现实秩序、社会道德等因素，更多考虑的是在这个“拟态”环境中的重塑自我。只要愿意，任何网民都可以做个“潜水者”，通过自己的网名这一虚拟身份与其他人交往，而网名可以变化多端，没有数量的控制，从网络环境的角度出发化名比匿名更贴切。

（二）传播渠道的文字性

虽然网络传播具有图、声、像的传播形式，但最主要的信息交流还是以文字为主。符号学者卡西尔曾经说过，人是符号的动物。借助于符号，人们表达自己，阐释世界，进行交流和传播。人际传播的符号分为语言符号和非语言符号两大系统，而其又进一步分为有声的语言符号、无声的语言符号（即文字）和有声的非语言符号（尖叫、叹息等）、无声的非语言符号（包括肢体语言、表情、触摸等），语言是人类思维的外壳和人类交流的桥梁，也一直是人际传播有效的工具。在传统的人际传播中，文字的交流一直不是主要手段，而在网络人际传播的各种方式中，文字是主要的交流工具（即使有语聊和视频聊天，文字仍占有重要位置）。文字便于表达深刻的思想，有助于加强传播的效果，同时网络人际传播中的文字不仅是交流者用来建立人际关系的工具，同时也是交流者的第二张“脸”，文字能够表现心情和表情。网络人际传播拥有自己独创的语言系统，这就是网语。网语可以分为缩写类（JJ——姐姐）、谐音类（霉女——美女）、符号类（%——哇，跌破眼镜）、数字类（9494——就是就是）等，具有幽默、诙谐、想象力丰富的特点。

然而网络人际传播与传统人际传播相比缺少了非语言传播符号。美国学者伯德惠斯戴尔（RayBirdwhistell）指出，“在两人互动的场合中，有65%的社会含义是通过非语言的方式传递”[①]。所以非语言符号在人际传播中占有重要一席。而网络人际传播因身体的缺场，使非语言符号的表达很难实现，虽然网络技术的发达为人们提供了一些模拟性的非语言符号，其中包括聊天的表情符

① 彭兰. 2001. 网络传播概论. 北京：中国人民大学出版社.

号、多人超级语音、视频等，但是仍不能与现实中人们的表情、手势动作相比，有时还会阻碍传播过程中的信息的理解，影响传播效果。此外，网络人际传播的情感文本化，只给传播主体带来有限的感官体验，也会影响传播效果。

（三）传播媒介的居间性

网络人际传播区别于传统人际传播（FTF）的首要特征就是它的居间性即它不是人与人之间面对面的直接交流。其特点具体表现为：身体的缺席，类比代码的缺失，以文字为中介。网络人际传播是 CMC 的一种传播方式，身体的缺席是其主要特征，人—机—符号—符号—机—人是其主要传播模式。在传统的人际传播中，身体对个体有着举足轻重的意义，身体不仅意味着语言的交流，同时也传递着非语言信息或者说意味着类比代码的泄漏，如哭泣、脸红、愤怒等。身体不仅与生理需要、遭受伤害的可能相关，而且从社会层面来看，从长相到学历、职业、社会地位和角色等，都与身体密切相连。可以说，身体是传统人际传播得以顺利进行的必备条件。它使一个人的“形象”得以确定并直接影响其人格的形成。而在网络空间中，身体连同其意义一并缺席，使得网络人际传播主要以文字和文本为中介，有人称之为“文本对话”（Text Talk）。网络传播形成了一个文字的世界。

五、关于传播信息

（一）信息符号的文本化

在网络人际传播中，使用文本化的信息符号进行沟通，是比较普遍的方式。在传统人际传播中，也包含使用文本来传递信息的传播，比如说书信，从理论上讲，使用文字进行沟通，是有助于加深沟通交流的深度的，这些在网络人际传播里都有类似替代的传播模式。不过，在网络人际传播中，使用文本来传递信息的范围和内容要远远大于传统人际传播。实际上，网络人际传播通过文本与网络技术，在一定程度的传播效果上，正努力向传统人际传播方式回归。

网络中的人际传播所涉及的信息传播文本化，主要表现在两个方面，一是网络的文本化保留了口头语言的特色，它将口头的、有声的语言用文本的形式表现出来；一是把一些情感信息也以文本符号的形式来传递。这种文本化为主、甚至连情感也符号化的沟通方式，给网络人际传播带来了新的特色。

第一，网络的信息符号文本化与传统人际传播中的文本化信息传递不一样。传统的人际传播中的文本化信息传递，其书面语言和口头语言是以不同的形式来传递的，而且所涉及的内容也不完全一样。人们的言语行为实际上是受到了传播情境的限制的。我们在什么时间、什么地点、同谁在一起等情况可能限制谈话的内容和方式。对于某些事物来说，有适宜谈论它们的时间和地点，同样也有不宜谈论它们的时间和地点。但在网络人际传播中，具体的时间、地点等场景制约作用基本消失的情况下，参与者的言语行为更加自由，原本用于口头表达的有声语言的内容，也被拿到文本中来表现。比如，使用湖北式的语言的人使用网络发送信息，他的文本中会夹杂着一些儿话，像涅、撒、么子这样的词，如“你快点儿撒！我们要 7 饭涅（吃饭的意思），磨蹭么子撒”。这种将口语延伸到文本中来使用的情况，在传统的人际传播中，是不会出现的。在传统人际传播以文本表现的信息中，往往是一些很规范化的书面语言，也会用一些描述性的语言来传递情感信息。可是在网络的人际传播中的文本信息传递，由于时间的限制，人们之间的文本语言往往简单而口语化，并不会很规范地或者细致地描述自己想传递的情感。

第二，在情感信息的文本符号化传递方面，网络人际传播与传统人际传播有所不同。在传统人际传播中，情感信息的文本符号化传递主要表现在书信方面的书面语言表达。但是在网络人际传播中，被符号化的情感信息的内容、所涉及的范围都很广。网络中最简单的情感符号化例子是网友给自己取的代号，通过代号来代替自己在传统人际传播中的身份表达，同样也能起到吸引交流对象的效果，这有点像传统人际交流中利用身体所传递的信息来吸引对方。而且情感符号的文本化在具体的信息沟通中也有所表现。在网络发展初期，人们使用一些用不同键盘符号组合成的图形进行情感表达，比如：“-)”是最普通的基本笑脸，“：-0”表示吃惊或恍然大悟，“（：-（”表示紧皱眉头，“（：-&”暗示这个人正在生气，“：-<”代表难过时候的苦笑，“：-（*）”表示恶心、想吐等。这些“网络语言”通常是用一些键盘上可以找到的单纯的图形符号代替人的表情。目前，在网上又出现了一些软件自带的系统表情符号，这种意象符号使用起来很简单、直白而且很生动，因为它是比较明确的视觉语言，其“能指”和“所指”具有高度的符合性，最主要的是，它的出现还使得网络上的人

际传播出现了表情沟通现象，人们在进行人际传播时，有时会不使用任何文字叙述，而仅仅通过表情符号的互发来达到沟通的效果。

鉴于这种表情符号出现后的欢迎程度和技术的发展，人们又根据自己的喜好，开始使用类似于卡通人物这样的剧情版表情，人们把自己的情感用一种卡通形象传达出来，是为了使网络人际传播的方式更加丰富。这种卡通形象的出现在一定程度上，弥补了情感符号文本化的单一。

另外，虽然网络人际传播没有用传统人际传播中所具有的表情等身体语言来传播情感信息，但是为了在文字的交流中表达感情，随着技术的发展，网络人际传播也有很多非文本化的交流渠道，以求弥补身体语言的缺失，使人际传播中的情感信息交流能达到满足。随着网络技术的发展，目前，这种网络技术的多媒体化，使网络人际传播理论上成为一种很生动的人际传播，它可以根据传受双方的需要，在文本、音频之间任意转换或者同时进行。在网上人际交流中，友好的操作界面使传受双方都能感受到对方的存在，如视频电话，就能使传受双方在一种模拟真实的传统人际交往过程的虚拟状态下进行沟通。

但是，这种替代能否弥补由情感信息的网络文本化所带来的人际传播过程中的情感缺失，能否达到与传统人际传播一样的情感传播效果，却值得商榷。就拿网络人际传播中卡通式的情感符号来说，由于人际传播中非语言符号本身就具有瞬息万变的即时变化特点，比如说，人能做出上千种表情，同一种情感会因为各种非语言符号的搭配而表现出不同层次的情感，而当这种复杂的人类情感用卡通形象的符号或动画来表现时，实际上是限制了人类情感的表达，是将本身复杂的多层次的人类情感在传递表述的过程中缺失损耗掉了一部分。毕竟，网上的这种卡通式的情感符号与人的肢体语言、表情语言等传统人际传播中的非语言符号相比，所能载入的情感信息过于单一，而且本身所载的情感符号所能实现的信息效果还受到传受双方的编码译码能力的局限。

（二）信息内容的非中心化

Internet 是由世界上许多国家的局域网构成的，在科学家设计其前身 Arpanet（阿帕网）时，军方就要求这个网络没有中心，要让信息能在网络中自由传播，因此采用的是离散型结构，不设置拥有最高权力的中央控制设备或机构，这样网络空间改变了物理空间中金字塔型的纵向管理结构，形成一个没有中心的世界。同时，网络世界突破了现实世界中以自我为中心的互动特征。网民在进行在线交谈、网上讨论或网上游戏时，他人实际上也同时进入了该网民的行动空间。每一个网络参与者都是处于一种交互界面环境中。网络技术消灭了“客体”这个字眼，消灭了权威式的中心化的主体意志，代之以平等自由的主体间交往。网络的这一特征使得网民可以完全不考虑社会地位、经济收入、宗教信仰、种族肤色等社会生活中无法回避的差异，进行一些比较单纯的、非功利性的精神交流。交流双方都可以畅所欲言，进行任意主题、任意内容的交流，而不会产生过多的心理负担。从更深的层次上说，这给参与者带来了心灵的冲击与前所未有的体验。非中心化还意味着网络人际传播克服了以往点对点传播的局限性，实现了一对一、一对多、多对一、多对多等多种传播方式的融合。

（三）信息反馈延时的同步与“弥散”的异步

在传统人际传播中属于同步交流的莫过于面对面地聊天；而在网络人际传播中与其较相似的就是早期聊天室以及现在的QQ聊天，然而由于是通过网络传输，网上的同步聊天比日常的面对面聊天要松散得多。在日常面对面的口语交际或对话交际中，发话和受话之间的信息传递一般没有明显的时间延迟现象。而在网络交际中，交际双方所有的交流信息都是以网络为载体进行传递。在发话人发话后，信息由计算机进行编码并通过网络传递出去，对方电脑接收、进行编码后通过网络传递给发话人，发话人电脑接收后进行解码还原，受话人通过阅读获得发话信息。这个过程往往有一个时间上的延迟。正常情况下这个延迟的时间很短，可以忽略不计，即相当于面对面的言语交际。可是有时候因为技术的原因，这个延时就可能变得较长，形成信息沟。信息沟的形成主要有以下几种因素：①网络繁忙，传输受阻，尤其是在上网高峰时段。②交际双方所使用的电脑运行速度差异较大，导致双方信息传输不同步。③双方操作电脑的熟练程度不同，导致信息传输不同步。④交际的一方同时和多人进行网络交际，其反映的速度必然比另一方慢，从而形成信息沟。信息沟是网络交际中存在的一种现象，也是网络交际文化的典型特征之一。其实日常交往中也存在信息沟，即发话人完成发话话轮（话轮是会话结构的最小单位，包括说话轮次的长短、顺序、内容及变化等）后，受话人保持沉默，没有做出相应的反映，从而形成信息沟。当这种情况出现后，为了使会话顺利进行下去，原发话人就会根据会话的合作原则进行推断，并连续发话。当发话人认为受话人没听清楚或没理解发话的意思时，他的连续发话就会与前一话轮重复，即重叠；当发话人认为受话人因对所谈的话题不感兴趣而以沉默来违反合作原则时，他的连续发话就会转换话题。①

网络交际并不意味着完全抛弃传统的日常交际规则。因为网络交际者本身也是一个普通的社会人，所以在网络交际中他们往往无意识地遵循早已习得的日常交际原则。在网络交际中，发话者在利用键盘输入所要说的话并发出去以后，这意味着发话话轮的结束，开始等待对方回应，这时往往会因为上述原因产生信息沟。当信息沟的时间较短时，交际者会根据网络交际文化的特征予以忽略。而一旦等待的时间超过发话者所理解的正常信息沟长度，发话者往往会开展新的话轮。但是网络中的话轮转换与日常交际中的有所不同。一方面，网络交际中存在的话轮要比日常交往中的多；另一方面，日常交际中多话轮的出现主要受交流双方的主观意识影响，而网络交际中多话轮的出现大多是由网络技术造成的。同时我们应该注意到在日常人际传播中一些因信息沟所造成的迟缓有时是无法容忍的，但在网络中这种现象的出现却不会被人嗤之以鼻，人们的理解和接受为网络交流提供了新的空间。

QQ 聊天的回应有时可能是几分钟、几小时，最多几天，20 世纪 80 年代初期西部行为科学研究院发现，这是一种理想的对话节奏。少许一点非同步性使得传受双方有更多的时间掂量回应，这种互动的节奏，是几分钟、几小时、几天而不是即刻的回应，双方因此而得到中间地带，从而摆脱传统人际传播环境中即时回应的对话形式给人们带来的压力，人们在轻松、自由的环境下，以一种理想的对话节奏倾诉内心真实想法。也许人们会担心因反馈的速度过慢而影响彼此的交流进度，一旦达到人们的忍耐限度，就会中止交流，但是这种做法绝对不会伤害双方的感情，因为大家懂得“游戏”的规则。

网络人际传播的反馈也会给人们带来苦恼，如论坛这样的异步传播，有些时候反馈的内容往往离主题很远，而使信息产生弥散的效果。同时反馈还会给

① 姜望琪. 2000. 语用学——理论及应用. 北京：北京大学出版社.

我们带来一些无奈，网速、服务器等技术问题会使我们反馈的信息流失，从而影响最终的传播效果。

第三节　人际传播的基本规律与具体规则——基于传播理论的视角

1978年，美国密歇根大学的杰拉德·米勒（Gerald R.Miller）在一篇名为《人际传播理论与研究的现状》的论文中，将以往的人际传播理论研究的视角分为四种类型：第一种类型是情境的视角（The Situational Approach），认为人们在区别各种人际传播形式的时候主要是通过描绘不同的场合、情境和环境来实现的。第二种类型是发展的视角（The Developmental Approach），认为人类的交往和传播处在一种线形的发展态势当中。发展的观点后来被“过程”的观点所取代，这是因为人们的关系并不都是处在一种良性的“发展”态势当中，一段关系也有可能是倒退的，而“过程”这个概念则有很大的灵活性和延伸性，可以描述前进和倒退的关系类型。第三种类型是规律的视角（The Law-Governed Approach），认为人际交往和传播中存在着一些基本的规律，这些规律决定着人们的交往和传播。最后一种类型是规则的视角（The Rule-Governed Approach），认为支配人际关系和传播的是一些具体的规则，在通常条件下，人们都是通过遵守这些规则来行事，但也有可能打破规则，只不过打破规则的人要受到某种方式的惩罚。本章拟在米勒研究的基础上，阐述有关人际传播规律与规则的理论。

一、人际传播的基本规律

规律视角的人际传播理论认为，人际传播存在着一些基本的规律，这些规律决定着人们的交往和传播。规律视角的代表性理论有传播适应理论、社会比较理论、社会交换理论、基本的人际关系导向理论、戏剧理论和交往理论。

（一）传播适应理论（Communication Accommodation Theory）

传播适应理论是加利福尼亚大学的霍华德·吉利斯（Howard Giles）教授

提出来的，研究的是交往中人们彼此影响的方式。[①]1971年凭借论文《社会互动中言语模式研究：口音识别及口音改变》获得博士学位后，吉利斯（Howard Giles）便一直着眼于研究不同传播环境中人们彼此交流、彼此改变间的互动现象，进而探索人们在合作中互相影响的方式。

传播适应理论认为，在自己与他人进行沟通的过程中，说话者有动机和目的，比如，运用言语策略去赞同或显示个性。出于这些动机，说话者使用的策略主要是言语同化与言语异化，这些语言手段分别用来缩小或拉大传播的距离。在一个给定的情境下，在每一种不同的关系中我们都必须调整自己的语言。三种表现形式：①同化现象（Convergence）。个体在不同的相互作用下改变他们的语言模式以适应他者，为了显示在交互环境中对他人的赞成，个体可能会表现出趋同的倾向。即指在不同的交往情境中个体改变自己的言语模式。[②]②异化现象（Divergence）。异化会发生在两个语言、文化等背景相异的群体间，其中一方会在谈话中着重强调与他们说话对象不相配的特质，以表示对其反对，即强调和自己原来的传播行为不同的交流方式。同化与异化现象的原因：一个心理反应，即人们希望被喜欢、被肯定、被接纳的需求。满足他人的期望是影响我们是否趋同的最强烈因素。反之，与他人保持距离，通过展现不同点而感到骄傲，可以使人们异化。③保持现象（Maintenance）。就是保持本色，我行我素，不做太大的改变。保持现象发生在个体不改变特定交流行为或表现时。传播适应理论承认人们语言的每一个方面不都在不同情境下改变，在各种谈话中都有一些经常不会改变的方面。保持就是在不同的情境中个体不改变自己的传播行为的现象。[③]

鉴于顺应（Accommodation）他人的种种好处，这一交流过程几乎可以被当作一种谈话准则和交流能力及社会技巧之不可缺少的组成部分。不顺应的行为也会以不同的形式出现。他可以表现在“话语维持”（Speech Maintenance）状态，即不管听话者有可能是谁，说话者都保持一以贯之的与人交流的姿态。在另外的情况下，人们之所以处于低顺应（Under accommodation）的状态，是

---

① McCannR.&Giles. 2006. Communication with people of different ages in the workplace：Thaiand Americandata. *Human Communication Research*，32（1）：74-108.

② Miller. 2005. *Communication Theories*：*Perspective*，*Processes and Contexts*. NY：McGrawHill.

③ 同②。

因为他们不倾听、不关注他人的需求。他们有自己的、以自我为中心议程。最不顺应的情形之一是，说话者使用更有声望或更少声望的语调偏离，而偏离可能是由不喜欢另一个人或不信任另一个人的感觉引发出来的——这通常又伴随着否定的、甚至贬损的回应。

吉利斯 Malcolm Gillis 等人构想了“顺应”的四条原则，这些原则包括：[①]

（1）在理想状态下，说话者越希望得到下面的结果，就会越来越顺应被认为是带有其互动方特征的交流模式：传递肯定的表情和同情的信号；引出对方的同意、尊重、理解、信任、赞美和合作；发展一种紧密的关系；缓和一种可能的冲突情景；传递共同社会身份的信号。

（2）当（通常）被认为是处于积极的意图时，被感知到的顺应模式会逐渐地、累积性地提高接受者的自尊：自尊；任务满意度、互动满意度和工作满意度；对说话者的礼貌、同情心、能力、仁慈和可信任等特点的认知。

（3）越是希望传递（或促进）下述情绪的信号，说话者（虽然还有其他的交往动机）就会越来越不顺应（如偏离）互动方特征的交流模式：对他人的特征、举止、行为或社会身份的不满或不喜欢、不尊重。

（4）当（通常）被认为是处于不良企图时，感知到的不顺应模式（如偏离）就会令人不快地被认为是不友好、不礼貌的，或者是传播能力不强的；接受者的回应是否定性的（例如，介绍者会认为说话者缺乏同情心，不值得信任）。

这四条原则在自然状态、实验室环境及媒介上都获得了支持。

（二）社会比较论理论（Social Comparison Theory）

社会比较论理论是费斯汀格（Leon Festinger）在1954年的一篇名为《社会比较过程理论》的学术论文中提出的。在这篇论文中，费斯汀格指出团体中的个体具有将自己与他人进行比较，以确定自我价值的心理倾向。受到社会情境的影响，个体时而与条件胜于自己者相比较，时而与条件劣于自己者相比较，两者皆旨在追寻自我价值。[②]费斯汀格认为，个体内心有一种依靠外部的形象来评价他们自己的意见和能力的驱动力。这些外部形象可能是一个物理世界的

---

① 莱斯莉·A. 巴克斯特，唐·O. 布雷思韦特. 2010. 人际传播：多元视角之下. 殷晓蓉译. 上海：上海译文出版社.

② Festinger. 1954. A theoryof social comparis on processes. *Human Relations*，7（2）：117-140.

参考框架或者与其他人进行比较。人们认为其他人描述的形象是真实的，因此人们就在他们自己、他人和理想的形象之间进行比较。

（三）社会交换理论（Social Exchange Theory）

社会交换论认为，人是有目的的、社会的存在。人的交往就是一个在对象世界中满足自身的需要的过程，一个通过与自己有依赖关系的他人的协作而实现自身目的的过程。在这个过程中，他人同样是一个以自己的需要为出发点和归宿的主体，因此，一个人让他人满足其需要的前提和条件是满足对方的需要，这也就是所谓的“交换”。

交换理论对于解释人际交往方面的问题尤为适合。该理论认为人际传播是一种社会交换行为，同时，传播可在两方面服务于社会交往：①传播是关于交换的讨价还价过程之所以产生的手段。就是说，传播是谈判的工具。②在其他场合下，传播本身就是用来交换的资源，即回报或成本。来自朋友的伤害性评价可能是友谊的成本，而赞美可能是友谊的回报。用成本和报酬作为分析社会关系的准绳是交换理论的重要特征，它主张人际关系中的指导力量是双方自我利益的增强。罗洛夫（Michael E. Roloff）认为：“人际传播是处于一个关系之中的甲乙双方借以相互提供资源或协商交换资源的符号传递过程。”[①]罗洛夫将社会交换定义为某些物或某些活动（即资源）从甲方自愿地转向乙方，以换取其他物或其他活动（即资源）。有些资源给人愉悦及满足感，即为回报。当某人丧失了或被拒绝给予某一回报时，他就付出了代价。人们进行社会交流是为了从他人处获取回报；换言之，与他人交换是符合其自我利益的。[②]交换理论更注意的是人的外显行为，而不是人的主观过程。以朋友间的交往为例，交换理论认为友谊的维持是双方同时以付出时间、精力及对对方有所帮助为代价来换取对方的友情和相对应的帮助作为报酬的过程。这是交换理论的代表观点。交换理论的代表人物有霍曼斯和布劳。

布劳认为，交际活动的起点是社会吸引，而社会吸引的实质是人们期望从对方那里得到社会报酬，即意识到了自己对另一方的依赖性。正如布劳所指出

① 迈克尔·E.罗洛夫. 1997. 人际传播——社会交换论. 王江龙译. 上海：上海译文出版社.

② 同①。

的："社会吸引的社会交往是一种诱导力量，它使人们主动地建立社会交往，一旦形成了交往，社会吸引又会使人们去扩大交往的范围……如果某个人期望与另一个人交往，以便获得某种方式的报酬，那么这个人就将受到那个人的吸引，他对于他所期待的社会报酬的兴趣使其去接近那个人。[①]

社会报酬诱使人们产生社会吸引，于是，形成了交际的动机。交际动机的出现和持续时间以及强度取决于人们对彼此依赖性的把握。这里有两层意思：第一，交际动机最根本的因素是人们之间的依赖性，没有关联的双方也就没有交际的可能和必要；第二，交际动机的直接原因是人们对彼此依赖性的认识，没有这种认识可能性也不会转化为现实性。

布劳想说明的是，基本的交换过程导致必然现象以更复杂的社会结构形式出现。布劳并没有认为交换理论的原则可以解释一切互动。他所表述的社会交换只限于某些行动，即那些"只要别人做出报答性反应就发生而不再有这些被期待的反应就不复存在的行动"[②]，事实上这种关系涵盖的范围十分广泛，甚至包括情人之间的关系，如果一方不能从另一方那里体会到同等的爱慕和感情的吸引，这种关系显然会发生倾斜。

在布劳的模型里，除了狭隘的自私自利的动机驱使人们进行人际关系交换之外，对个人来讲，社会赞许也是一种重要的社会报酬。就此，报酬分为内部报酬和外部报酬。内部报酬是从这种关系本身中取得的，如恋爱关系；而外部的报酬则来自他人，如做好事、行侠仗义得到的社会赞许和尊重。

布劳的交换理论是以经济学为基础的。然而，作为社会交换，无须像经济交换那样认真地进行谈判，以履行合同的方式实现交换，但对付出的成本和得到的报酬之间进行计算显然是必要的。处在恋爱关系中的情人往往会在心里对双方进行交换性帮助的次数或数量进行"计分"。当内部关系中的一方不得不提醒另一方"我毕竟已经为了你如何如何"时，已经表明两人关系局部破裂。

人们对交换对象的选择反映出入们对交换成本和报酬的考虑，布劳说："如果一个人期望通过与另外一个人的联系使自己在某些方面获得报酬，他就会依附于另外那个人。"人际关系中的交换双方如果在交易中失去适当的平衡，那

① 彼得·布劳. 1988. 社会生活中的交换与权利. 孙非，张黎勤译. 北京：华夏出版社.

② 约翰逊. 1988. 社会学理论. 南开大学社会学系译. 北京：国际文化出版公司.

么他们的地位就不会平等。不平衡的交换反映出权力差异，从而产生了权力结构。因为在不平衡交换关系中一方单方面为另一方提供了帮助，而另一方没有相应的力量抵偿，那么他可能向前者提供的只有感谢和称颂，因为他在这种社会交换关系中亏欠前者而没有能力偿还，接下来就是对提供帮助者的依附和服从。由此，布劳从人际交换中发现了社会结构形成的原理。

社会学家霍曼斯（G.C.Homans，1958）的理论有着经济学和社会心理学的根源。①他采用经济学的概念来解释人的社会行为，提出了社会交换理论，他认为人和动物都有寻求奖赏、快乐并尽少付出代价的倾向，在社会互动过程中，人的社会行为实际上就是一种商品交换。人们所付出的行为肯定是为了获得某种收获，或者逃避某种惩罚，希望能够以最小的代价来获得最大的收益。

（四）基本人际关系导向理论（Fundamental Interpersonal Relationship Orientation）

基本人际关系导向理论是以人际需要理论为基础阐述人际关系的形成、取向类型以及群体聚散过程特征的理论，其主要代表是舒茨。舒茨（W.C.Schutz）在 1958 年发表了一篇名《人际行为的一个三维理论》中提出的基本人际关系导向理论。该理论认为人们之所以进行社会交往和传播是为了满足三种基本的人际需要，即包容需要、支配需要和情感需要。这三种基本的人际需要决定了个体在人际交往中所采用的行为及如何描述、解释和预测他人行为。

包容需要指个体想要与人接触、交往、隶属于某个群体，与他人建立并维持一种满意的相互关系的需要。在个体的成长过程中，若是社会交往的经历过少，父母与孩子之间缺乏正常的交往，儿童与同龄伙伴也缺乏适量的交往，那么，儿童的包容需要就没有得到满足，他们就会与他人形成否定的相互关系，产生焦虑，于是就倾向于形成低社会行为，在行为表现上倾向于内部言语，倾向于摆脱相互作用而与人保持距离，拒绝参加群体活动。如果个体在早期的成长经历中社会交往过多，包容需要得到了过分的满足，他们又会形成超社会行为，在人际交往中，会过分地寻求与人接触，寻求他人的注意，过分地热衷于参加群体活动。相反，如果个体在早期能够与父母或他人进行有效的适当的交

---

① BefuHarumi. 1977. Socialexchange. *Annual Review of Anthropology*，（6）：225-281.

往，他们就不会产生焦虑，他们就会形成理想的社会行为，这样的个体会依照具体的情境来决定自己的行为，决定自己是否应该参加或参与群体活动，形成适当的社会行为。

支配需要指个体控制别人或被别人控制的需要，是个体在权力关系上与他人建立或维持满意人际关系的需要。个体在早期生活经历中，若是成长于既有要求又有自由度的民主气氛环境里，个体就会形成既乐于顺从又可以支配的民主型行为倾向，他们能够顺利解决人际关系中与控制有关的问题，能够根据实际情况适当地确定自己的地位和权力范围。而如果个体早期生活在高度控制或控制不充分的环境里，他们就倾向于形成专制型的或是服从型的行为方式。专制型行为方式的个体，表现为倾向于控制别人，但却绝对反对别人控制自己，他们喜欢拥有最高统治地位，喜欢为别人做出决定。服从型行为方式的个体，表现为过分顺从、依赖别人，完全拒绝支配别人，不愿意对任何事情或他人负责任，在与他人进行交往时，这种人甘愿当配角。

情感需要指个体爱别人或被别人爱的需要，是个体在人际交往中建立并维持与他人亲密的情感联系的需要。当个体在早期经验中没有获得爱的满足时，个体就会倾向于形成低个人行为，他们表面上对人友好，但在个人的情感世界深处，却与他人保持距离，总是避免亲密的人际关系。若个体在早期经历中被过于溺爱，他就会形成超个人行为，这些个体在行为表现上，强烈地寻求爱，并总是在任何方面都试图与他人建立和保持情感联系，过分希望自己与别人有亲密的关系。而在早期生活中经历了适当的关心和爱的个体，则能形成理想的个人行为，他们总能适当地对待自己和他人，能适量地表现自己的情感和接受别人的情感，又不会产生爱的缺失感，他们自信自己会讨人喜爱，而且能够依据具体情况与别人保持一定的距离，也可以与他人建立亲密的关系。

这三种需要与生物需要类似但不相同，生物需要调节有机体与物理环境的关系，人际需要决定着个体与人类环境之间的联系。前者的不能满足，可能导致疾病与死亡；后者的不能满足，将会导致精神崩溃，甚至死亡。

三种基本需要的形成与个体的早期成长经验密切相关。因童年期人际需要是否得到满足而形成的行为适应方式，影响并决定着成年期对待他人的方式。有时以自己当年对待双亲的态度对待他人（恒常原则），有时以双亲早期对待他的方式对待他人（认同原则）。

三种需要早期满足的不同性质与后来表现的行为方式存在关系。如果儿童与双亲的交往极少，或由于双亲忽视，使其与家庭处于不完全融合的状况，这种经验会使他们出现低社会行为，如倾向于内部言语、摆脱相互作用、与他人保持距离，或巧妙地或直截了当地拒绝参加群体活动。如果儿童与双亲处于过分依赖与沟通的状况，就会形成超社会行为，如总是寻求接触、忙乱，要求给予注意，热衷于参与群体活动，有时还会以巧妙地表现知识与技巧等方法加入群体。如果儿童与双亲适宜地沟通与融合，会形成理想的社会行为，无论独处或群处都感到幸福，不把自己看作是需要注意的个体，能依据情境决定是否参与群体，人际关系一般没有问题。

如果双亲对儿童采取既有要求又允许儿童有自主决定权和一定的自由度，就会使儿童表现出民主型的行为方式，既乐于顺从又敢于掌权，可以放弃也可以执行支配权，一切视情况而定。双亲若过分地控制或不充分地控制，则会引起儿童的过度焦虑和防御性行为或者形成专制型的行为方式，如倾向于去控制别人与反对他人对已控制，甚至独断独行，违反规范，不尊重他人权力；或者形成拒绝型的行为方式，如过分谦虚、顺从，拒绝支配他人或做出重要决定，不愿负责任。

如果儿童得不到亲人充分的爱，经常面对冷淡与排斥，长大会表现出低个人行为，如表面友好，但保持情绪距离，生怕不受人欢迎或不被真正喜爱，因而避免相互建立密切关系。如果儿童生活在溺爱的关系中，长大也会表现出超个人行为，如强烈地寻求爱，希望或试图与人建立密切的情绪联系。如果儿童能获得适当的关心与爱护，就会形成理想的个人行为，长大后既不会受宠若惊，也不会有爱的缺失感；无论能否同人建立密切关系，都能恰当地对待自己。

舒茨的三维理论在解释群体形成与群体分解中提出群体整合原则，即群体形成的过程开始是包容，而后是控制，最后是情感。这种循环不断发生。群体分解的原则是反其序，先是感情不和，继而失控，最后难于包容，导致群体分解。

（五）戏剧理论（Drama Theory）

美国社会学家戈夫曼（E.Coffnsn）是“拟剧论”的倡导人。戈夫曼把人际交往比作演戏，把“场所”（社会）比作剧场，在日常生活中，每个人都在做戏表现自己，以把握自己给他人造成的印象，从而能达到自己的目的。对于如何在他人心中创造出印象，戈夫曼认为主要是善于控制形象，交流带宽越窄、传递信息越有限，人们越容易控制。

（六）交往行动理论（Theory of Communicatine Action）

哈贝马斯（Jürgen Habermas）在几乎所有的论著中都使用过“交往行动”这一概念。首先，哈贝马斯把交往行动理解为以符号为媒介的交互活动。其次，交往行动是基于语言有效性上的相互理解、共享、信任和适合，也就是说，普遍的、有效的语用学是交往行动的一般假设前提，最后，哈贝马斯提出，“交往行为总是要求在一种原理上是合理的解释”。为了更好地解释他的理论，哈贝马斯提出了“四种类型”“三个世界”“三个原则”。“四种类型”是指哈贝马斯把社会行为分为四种类型：第一类是“目的论行动”，又称作工具性行动；第二类是“规范调节行动”；第三类是“戏剧行动”；第四类是“交往行动”。在哈贝马斯看来，只有交往行动具有合理性，因为他把世界分为“客观世界”、“主观世界”和“社会世界”（这继承了波谱的“三个世界”理论）；只有交往行动是作为不同主体在与“三个世界”的三种关系上发生的，其他行动都是片面的行动，不具有普遍性。同时，哈贝马斯又告诫人们，在与“三个世界”的交往行动中，我们必须遵循不同的原则：在与客观世界交往时，陈述，即交往行动的一般性前提必须是真实的；在与社会世界交往时，陈述必须是正确的；在与主观世界打交道时，陈述必须是真诚的。到此，哈贝马斯建立起了他的“合理性的交往行动理论”。哈贝马斯的理论启示我们，在人际交往的过程中，交往主体之间也应该形成共同的交往规则。

二、人际传播的具体规则

规则视角的人际传播理论认为，人际传播都是因循一定的规则进行的，这些具体的规则支配着人际传播的径行。规则可能是微观意义的共同协商和确定，也可能是人际交往中的规范和“潜规则”，总之它们制约和决定了人们的交往和传播。在通常条件下，人们都是通过遵守这些规则来行事，但也有可能打破规则，只不过打破规则的人要受到某种方式的惩罚。规则视角的代表性理论有意义的共同管理理论、人际传播的语用理论、期望违背理论、人际欺骗理论、传播能力理论、建构主义理论和冲突归因理论。

（一）意义的共同管理理论（Coordinated Management of Meaning）

规则视角的代表性人际传播理论是意义的共同管理理论。意义的共同管理理论[①]兴起于 20 世纪 80 年代，代表性的理论家是皮尔斯（Pearce）和克罗伦（Cronen）。皮尔斯和克罗伦于 20 世纪 80 年发表的论文《传播、行为与意义：社会现实的建构》是这一理论的发端之作。皮尔斯和克罗伦认为意义建构的过程取决特定和具体的情境与背景。意义被创造出来进而被理解的过程可能是在不断地改变过程之中。这就是对真实的多重性的界定和理解。在讨论建构背景的时候，各个层次上人们的经验、信仰和价值观在每个情境下都发挥着作用。插话、关系和文化等因素也发挥着作用。意义的共同管理理论认为，传播是一种协调和一种对个人行为在规则与规则下的行动意义的协调。按照意义的共同管理理论，有效传播应该包括两个部分的作用：一是共享的规则体系，二是行为意义的协调管理。以规则为基础，人们更重视的是规则的一致性以减少传播过程中的不确定性，争取最大获益和最小损失。

（二）人际传播语用理论（Communication Pragmatics）

人际传播语用理论[②]重要的理论家是瓦兹拉维克（Watzlawick）和比文（Beavin）。他们在 1967 年发表了人际传播学的重要文献《人类传播的语用学》。传播语用理论依赖特定的情境，认为错误传播的产生是因为人们没有“使用相通的语言”。之所以出现这种语言的差异是人们对他们所说的事情有不同的观点。当人们交流的内容和关系不匹配时，错误传播就可能发生。

（三）违背期望理论（Expectancy Violations Theory）

违背期望理论[③]关注的是人们对个体行为的预期及这些预期被违背时人们

---

① West&Turner. 2000. *Introducing Commumcation Theory：Analysisand Application*.MountainView. CA:MayGeld.

② Griffin. 2000. *A First Lookat Communication Theory*（4th edn.）. Boston，MA：McGraw-Hill.

③ Burgoon. 1978. A communication model of personal space violation：Explication and aninitialtest. *Human communication research*，（4)：129-142.

的反应。每种文化都有一定的行为规范，让人们可以借以预期他人的行为。遵守规范、与期望保持一致似乎往往是社会互动顺利进行的最好途径。尽管如此，朱迪伊·伯贡（Judee Burgoon）的研究表明，在某些情景下，破坏规范也是有利的。

违背期望理论的基本问题是互动期望的建立。传播意义上的期望是指预期行为的持续模式。预期建立在社会准则、规范及个人行为模式的基础上。期望可能与适合某一环境或某一特定群体的行为相关，或者它们可能反映了人们对某一特定个体典型行为的知晓程度。期望可以用来表示人们预测的事情将会发生（预测性期望），或者可以用来表示渴望之事或喜好之事（习俗性期望）。偏离预期的行为会激怒他人或使他人警觉。至于何为偏离预期的行为则要看传播者的衡量标准。传播者的衡量标准是指个人的个性特征。

违背期望理论认为传播者的期望受到三个因素的影响：传播者、关系、互动得以发生的情景。传播者的特点包括某个互动同伴的突出特征，诸如性别、年龄、个性和交流风格。关系因素包括互动参与者之间的亲密程度，或互动参与者之间的地位平等程度。情景因素包括一些环境因素，它们可以确定在具体情形下个体应该如何进行传播，诸如场合的正式或任务的本质等。

（四）人际欺骗理论（Interpersonal Deception Theory）

人际欺骗理论的主要理论家是布勒（Butler）和伯贡（Burgoon），他们于1996年提出了人际欺骗理论。[①]人际欺骗理论的基本内容是传播的发送者试图通过信息、行为和形象的精心操控来使传播的接受者接受一个虚假的信息或者结论。传播的发送者试图操控虚假的信息，他们忧惧自己这些虚假的信息会被对方发现。同时，传播的接受者试图揭露或者察觉信息的有效性，对发送者发送信息的正确与否持猜疑态度。可见，布勒与伯贡把欺骗和发现欺骗看作传播者之间你来我往、进行互动的过程。欺骗指的是通过对信息、行为和形象的精心操控，导致对方接受一个虚假的信念或者结论。一般来说，如果某个说话人

---

① Cragan &Shields. 1998. *Understanding Commumcation Theory: The Communicative Forces for Humanaction.* Boston，MA：Allyn&Bacon.

实施了欺骗行为，那么他所从事的是一种策略性行为。这种行为歪曲了信息的真实性，它本身是一种不全面的、不相关的、不清楚的和不直接的言语行为。当某些情况出现，会使得当事人感觉到“若说出事实，会影响到名誉以及在对方眼中的价值”，当事者就有可能进行“欺骗”的举动；欺骗者可以由许多方面来含糊带过，或是利用拖全部人下水来证明自己行动的正确及正常性，诸如此类各种方法，进行与事实不相同的言论，并且试图让对方相信；这需要十分大的精气以及脑力，与对方的“猜疑”斗智，若与对方的关系匪浅，对方将很可能主观地相信当事者的言论，更确切地说，是拒绝猜疑对方说谎的可能性。当某人视他人为敌人时，将处处寻找言词及非言词的破绽；若某人先入为主的认定对方欺骗，将有可能以一概括全部。

人际欺骗理论有三个假设：①欺骗和其他的传播形式没有什么不同，这是因为人类是以目的为导向的。人际传播都是为了达到一些重要目的，如保持人际关系和谐，使交谈更加顺利，劝说他人接受自己的建议的等。②人际传播的基础是信息管理。人们可以选择通过操控信息的准确度、完全度、正确性、相关性来进行欺骗。③在欺骗传播中，信息的接收者是影响欺骗事件进程和最后结果的积极参与者。

（五）传播能力理论（Communication Competence）

传播能力理论[①]的代表人物是斯皮伯格（Spitzberg）和库帕克（Cupach）。斯皮伯格和库帕克于 1984 年出版了名为《人际传播能力》的学术专著，其成为该理论的发端之作。传播能力理论认为，沟通能力是在一个特定的情境下人们选择适当和有效的传播行为的能力。人经常被用来说明这种能力的是构成模型，这个模型包括三个组成部分：①知识；②技能；③动机。知识就是知道在一个特定的情境中应该采用什么样的传播行为才是正确的。技能就是在一个特定的情境中采用正确的沟通行为的能力。动机就是用一种自信的姿态去与别人进行沟通的期望程度。知识—技能—动机理论认为，一个好的沟通需要具备三种能力：认识到什么样的传播行为是恰如其分的；拥有实现恰当的传播行为的

① Anderson & Ross. 1998. *Questions of Commumcation: Apractical Introduction to Theory*（2nd edn.）. NewYork: St.Martin'sPress.

能力；怀有利用有效和恰当的方式进行沟通的愿望。

（六）建构主义理论（Constructivism Theory）

创立建构主义理论的学者是杰西·德里亚（Jesse Delia），他在 1982 年《人类传播理论》上发表的《传播研究的建构主义路经》一文，揭开了人际传播中建构主义研究视角的先河。建构主义的人际传播理论认为：那些对于认知他人有综合能力的人，他们拥有实现积极的传播效果的复杂能力。他们能采用一种修辞性的信息设计逻辑，生产个人中心的信息，这些信息可以同时追求多重的传播效果。①作为一种理论，建构主义的人际传播理论涉及一个认知过程，这个过程在一个既定的情况下促进了实际的交流过程。测量和观察这个认知过程可以说是一个困难的事情。但是，我们认为那些善于在特定情境中操控信息的人比那些不善于这样做的人在人际传播上将会更加成功。另外，从认识论方面来讲，建构主义的人际传播理论认为存在着多种多样的真实性，真实性决定于传播者和接受者在创造与理解复杂信息方面的能力。古语“话有三说，巧者为妙”就富有建构主义的思想。

（七）冲突归因理论（Conflict Attribution Theory）

冲突归因理论的前提：人们通常会发展出各自的理论来解释冲突的原因，这些理论很大程度上是归因的产物。归因是对行为的原因做出推断，人们如何解决冲突取决于如何归咎责任。学者阿兰·塞勒斯（Alan Sillars）就是基于这一前提提出冲突归因理论。这一理论整合了不少主流理论，归纳了冲突行为的各种类型。

塞勒斯（Sillars）指出，在人际关系中解决冲突一般有三种策略。其中，包括避免或减少矛盾冲突的策略、以赢为目标的策略以及试图使双方都获利的策略。可以把其归结为规避行为、竞争行为及合作行为。塞勒斯在研究中发现了多种策略，见表 2.1。②

---

① Cragan &Shields. 1998. *Understanding Commumcation Theory*：*The Communicative Forces for Humanaction*. Boston，MA：Allyn&Bacon.

② 小特约翰（Litlle john，S. W.）. 1999. 传播理论. 陈德民等译. 北京：中国社会科学出版社.

表 2.1 矛盾冲突控制规则

规避行为	合作行为	竞争行为
（一）否认与规避 1. 直接否认：明确否认矛盾的存在 2. 间接否认：通过阐述否定观点的原理暗示否认，尽管否认并未直接表示 3. 规避语言：对方陈述或询问矛盾时拒绝承认或否认矛盾的存在 （二）话题控制 4. 转移话题：对自然进行的讨论的打断，将话题从当前正在讨论的问题中转移出去 5. 话题回避：在矛盾未加充分讨论之前明确表示中止谈论的声明 （三）含糊其辞 6. 抽象言论：即抽象的原则、概括或假设。高度抽象地谈论事物，对直接当事人之间的事物的真实情况不作提及 7. 含糊陈述：对矛盾的存在不置可否，既非规避性地回答，也非转移话题性地陈述 8. 模糊问题：漫无目标的问题或对研究人员的问题进行重新表述 9. 程序性陈述：对矛盾的讨论取而代之的程序性陈述 （四）不相干的言论 10. 戏谑之词：打断或取代对问厄严肃考虑的无恶言的戏言	（一）分析言论 1. 说明：对问题性质及范围不加褒贬地实事求是的说明 2. 限制：通过联系具体行为事件，明确地限定问题的性质与范围的表述 3. 揭示：提供“无法观察的”信息，如思想、感情倾向、行为原因或者当事人没有看到的问题与问题相关的过去的经验 4. 恳请提示：询问与他人有关而自己可能没有机会观测到的具体信息（如思想、情感意向、行为原因、经验等） 5. 恳请批评：恳请批评自己的无恶意的问题 （二）抚慰言词 6. 移情或者支持：表示理解、支持，对对方的接受或对对方的优秀品质、共同兴趣、目标和相容性的评价 7. 让步：表示愿意改变、显示灵活性、做出让步或者考虑双方均能接受的方案表述 8. 承担责任：表示自己愿意承担问题引起的部分损失责任	1. 对个人的批评：对对方反面评价的陈述或暗示 2. 拒绝：以暗示本人的拒绝或不同意见的方式反对对方的观点 3. 非友善性命令：暗示谴责对方以及希望对方改变的威胁、命令，辩论或其他指令性表述 4. 敌意的询问：挑剔或谴责对方的问题 5. 恶意的嬉笑或嘲讽：用以挑剔别人的玩笑或嘲弄 6. 强行归咎：将对方并不承认的思想、感情、倾向、事由归咎于对方，其为“恳请揭示”的反面 7. 责任的拒绝接受：否认或尽量减少个人责任的陈述

塞勒斯最为重要的贡献在于将归因理论应用于对冲突行为的解释。他认为至少从一个方面来看归因是冲突的定义和结局的重要决定因素。首先，冲突中的个人归因决定此人将选择何种战略来处理矛盾，归因不仅会影响一个人的反应和情感，而且还会因为过去发生的事情而影响个人对未来的期望。其次，归因当中的偏见会降低使用整合策略的概率。最后，人们所选择的策略会影响冲突的结果。合作性策略会加快冲突的解决并鼓励双方进行信息的交换；竞争性的策略会加剧冲突，从而导致不太满意的冲突解决办法。

第三章　人际传播与沟通的过程

从传播学的角度看，人际传播与沟通的过程，本质是信息传播与沟通的过程。这个过程呈现出一定的阶段性：在不同的阶段，传播与沟通的主体发挥的作用是不同的，处理的信息也呈现出不同的功能。在本章中，我们将人际传播与沟通的过程分为四个阶段来分析：信息储备→信息呈现→信息认知→信息评价。必须注意的是，这四个阶段虽然呈现出明显的阶段性，但是它们之间表现出很强的交错关系，比如在时间上它们可能前后是错位的，在同一时间点上也可能是你中有我、我这有你。

第一节　信息储备：获知背景阶段

人际传播与沟通的真正开始，其实并不是一般人所理解的主客双方的见面或不见面的信息交流，而是一方对另一方的背景信息的获知性搜寻。人际传播与沟通的开始，从传播学来看，是信息储备；从社会学来看，是获知背景。没有背景信息的传播与沟通往往是低效的，甚至无效的。孙子说："兵者，……，不可不察也。"人际传播与沟通，要达到高效，也不可不察。"察"什么呢？"察"之含义的一个重要方面，是了解传播与沟通的背景，或者说一方对另一方背景的了解。"察"还有很重要的一个方面是对自己的"察"。其实"察"包括两个方面的"察"：既要了解对方的背景，也要了解自己的实情。有了这两方面的结合，后面的人际传播与沟通才能有厚实的基础，才能做到"知之者胜，不知者不胜"。[①]《孙子兵法》说："知己知彼，百战不殆；不知彼而知己，一胜一负；不知彼不知己，每战必殆"。[②]这句话虽然讲的是军事，其实对人际传播与

① 中国人民解放军军事科学院战争理论研究部《孙子》注释小组. 1977. 孙子兵法·计篇. 北京：中华书局.
② 同①。

沟通来说，也是非常精辟的。

在一次赛车比赛上，出了一次重大交通事故，一辆法国汽车报废了，亨利·福特（Henry Ford）认为，上面装配的零部件比自己生产的汽车装配的零部件的更小更好，就随手捡了一块阀门杆，很轻很有韧性。他把它递给了自己的助手，直截了当地说："把它弄清楚，这正是该用在我们车上的那种材料。"①因为对自己助手的背景信息非常了解，如脾气性格如何，所以沟通交流才能这样直接而简洁，并且还带有命令的语气。

作为世界上最伟大的管理者之一，亨利·福特非常懂得人际沟通中的背景信息的重要。在他的培养带领下，其公司的员工相互之间都非常了解背景信息。正因为有了这个基础，福特公司内部诞生了一种简洁而直接的人际沟通方式。福特的自传中有很多小故事强有力地透出这点。有一次，一位机器生产者被叫来参加两个关于制造一种特别机器的会议。其生产要求是每小时产量为 200 台。下面是会议中的对话：②

> "这肯定弄错了"，那位生产者说，"你的意思是每天 200 台。没有任何机器能够一小时生产 200 台"。公司的管理者派人把那位设计机器的人找来，他们让他注意说明书。他说："是这样的，怎么啦？""做不到。"那位制造者肯定地说："任何机器制造都不可能做到这点——这是毫无疑问的。""毫无疑问！"那位工程师叫道，"如果你愿意下到一楼的话，你会看到有一种机器能做到这点。我们之前就制造了一台来看它能不能做到。现在我们需要更多像它一样的机器"。

背景信息在人际传播与沟通中的重要性，得到了所有世界性的大公司的重视。2000 年感恩节后的那个星期六的早晨，当通用电气（GE）同意杰夫·伊梅尔特（Jeff Immelt）成为杰克·韦尔奇（Jack Welch）的接班人而担任董事长和 CEO 时，韦尔奇给他打了个电话。这个电话只有简单的一句话："告诉你一个好消息。你和你的家人明天可以到佛罗里达来度周末吗？"为什么这么重要

---

① 亨利·福特. 2005. 我的生活与工作. 梓浪，莫丽芸译. 北京：北京邮电大学出版社.

② 同①。

的事情，却只有一句话呢？韦尔奇在自传中是这样说的，显然，他已经知道发生了什么事情。所以我们没有继续谈论，而是立即着手安排所有相关事宜，以便他能够马上到佛罗里达来。[①]因为背景信息沟通的双方都非常清楚，所以沟通起来没有必要说一句多余的话。

要特别注意的是，在“知己知彼”的过程中搜集的信息，有可能正确也有可能扭曲地反映了客观对象。信息与对象之间可能是一种真实的关系，可能是一种错误的关系。偏见就是这种错误关系中的一种最常见的现象。偏见是对事物扭曲性的解释，它与人际传播与沟通中要求的客观、平衡和事实是对立的。可见，偏见对建立良性的人际传播与沟通背景信息而言是有害的，必须努力克服偏见的影响。偏见产生的原因有两种，可能是有意的，也可能是无意的。从总体上来看，明显而故意性的偏见是很少的，结构和功能性的偏见是常见的。我们必须避免明显而故意性的偏见，克服结构和功能性的偏见。对任何人来说，要完全避免结构和功能性的偏见是不可能的，因为每个人都生活在一定的社会结构和功能中，如家庭结构和层级功能。这些社会结构与功能是社会权力结构运转的一部分，是社会功能系统形成的必然物。比如，对父母的背景信息的了解，往往受到家庭结构的影响，对单位领导背景信息的了解，往往受到层级功能的制约，这两者都不可避免地形成“偏见”。

尽管某些“偏见”是不可避免的，但是无论如何，我们搜集信息的时候，都必须尽量做到平衡。平衡的要求就是去偏见、求公平。人际传播与沟通要在全过程做到高效，在信息储备阶段就必须做到全面而平衡，也就是说，信息的搜集必须全面，做到不偏不倚，好坏兼收。通过信息储备的平衡，从而达到人际沟通事前理解的客观性，即保证公平与精确。叔本华说过：无论谁想使自己的判断令人信服，表述时都应该冷静和不带偏见。因为一切热情都发源于意志，以过度的热情来表达的判断可能属于意志而不属于认识。认识是冷静的。这位哲学大师用哲学的语言告诉我们沟通中的信息呈现之冷静客观的重要性。其实在信息的储备阶段，就必须做到冷静客观。要做到冷静客观，必须通过多种渠道收集对方的背景信息，也必须对自己做出正反两方面的分析。一旦渠道狭窄、分析偏狭，判断就谬以千里。

---

① 杰克·韦尔奇. 2001. 杰克·韦尔奇自传. 拜恩，曹彦博译. 北京：中信出版社.

第二节 信息呈现：展示彼此阶段

当背景信息被弄清楚后，接下来就是开始传递信息，也就是信息呈现。信息呈现的第一步就是发出信息。在人际沟通中，在交流的双方，发出信息的过程是相互的，或者说是同时进行的：你向我发出信息，我也向你发出信息。在这个过程中，自主性地发出信息和应答性地反馈信息经常是纠缠在一起的。为了便于分析这个复杂的过程，有必要将之简单化。信息呈现，其实包括自我表露、他者表露这两个方面。这两个方面从信息传播的角度来看，过程的性质有很大的类似性。一方的自我表露，就是另一方的他者表露。下面具体分析信息呈现的“自我表露”维度，从而分析信息呈现的整个过程。

一、自我表露

如果背景信息的获知还是一种准备，那么人际传播和沟通的真正开始就是自我表露。自我表露是把信息传播给他人，实现人际沟通。如果双方都自我封闭，传播和沟通也就戛然而止。信息在自我的体内没有传播给他人时，其实个体也在不断处理这些信息，但这只能算是自我传播，如“自我嘀咕”“心理揣摩”等。人际沟通的最终目的是相互了解、相互认知，要实现这个目的，没有自我表露，就无从谈起。

自我表露性的信息沟通有两类：一类是直接以自我作为谈话的主题，如自己的学习好坏、爱情故事、家庭构成等，让对方直接了解自己。另一类是间接以他事作为谈话的主题，如天气状况、股市走势、别国战争等，让对方间接了解自己。这两类自我表露，都能促使人际沟通的获得良好开端，具体如何运用，什么场合运用，必须具体情况具体对待。非常熟悉的旧交，可以从亲密性的爱情故事谈起；初次相交的新友，可以从正式性的天气状况启题。正式场合，从正式话题始端；轻松场合，从轻松事情开谈。伊莱亚斯·卡内蒂说：“有多少话人们不得不说，只是为了打破沉默。”自我表露就是一种打破沉默的沟通努力。

中国有句成语“守口如瓶”，告诉人们尽量不要自我表露。对此必须正确理解其中的含义。“守口如瓶”是告诫人们必须准确表露、谨慎表露，因为简单而粗糙的表露会造成信息扭曲，从而产生沟通误会。“多言必败”是中国传统人际沟通中的重要智慧，其深层含义和“守口如瓶”是相通的。这样的告诫数不胜数，担心的是自我表露不但没有实现有效沟通，反而引来怨恨乃至祸事。那么，如何避免这种情况出现，从而实现有效的自我表露？必须掌握自我表露的时间、数量、性质、深度、对象等。下面分别就这些方面谈谈。

与自我表露有关的时间因素包括两个方面：一个是与自我表露效果有关的时间点的选择，一个是与自我表露的量与交往时间长短的关系。前者简单地说，就是什么时候沟通信息能产生好效果的问题。“话不投机半句多”，说的就是沟通中时间点选择不对的问题。当一个人发怒、生气、失意、痛苦的时候，必须避免与其进行人际沟通。后者说的是人际沟通中的一个规律：人际沟通的信息量在交往的时间轴上呈“U”形分布。当还是陌生关系时，人与人之间往往愿意大量沟通，如飞机、火车上萍水相逢的人们往往愿意无拘束交谈。网络的匿名性，其实就是一种深度的陌生关系，更是鼓励人们无所不谈。当人际关系发展到初步熟悉时，人际沟通往往相比陌生时，不是增多而是减少了。产生这种结果的原因是，交往戒备在起作用。当进入非常熟悉时，达到所谓的心心相印，人际沟通又螺旋式上升到无所不谈。区别是，第一阶段是陌生性无所不谈，第三阶段是熟悉性无所不谈。

自我表露的信息达到什么样的数量才能求得最好的沟通效果，也是一个值得认真思考的问题。在人际信息沟通中，有时候多不如少，有时候少不如多。如何掌握，全看沟通的对象和时机。有的人喜欢广交朋友，敞扉而谈；有的人喜欢独处一人，闭牖而思——沟通多少信息为好，必须首先看清楚对象：当一个人刚刚失恋时，往往喜欢沉默不语；当一个人考试中榜，往往喜欢言语飞扬——沟通选择什么时间，必须认真考虑实情。“话不投机半句多”可能是对象不当，也可能是时机不当造成的。沟通信息的数量，也有个相互转化和吸引的问题，一方敞开心扉，另一方也倾向开怀畅谈；一方遮遮掩掩，另一方也选择小心翼翼。

自我表露的性质包括消极和积极两种。消极的自我表露是指披露自己的负面性信息；积极的自我表露是指披露自己的正面性信息。每个人都有正面性的信息和负面性的信息，选择什么样的信息披露出来，是人际沟通中的重要智慧。

做出积极性选择还是消极性选择，要看双方之间的亲密程度。陌生人之间，往往是先正面的，再中性的，最后消极的。你可能对一个火车上的陌生人依次说："我是一个大学生，家住湖南，失恋了。"熟悉人之间，往往是先消极的，再积极的，最后中性的。你可能对一个大学时的老同学先后说："我失恋了，又新谈了一个，关系一般"。

深度问题其实是沟通的质量问题。同一个人是否深谈，是衡量人际沟通中自我表露质量的重要标准。俗语说"相识满天下，相知能几人"，就是说真正能深谈的朋友不多。谈人生理想、奋斗目标、私人生活，都是深度人际沟通；谈天气情况、饮食爱好、穿着倾向，都是浅表人际沟通。什么时候应谈浅表话题，什么时候应谈深度话题，即人际沟通的深度问题，全靠个人灵活掌握。掌握得好，沟通就能锦上添花；掌握得不好，沟通就可能阻遏难行。多年不见的老朋友，虽然略显生疏，适度谈些深度话题，能消除隔膜；萍水相逢的新朋友，虽然感觉亲热，大量谈些深度话题，或招致不快。

谈话看对象已经成为古今哲人反复告诫的信条。"对牛弹琴"就是指不看对象的交流。常说的"到什么山头唱什么歌"，对应成人际沟通就是"见什么人说什么话"。话语的信息结构只有和其接受对象的心智结构相吻合，才能发挥出最大的传播效果。对农民讲话文绉绉、对幼儿讲人生哲学等都是讲话不看对象的表现。一个人对母亲和对父亲谈的话题可能不同；对恋人和对配偶谈的内容也许相异。所谓沟通分对象，就是要分清楚各种关系，是朋友、普通人，还是"敌人"——这是人际传播与沟通对象的性质问题，也是一个首要问题。关系是深厚还是浅薄？熟悉还是陌生？男性还是女性？尊者还是平辈？领导还是下级？……不同的对象，说话的方式、内容都必须有所变化。

二、自我表露的真实度

根据自我表露的信息与客观事实之间的吻合关系，可以将自我表露分为：真实表露、虚假表露、夸大表露、缩小表露。

（一）真实表露

要取得对方的信任，使其也积极参加人际沟通，自我表露的信息必须与客观情况相符。真实、真诚是打动人的最根本的素质。古人说“唯大英雄能本色”，就是说大英雄能做到真实自我。反之，能做到真实自我，也能做到人际沟通中的“大英雄”。其实即使做普通有效的沟通者，也必须做到自我表露真实。一旦被对方发现不真实，对方就有可能不愿意参与沟通，或者发出虚假信息消极沟通。这样，沟通也就失去了可能存在的基础。

真诚而直接总能引起沟通的对方良好的反应，哪怕是非常不好的棘手事情。韦尔奇讲述了他的一个非常隐秘的故事，即证明了这点。他刚到伊利诺伊大学攻读化学硕士学位的时候，即认识了一位漂亮的女生，并约她出去玩。那个星期六的晚上他们“约会太尽兴了”，突然一道强光射进了他的那辆大众车内，在那个保守的年度，他们两个尴尬地被抓起来了。他惊呆了，他知道接下来的后果：失去奖学金、失去获得研究生学位的机会等。他就鼓足勇气去找化学工程系主任，尽管他非常了解这位领导粗暴的名声：“德雷克莫博士，我遇到了一个真正的问题。校园警察因为我瞎胡闹抓住了我。我现在有点不知所措，我需要帮助。”韦尔奇在讲述发生的一切时，紧张得裤子都湿了。这位平时粗暴的领导虽然说了句“该死的”，却非常乐意地帮助了韦尔奇：“在我所有的研究生里，你是第一个做出这种事情来的。这件事交给我处理好了，不过你从现在开始最好系好自己的裤子！”韦尔奇的莽撞为什么能如此顺利地得到拯救？并且是在一位平时以粗暴出名的领导面前。这里看似偶然，其实却是必然；这里看似没有法则，其实却有规律。“有点不知所措，我需要帮助”，所有的沟通秘笈都体现在这句简单的话语之中。能打动人心的，是直接真诚。

（二）虚假表露

“虚假”一词在这里没有贬义。这里所说的“虚假”包括两种情况：一种虚假是恶意的欺骗，故意传播虚假的沟通信息，以达到私己的特殊目的。比如，为了骗取对方的钱财，明知自己不能履行合同，却说：“我一定能按合同要求履行合同！”另一种虚假是善意的谎言，有意利用虚设的拟制信息，以达到良好的交流目的。比如，自己明明在学校生病了，父母刚好打电话过来，问：“最近身体还好吗？”答：“很好啊！”第一种虚假表露是恶意的，第二种虚假表露是善良的。因此，第一种虚假表露是应该避免的，它是对有效沟通的伤害；第二种虚假表露必须积极加以利用，它是促使有效沟通的润滑剂。《孙子兵法》云：“兵者，诡道也。故能而示之不能，用而示之不用，近而示之远，远而示之近。利而诱之，乱而取之，实而备之，强而避之，怒而挠之，卑而骄之，佚而劳之，亲而离之，攻其无备，出其不意。此兵家之胜，不可先传也。”①在人际传播与沟通中，虚假表露构成一种“诡道”，如何运用，取决于主体要实现的目的。

（三）夸大表露

在某些情况下，沟通个体会有意夸大信息。这样做，有可能是恶意的，有可能是善意的，也有可能是无意的。恶意的夸大就走向了虚假。父亲问儿子：“今天背了多少单词？”儿子回答：“50 个。”其实只有 10 个。常说的“吹牛”“大炮”就是典型的恶意夸大表露。善意的夸大是为了达到一种良好的目的而夸大一些“无关紧要”的信息。对一个生病住院的父亲来说，即使儿子没有这么优秀，听到“儿子这次考了 90 分”也是高兴的。善意的夸大在生活中处处可见。无意的夸大表露可能是在过分自信或自卑作用下的一种特殊表现。过分自信会发出夸大信息，过分自卑也会发出夸大信息，比如，“大跃进”时期，我们喊出“超英赶美”的口号，是过分自信的夸大表露；阿 Q 明明穷困潦倒，却把“先前也阔过”挂在嘴边，是过分自卑的夸大表露。

（四）缩小表露

中国向来以“节制”为美德，如“喜不淫、悲不伤”，这种德性追求往往导致人际沟通中的缩小表露。缩小信号，有时候可以减弱信息接受者的抵触情绪，有时候却也引起信息接受者误判事实。缩小表露，当表现为卑者在尊者面前，下级在上级面前，少者在长者面前，往往是出自尊重；当表现为强者在弱者面前，富者在贫者面前，力者在羸者面前，往往是出自包容。有时候，缩小表露是作为委曲求全的手段，孙膑装疯卖傻，为的就是能东山再起。

① 中国人民解放军军事科学院战争理论研究部《孙子》注释小组. 1977.孙子兵法·计篇. 北京：中华书局.

无论自我表露有多少种类型、我们怎么运用，必须记住的是，真实性的自我表露是有效沟通的根本。正如孙子说的“百战百胜，非善之善者也；不战而屈人之兵，善之善者也。”[①]在人际沟通中，“不战而屈人之兵”的最善方法就是真实的自我表露。

三、自我表露的理论阐释

（一）信息论

信息论是一门研究信息的产生、获取、变换、传输、存储、处理、显示、识别和利用的科学。用信息论的观点来分析，人际沟通的本质就是信息的传播。因此，自我表露所直接和间接提供的信息是决定人际传播与沟通效果的重要因素。要取得高效的人际沟通，必须时时注意发出的信息。

（二）符号学

人际沟通也是利用符合沟通意义的过程。人际沟通的符号是多种多样的，言语是一种符号，手势、表情、眼神，甚至服饰都是一种符号。这些符号在人际沟通中都会传达出某种特殊的意义。穿西装还是便装与人见面，一定反映出对某次沟通定位的不同认识。这就提醒我们，在人际沟通时，注意一切沟通符号的综合运用。所有符号都参与沟通过程，效果才会明显。比如，女朋友第一来自己家，不但要注意说话的内容，还要注意服饰，甚至家庭什物的收拾。话说得再好，家里乱糟糟，对方也可能认为你对她不重视。

（三）交换论[②]

为什么会发生人际沟通，在交换论看来，就是一种资源的交换和共享过程。从这个角度来看，人际传播是处于一个关系之中的甲乙双方借以相互提供资源或协商交换资源的符号传递过程。简单地说，人际传播与沟通就是关于资源交换的谈判。它包括三个过程。第一，双方讨价还价，寻求共同立场；第二，双

---

① 中国人民解放军军事科学院战争理论研究部《孙子》注释小组. 1977.孙子兵法・计篇. 北京：中华书局.

② 迈克尔・E. 罗洛夫. 1997. 人际传播社会交换论. 王江龙译. 上海：上海译文出版社.

方辩论，展开对话，使对方相信自己的建议可行；第三，强力影响，使用胁迫的手法，使传播得以实现。在这个资源的相互交换过程中，有可能是平等的，也有可能是压迫的，有可能是互惠的，也有可能是偏惠的。

四、自我表露中的第一印象

第一印象（First Impression）有的来自背景信息，也有的来自彼此的第一次沟通；这两者之间的相互“合作”和互动，将最终形成第一印象。著名的设计大师德卢基（DeLucchi）有句名言：“一个人永远不会有第二次机会给人以第一印象。”这句简单的话道出了第一印象在人际沟通中是何等的重要。夸张点说，第一印象在某些时候将决定一切。我们必须非常重视第一印象，主动掌握它，不要使它产生沟通的负面性，而要使它发挥出微妙的积极性。说它是“微妙的”，是因为这里面有很深的规律。掌握这些规律，对我们的高效沟通大有益处。

第一印象的本质是一种刻板印象（Stereotype）。所谓“刻板印象”是与事物相联系的夸张的印象。其作用在于当我们接触到事物并采取行动时，它为我们的行动提供合理性。第一印象有如下特征：首先，夸张性。或是对某一特征的夸张（如黑人的某些生理特征），或是对部分（某些黑人犯罪）到整体（黑人都有罪）的过度概括。这种夸张性，当然会形成对事物理解的某种程度上的扭曲，甚至是错误；那么要问的是，这种第一印象能够避免吗？不能。有时候，第一印象其实就是一种哲学意义上的先在性的理解。对事物的任何意义理解，都是在先前的知识意义的基础上进行的，所以说第一印象具有不可避免性。孔子说“吾以言取人，失之宰予；以貌取人，失之子羽”，圣人明察秋毫，尚且受第一印象影响，何况常人。因此，在人际传播沟通中，我们不能躲避第一印象，而只能积极利用第一印象；也就是说，争取产生好的第一印象，而避免不好的第一印象。然而如果不好的第一印象已经形成，也不用害怕，仍然可以通过连续不断的信息交流，使其得到纠偏。所以说，第一印象具有一定的合理性。无论好坏，第一印象是我们进一步认识事物的前提。任何人际传播与沟通，都是一种历时性的信息流，后面的信息交流总是建立在前面的信息交流的基础之上。因此，第一印象的合理性的表现就是使我们的行为合理化。如果第一印象是负面的，就是一种偏见，它将证明成见和歧视的合理性（种族主义）；如果第一印象是正面的，就是一种真见，它将证明真实和客观的合理性（爱国主义）。

对第一印象的形成究竟需要做什么样的心理学解释？根据心理学的研究，第一印象往往在信息沟通的 0.25 秒内就开始形成，也就是说，第一印象在初次接触的瞬间就产生了。人类的瞬间记忆有一个特点，容量大，时间短。容量可达 9～20 比特，图像记忆保存的时间只有 0.25～1 秒，声象记忆保存的时间也只有 1～4 秒。最长在 4 秒钟的时间内，沟通的双方一定留下了彼此的印象，这种下意识的印象将强烈影响到后来的沟通方向和效果。大学生求职面试时，几秒钟之内就在主考官头脑中留下的印象，往往决定成败。心理学揭示，人们的情绪判断往往比理智判断形成得快。面对刺激，人们是先有情绪反应后有理智反应。这一点很好地说明了第一印象的心理学特质。恋爱的感觉往往比结婚好，就是因为恋爱中多是情绪反应，结婚中多是理智反应。

有一个著名的心理学实验，很好地说明了第一印象的重要作用。两个学生 A 和 B 同时回答 30 道试题，告诉他们答案，让 A 答对前 15 道，B 答对后 15 道。然后让一些人评价 A 和 B 谁更聪明。多数人都认为 A 更聪明。其中的道理和日常生活中的一些现象是相通的：先表扬后批评，让人舒服；先批评后表扬，让人抵触。心理学中的首因效应能对此做出最好的解释。所谓首因效应，是说最初出现的信息往往产生最大的效应，而影响到后来信息的心理效果。前面的信息将对后面的信息产生强烈的定向作用。第一印象好，一好百好；第一印象差，一差百差，就是首因效应。为什么造成这个结果，原因在于下面的逻辑：情绪反应引起选择性理解，选择性理解再引起首因效应。所谓“选择性理解”就是理解的倾向受要求、需要、态度和其他心理因素的影响。

这里要进一步了解的是：在第一印象形成过程中，言语信息和非言语信息，哪个更起作用呢？研究表明，举止、外貌、目光、表情等非言语信息，是形成第一印象的重要因素。在人际传播与沟通中，必须非常注意这些非言语信息的传播。

第三节　信息认知：了解主客阶段

人际沟通中的双方，经过信息的双向沟通，就会逐步认知对方，亦即从信息认知走向人际认知。这是双方信息沟通的必然结果。双方认知是沟通中发展关系、建立情感、协调行为的前提和基础。掌握认知过程中的规律，有利于增强人际传播和沟通的有效性。

一、人际认知的概念和类型

在人际传播与沟通中，人际认知是指通过双方发出的信息，对主客双方各方面特性的认知，包括目的、情感、个性、环境、关系等各方面。

分类标准的不同使得人际认知有不同的分类：根据认知对象的主客体关系，可以分为他人认知和自我认知；根据认知对象的性质，可以分为性质认知、关系认知和角色认知。

（一）他人认知和自我认知

在人际传播与沟通过程中，认知的主体包括自我和他人，认知的客体也包括自我和他人。把人际传播与沟通中的人际认知分为他人认知和自我认知，包含主客体这两方面的关系。

1. 他人认知

他人认知是指在人际传播和沟通过程中，通过对认知对方外部特征的认知，分析判断对方的动机、需要、兴趣、情感和个性的心理过程。外部特征包括服饰、言语、神情、行为等。服饰是人的直接外表，言语是人的精神外表，神情是人的内心外表，行为是人的综合外表，这些途径都是我们认知他人的可行途径。“察其衣而知其意”，说的是服饰；“闻其言而知其行”，说的是言语；“表情也会说话”，说的是神情；“观其行而知其性”，说的是行为。

他人认知，在初始阶段往往是通过其外部特征。一个人的仪表，如服饰、发型等，可以成为其职业、角色等社会身份的反映信息，也可以成为其动机、性格、气质等心理特征的反映信息，在人际沟通的初期，它尤其给人鲜明印象。神貌英俊，总能见面动人；仪表端庄，常显教养有度。仪表往往成为沟通中的一种无声语言，强有力地发生作用。同样一个人，以不同的打扮出现在同一地点，外界的反响有时完全不同。行为学家迈克尔·阿盖尔（Michael Aryle）做过一个实验，很好地说明了这点。当他西装革履时，彬彬有礼之绅士，不是来问路就是问时；当他衣衫褴褛时，无业游荡之流民，不是来借火就是来借烟。

当双方进入熟悉阶段，依然存在“他人认知”的问题。熟悉的往往是背景，而在每次具体交往过程中，还必须认知对方的具体情况。这些具体情况，可以通过衣着、言语、表情、肢体动作等解读出来，对一个细心的人来说，对方的一切都在“说话”，告诉自己丰富的信息。

对他人的认知除了决定于前面谈到的属于他人的某些方面的客观情况，还决定于认知者的某些特性，如世界观、价值观、生活经验、处世态度等。宽容者，易于发现对方优点；苛刻者，易于挑剔对方缺点。持人性恶论者，常怀戒备之心；持人性善论者，常持信任之诚。认知者的沟通场合下的情绪，对他人认知有重要的影响。刘勰在《文心雕龙·神思》中说“登山则情满于山，观海则意溢于海”，“山”“海”作为自然之物，在情绪的笼罩下，尚且如此，何况作为认知对象的“人”。失恋者，往往看谁都不顺眼；失业者，往往对国政抱怨有加。

2. 自我认知

本杰明·富兰克林（Benjamin Franklin）有一句话：“有三样东西是极端坚硬的，钢铁、钻石及认识自我。”（“There are three things extremely hard，steel，a Diamond，and to know one’s self.”）如果一个人不能很好地认识自我，就必须想办法认清自我。中国古哲人也常说，人贵有自知之明。自知之明其实就是我们这里说的自我认知。为什么自知之明那么难得呢？因为人的自我认知往往有一种“焦点效应”（Spotlight Effect）。也就是说，在每个人的心中，自己往往被高估成比任何事更重要，并把自己看成周围事物的中心。一个实验很好地说明了这种焦点效应。研究者让被测试的学生穿上有花纹的T恤，进入一间还有其他学生的房间。这位学生估计大约一半同学会注意到他的T恤，而实际只有23%。这种错觉会发生在诸多方面，如情绪、心理、评价、情感等。如果自己是宴会上没有准备礼物的客人，往往就会如坐针毡，以为大家会把自己当怪人看，其实别人并没有像我们自己那样注意我们的一切。

为什么会产生在自我认知中的焦点效应呢？很重要的原因是一种名为自我图式的模式存在，每个人都会产生一种属于自己的自我图式（Self-schemas）。所谓“自我图式”就是自我认知的比较稳固的综合模式。这种自我图式将有力地影响到人际传播和沟通中的信息加工，其结果是主体会特别记住与自我图式一致的信息。可以说，加工信息时，会产生一种自我参照效应。当信息与我们的自我认知相关度高时，我们就会对它进行快速加工。这种自我参照效应说明，我们的自我认知与他人认知相比，始终处于信息世界的核心位置。在每个人的自我图式中，一部分是在过去的经历中逐步累积成的，属于已完成状态；还有一部分是自我对未来的想象。这两部分很多时候相互交织在一起，彼此难分。自我图式中对未来的想象，可以被称为可能的自我，这种可能的自我也会深刻影响到个体对信息的加工。

自我认知一般包括社会角色、社会同一性、社会比较、成败、他人评价等方面的内容。我们每个人都同时扮演着诸多社会角色，如大学生、姐姐、女儿、志愿者等。诸多角色逐渐被我们所感觉并接受，这属于自我认知中的角色认知。自我认知中的社会同一性认知是指认知自己的个人身份和社会身份。自己是谁？包括籍贯、民族、信仰、性别、学术专业等。社会比较认知帮助人判断自己的智商、身高、财富、地位等。人际沟通中的一切都是在比较中定位。我们的生活感觉很多都是在社会比较中进行的。自负的人，就会觉得周围的人智商都不高；自足的人，就会觉得周围的人都没有他幸福。社会比较中产生的自我认知会影响到人际传播和沟通的效果。自觉贫困的人，往往在交往中缺乏自信；自觉迟钝的人，往往在沟通中沉默寡言。

总之，人际传播与沟通中的他人认知和自我认知往往是双向循环的。自己的想法和感情会影响到自我的解释性认知，也会影响到他人对我们的解释性认知。反之，他人的想法和感情也影响到我们对自己的解释性认知。

（二）性质认知、关系认知和角色认知

1. 性质认知

人际传播与沟通的第一步是对双方关系性质的认知。性质认知的确切与否将是决定后面的关系认知和角色认知准确与否的关键。这里的性质认知的本质是对传播与沟通的双方关系的性质判断。这个判断是其他有效传播与沟通的大前提。毛泽东曾说，“谁是我们的敌人，谁是我们的朋友，这个问题是革命的首要问题”，其实强调的也是性质判断问题。在人际传播与沟通中，当然不能死板地进行“敌人”和“朋友”式的划分，但性质判断问题都不能确定，就成了无基之墙、无本之木，传播与沟通即使不是完全失败，也将是低效的。大致说来，人际传播与沟通中的关系性质，可以从“左中右”来认识。“左”是一种正关系，关系是友性的；“中”就是一种既不亲近也不疏远的关系类型；“右”是一种负关系，关系是敌性的。从这三种性质来思考人际传播

与沟通，问题的核心就能把握得稳。重庆谈判中的毛泽东和蒋介石，是一种敌性关系；恋爱中的交谈大致是一种友性关系；一般的生意场合大致是一种中性关系。当然，有些时候这三种关系是交织在一起，某种人际传播与沟通性质，在某些场合，随着时间、地点的变换，也会发生性质的变化。一些人的恋爱，刚认识时可能是“中”性的，热恋时可能是“左”性的，分手时可能是“右”性的。

韦尔奇手下有个负责通用电气全球研发工作的A类选手，一次和韦尔奇在某年度高层会议后的鸡尾酒会上闲聊。那时韦尔奇刚考察完印度的研发业务，为眼前的一切感到非常振奋。韦尔奇向他描绘了自己看到的一切，而该人意外地告诉韦尔奇：这是一大堆假象！——“他们在印度所做的一切远没有达到你所想象的质量标准！”这句话激怒了韦尔奇。无论如何他不相信！韦尔奇认为，这是一种不平等观念在作怪，他把美国“这儿”的员工和印度“那儿”的员工做了区别对待。这与知识全球化的理念是背道而驰的。在第二天的高层会议上，韦尔奇当着170名高级官员的面，不点名地批评了他，并说明公司并没有最大限度地掌握知识全球化的概念。“你们都要到镜子里照照自己，看看自己是不是这种人！”

毫无疑问，这个聪明的下级知道韦尔奇当众痛斥了他。为什么韦尔奇要这样做呢？韦尔奇说，“如果他不是公司最聪明、最有自信心的高级管理人员，我是不会这样做的。他是GE的一位全能明星，而不是一个无用的人”。遭到痛斥的两天后，这位员工给韦尔奇送来了一张便条，解释说他无意中“削弱了印度那边的团队做出的重要贡献”，并且给韦尔奇留下了一个坏印象。韦尔奇马上打电话告诉他，他很感激这种便条，而且他没有必要那么紧张。

韦尔奇真不谓沟通的伟人，对这次沟通他有着清醒的把握，因而成竹在胸，他说：“显然，这方面的教材并不是在每个人身上都奏效。你可以这样对待你最好的员工——前提是他们知道自己是最好的。我一般在规模较大的群体中才使用反面教材的说明方法，因为这样对他们会更奏效一些。”①韦尔奇就是在充分了解了这个人的“性质”后，才选择了这种特殊的沟通方式，并且并没有破坏他们之间的关系，反而推动了工作。

---

① 杰克·韦尔奇. 2001. 杰克·韦尔奇自传. 拜恩，曹彦博译. 北京：中信出版社.

2. 关系认知

人际传播与沟通中的关系认知包括两个方面：一是自我与他人关系的认知，二是他人与他人之间的关系认知。信息的传播与沟通，是在一个关系场中进行的；离开了信息关系场去理解信息的意义，是无法进行的。罗兰·巴特（Roland Barthes）曾说："能指和所指的结合不会使语义穷尽，符号的意义还受其环境的制约。"①任何传播与沟通中的信息使用和生产，本质就是符号的运用过程。在意义体系中，符号包括能指和所指两部分。符号的意义只能在能指和所指建立的关系场中去理解。从实践论的观点来看，必须把符号的意义放到实践中去把握。人际传播与沟通，也是一种符号的传播和解码过程，因此必须在实践中捕捉其中的意义关系。在这里，传统大众传播研究中的发送者—信息—接受者的线性传播模式是无效的，必须把人际传播与沟通还原为复杂的关系结构。

关系认知中的关系包括诸多方面，如动机关系、价值关系、情感关系、角色关系等。在某次人际传播与沟通中，双方的动机、价值、情感、角色等都可能十分复杂而隐蔽，只有多方面分析信息才能得出答案。动机可能是光明的，也可能是阴暗的；价值可能是正向的，也可能是负向的；情感可能是友好的，也可能是敌意的；角色可能是平视的，也可能是俯角的。在人际传播与沟通的关系场中，随着参与人数的变动，彼此的关系性质很可能发生改变。两个人原来是同学，现在是上下级；在一次私下的交流中，可能彼此的关系角色是同学性的关系，然而由于某个下级的加入，此时的同学角色关系也变成了上下级角色关系。

早年，在通用电气一个分公司总经理缺位的时候，韦尔奇跳上其上级的大众敞篷车的前座，说道："为什么不让我试试鲍勃的位置？"上级回答说："你在开玩笑吧？你对市场一点都不熟悉。而这一点对这种新产品却是至关重要的。"韦尔奇不肯接受否定的回答。在那个又黑又冷的晚上，在上级的车上坐了一个多小时，试图说服其接受他的要求。在拼命劝说过程中，他一直在提醒上级，当初是他极力劝自己留在了 GE。虽然当晚，韦尔奇并没有从领导那获得肯定答复，但是领导已经感知到韦尔奇非常需要这个工作。7 天后，韦尔奇并没有等来结果，他继续打电话，举出适合这个职位的原因。终于在一个星期

① 罗兰·巴尔特. 1999. 符号学原理. 李幼燕译. 北京：生活·读书·新知三联书店.

后，接到该上级的电话，叫他到其办公室去一趟。韦尔奇知道，好结果来了。“你这狗娘养的，你说服了我给你这份工作，我马上就会处理这件事情。你最好准备一下交接工作。”[①]请问，谁见过像韦尔奇这样推荐自己的人？很少！那么韦尔奇为什么敢这样做？别的方面不谈，他准确了把握了双方的关系，这是他成功的最重要方面。什么关系？他一直在提醒上级，当初是他极力劝自己留在了 GE。这就是一种特殊关系。

3. 角色认知

角色认知是指对主客双方身份、地位的认识，以及与此身份、地位相关的交流规范的判断。只有对双方的角色认知清晰，信息传播与沟通才会减少因误会而产生的隔阂。中外历史上，不乏因角色认知的错位而导致交流失败的例子，严重的甚至引起杀头之罪。

首先是对身份、地位的认识。最要好的同学，在一个单位，也存在着上下关系，在公共场合也必须对上级称“经理”或“董事长”等。

其次是对角色相关的交流规范的认知。对角色身份、地位的认清，是为了更好地遵守相关的交流规范。封建时代的道德伦理规范“君君、臣臣、父父、子子”，抛开内容合适与否，其实也是在强调角色认知的重要。是国君的就要有国君的样子，是臣子的就要有臣子的样子，是父亲的就要有父亲的样子，是人子的就要有人子的样子。这都是在强调是什么角色就要按什么角色的规范来行为。

社会对每个人都有属于他的角色期待。如果不能很好地理解属于自己的角色期待，就会出现角色障碍，从而导致人际传播与沟通走向失效。角色障碍包括角色冲突、角色模糊、伪角色等。首先，角色期待有的是他人对你的角色期待，有的是自己对自己的角色期待。这两种期待可能是重叠的，也可能是错位的。一旦错位出现，就会出现角色冲突。而角色错位很可能导致人际传播和沟通的失败。为避免这种失败，必须多站在对方的角度看看自己的角色，用对方视野中的角色规范自己的交流。其次，社会的角色期待，可能是单一的，也可能是多重的。其实每个人的社会角色基本上都是多重的，因时间地点的不同而不同。交流沟通的失败，一个很重要的原因就是多重角色

① 杰克・韦尔奇. 2001. 杰克・韦尔奇自传. 拜恩，曹彦博译. 北京：中信出版社.

转换的问题。这种转换处理不好，就会出现角色模糊。例如，你是领导，工作场合过分地以朋友之谊待下级，可能不利于工作开展。我们必须知道，要实现很好的角色转换，才能实现有效的人际传播与沟通。如果有人故意扮演与时间地点不相符的角色，去误导人际传播与沟通，那就出现伪角色的问题。伪角色当然会阻碍交流，但在特殊场合也会产生特殊的效果，如一个富者遇到劫匪，谎称是失业者。

二、人际认知中的倾听[①]

德谟克利特（Democritus）说：只愿说而不愿听，是贪婪的一种形式。在人际传播与沟通中，我们往往更注意表达，而少注意倾听。其实在认知他人的过程中，倾听是一门重要的艺术。“以治待乱，以静待哗。”[②]人际沟通中的“静”就是倾听。倾听是人际沟通的最基本的技巧。一定程度上，人际沟通的能力取决于有效倾听的能力。倾听既是一种重要而关键的沟通技巧，也是收集信息的重要途径，最终能促成有效沟通。伏尔泰说，做一个惹人厌烦的人的秘诀就是告诉别人一切。让我们带着这个告诫，学会倾听吧。

倾听有时候效果明显，有时候效果很弱。根据效果的不同，人际沟通中的倾听，可以分为有效倾听和无效倾听。要达到有效倾听，必须要有很好的倾听意愿。意愿往往是决定行动的前提条件，没有意愿而有行动的概率极低。很多人都特别重视表达的技巧，而很少注意倾听的重要。根据心理学的研究，实现主动倾听必须克服一定的心理障碍。讲话者的速度一般是每分钟 130 个词，而倾听者一般处理信息的速度是每分钟 300 个词。可见，倾听者处理信息的速度比讲话者处理信息的速度快得多。在这个时间差当中，倾听者往往容易走神而联想一些无关的事情。因此，有效倾听必须要学会约束自己。保持高度的倾听意愿，从而产生高强度的倾听。倾听有高强度和低强度之分。有些人际沟通，如面试、谈判等，尤其需要保持高强度的倾听，才能取得很好的效果。

要达到有效倾听，除了要有倾听意愿外，还需要一定的倾听技巧。倾听技

---

① 巴内. 2004. 人际沟通指南. 刘志刚，袁瑛译. 北京：清华大学出版社.

② 中国人民解放军军事科学院战争理论研究部《孙子》注释小组. 1977.孙子兵法 • 计篇. 北京：中华书局.

巧可以分为三种：关注技巧、跟进技巧和反馈技巧。

（一）关注技巧方面

①选择合适的沟通环境：没有干扰，如电话、人流、门声等；空间布局合理，如非正式沟通，沟通者之间最好不要有隔离物。正式会谈，必须在会议室进行，尤其要考虑的是沟通者的身体距离。据爱德华·霍尔（Edward Hall）的研究，0～18 英寸是亲密距离，18 英寸～4 英尺是私人距离，4 英尺～12 英尺是社交距离，超过 12 英尺是公共距离。人际沟通必须考虑好沟通的性质，然后选择合适的距离。②控制己方非语言行为：保持投入的姿势，如正面而坐，适当前倾，不玩弄其他物品、不晃脚等。特别是要看着对方，必须正面看着对方以眼睛为中心的部位，传达出一种信任。如果有 20%的时间没有看对方，表示你缺乏兴趣和诚意。③注意彼方非语言行为：这包括注意对方的面部表情、眼神、手势、音调等身体语言。面部表情是高兴还是忧伤？眼神是暗淡还是光彩？手势是放松还是夸张？音调是高亢还是低沉？这些信息都能表达出对方的内心活动。

（二）跟进技巧方面

跟进似乎超出了倾听的范围，甚至被认识是倾听的对立面。实际情况可能恰恰相反，跟进是倾听的有机组成部分。跟进能起到对另一方正面的激励作用。人际传播与沟通的艺术中的一个应有之义是平衡跟进与倾听的关系。良好的跟进技巧大致有：①善打开场。必须提供一个良好的开场白，表示自己的真诚的倾听意愿。任何跟进技巧都离不开暗示你拥有分享的意愿。这里又有两个方面值得注意。首先是如何开场的问题。生活性的非正式沟通可以展开“最近好吗？”“你看上去很不错啊。”“最近得奖学金了吧。”等轻松随意话题。职业性的正式沟通可以展开“请谈谈你的学习计划？”“你的工作目标是什么？”“请介绍你的教育背景。”等正式严肃的话题。其次是非语言行为的传达。落座后开场白前，目光的沟通是最好的愿意倾听的表示。②善加鼓励。鼓励是传播与沟通中的持续不断的动力，没有间隔而持续性的动力，较长时间的沟通往往显得无力而沉闷。这种鼓励手段包括语言和非语言符号。这些符号都能传达一种感情，也能给予一种支持。一方的鼓励就是对方应该做的。传达应该做的典型的非语言鼓励有微笑、点头；语言鼓励有“哦”“明白”“是”“对”等。③善提问题。时不时地提问是跟进的一种最具主动性的表示方式。提问既表示你的关注，也表示你的思考。提问要注意时机，提当提之时；提问也要注意频率节奏，提该提之处。不要恶意地打断，也不要喧宾夺主。在对方沟通停顿时，必须要用提问跟进。这是一种鼓励，也是一种避免尴尬的方式。“后面发生了什么？”“那件事后来怎么样了？”是最常见的跟进式提问。④善于沉默。在很多时候，沉默本身就是一种有力的鼓励和跟进。不可随意打断对方的谈话，在对方谈话的一个自然段落没有结束时，插话一定要慎重。沉默就是把沟通的主动权交给对方，这是对对方的最大的尊重。到底何时主动跟进，何时保持沉默，要看谈话的场合、内容，还要看双方谈话的风格。

（三）反馈技巧方面

没有反馈的倾听不可能是有效的倾听。有效的反馈是有效的倾听的重要标志。高效反馈要做到：①反馈必须是有准备的。反馈虽然是即时性的，但是这并不排斥为反馈做些准备。目光必须是接触的，姿势必须是庄重而前倾的，面容必须是带笑意的，距离必须是适当的，等等。只有这样，才能显示出自己的倾听诚意。②反馈必须是及时的。反馈的效果与反馈的迅即性有关。反馈与原始信息必须是零时距的。两者的时距越长，反馈的效果就衰减得越多。及时迅速的反馈是倾听诚意的表达，也是沟通效果的标志。③反馈必须是准确的。在倾听过程中，随着信息的改变，我们的反馈也应该是有变化的。不能在倾听过程中一直保持单调的微笑和点头。这样将显得毫无诚意。④反馈应该是受监测的。反馈效果如何，必须纳入自己的监测范围。这就意味着在一边反馈的同时，另一边想着反馈有什么效果。你的反馈也将会引起对方的反馈，对反馈的反馈必须加强解读。这个过程是连续不断的，时刻离不开监测。

马克•吐温（Mark Twain）说，我们考虑自己何其多，考虑别人却何其少！良好的教养表现在我们能把这一事实隐藏起来。有了倾听意愿和技巧，我们就能很好地“考虑别人”，在人际传播与沟通中表现“良好的教养”。

第四节 信息评价：人际吸引阶段

有了前面的作为信息储备的获知背景阶段、作为信息呈现的展示彼此阶段和作为信息认知的了解主客阶段，产生的是人际传播与沟通过程中的作为信息评价的人际吸引阶段。双方既然获知了背景、展示了彼此、了解了对方，自然就会产生一定的心理上的情感，从而达到人际吸引。在人际传播与沟通中，达到人际吸引程度，才算是比较成功。在这个程度上，人际传播与沟通将在性质和程度上走向一个更高的层次。

人际吸引建立在情感的基础之上。那什么是情感？情感（Feeling）与情绪（Emotion）是一对既有联系又相互区别的心理学概念。情绪和情感是人们对客观事物的态度体验及相应的行为反应。当客观事物或情境符合主体的需要和愿望时，就能引起积极的、肯定的情绪和情感。两者都是与人的特定的主观愿望或需要相联系的，历史上统称为感情（Affection）。当代心理学分别用情绪和情感来表示感情的不同方面。情绪主要指感情过程，即个体需要与情境相互作用的过程；情绪具有情景性、暂时性和激动性，往往随着情景和需要的变化而加强或者消失。人有情绪，动物也有情绪。情感是指稳定的、深刻的社会意义的感情。情感具有稳定性、持久性和深刻性。情感以情绪为基础，并且通过情绪来表达；情绪反映情感的深度，情绪中蕴含着情感。心理学认为，情感是人对客观事物是否满足自我需要而产生的态度体验。情绪是身体对行为成功的可能性乃至必然性，在生理反应上的评价和体验，包括喜、怒、忧、思、悲、恐、惊七种。行为在身体动作方面表现得越强就说明其情绪越强，如喜会是手舞足蹈、怒会是咬牙切齿、忧会是茶饭不思、悲会是痛心疾首等都是情绪在身体动作上的反应。

一、人际吸引中情感的分类

之所以能产生人际吸引，从人类情感的角度来说，是各种深层次的情感在起作用。认真分析各种情感在人际吸引中的作用，对于宏观把握人际传播与沟通非常重要。心理学家研究发现，人类高级的社会性情感可以分为三种：道德感、理智感、美感。一旦有了这三种情感做基础，人际传播与沟通就有了底层的长久润滑剂。

（一）道德感

依据一定的道德标准评价人物时所产生的主观体验，是情感中的道德感。不同的时代、不同的民族，都有属于自己的道德标准。大致说来，仁爱、互助、爱国等是人类共通的道德本性。这些道德行为会给人们带来幸福感和自豪感。对这些行为，人们往往钦慕之、崇敬之。道德感是产生人际吸引的最基本的情感因素。当一方对另一方在道德上有一种敬畏，人际吸引就会油然而生，并且是不会轻易改变的。《易经·乾·文言》："同声相应，同气相求。"讲的是人际传播与沟通中的以道德感为基础的相互吸引。人际传播中相互吸引的因素很多，有外在的因素，如外貌等；有权力的因素，如官位等；有利益的因素，如金钱等，但道德的因素，是最崇高的，也是最持久的。

很多民间的义工团体成员之间，之所以强烈地团结在一起，相互鼓励促进，就是因为在道德感上相互欣赏。有了道德感做基础，人际传播与沟通的许多本来起负面作用的因素，都可以克服，如言语上的不动听、外貌上的欠缺等。一旦道德感遭到毁坏，其他方面怎么努力，都很难建立人际传播与沟通的基础。有意思的是，在不同的社会团体中，如民族、国家等，基本的道德要素，有很大的重叠性，如爱、善、仁、责任等。正是因为有了这个基础，人际传播与沟通在不同的社会团体中才有了可能。在跨文化的人际交往中，只有遵守基本道德要素的人，才能够获得基本的认可。

（二）理智感

理智感是指在智力活动中，人们认识和评价事物时产生的主观体验。人们在认识事物中的求知欲、好奇心；在解决问题中的惊讶感、快慰性；在献身真理时的幸福感、自豪感等，都属于情感中的理智感。理智感建立在对事物的深入的理性认识基础之上。有了理智感做基础，人际传播与沟通中的其他情感，就会是可控的，就有正确方向。在人际交往中，有理智感的人，往往显得非常成熟，知道如何掌握分寸，如语调的抑扬、服装的浅艳等。

人际交往中的理智感，有一种正面的表现，也有一种负面的表现。有了理智感，很多时候领导虽然严厉批评，你也会默然接受，而不会冲动抵制。这个时候的理智感就是一种正面的东西。黑社会团体之中的哥儿们义气，很多时候是为一种不正当利益，他们的理智表现为利益。此时的理智感就是负面的。在人际传播与沟通中，我们必须学会培养正面的理智感。有了一种成熟的理智感，沟通的过程就会收放自如。韦尔奇说过："没有人会比我更喜欢合理而又激烈的争论。这不是倔强或者坦率。这是工作。不过关键的是要知道什么时候去拥抱，什么时候去斥责。"①韦尔奇之所以在沟通中能游刃有余，就是多年在职场摸爬滚打而锻炼出来的一种人际沟通理智感。

在人际传播与沟通中，很多先哲都教导我们少说为妙。格拉西安在论及处世的艺术时说，谈话犹如立遗嘱，话越少讼争越少。所罗门（Solomon）说，一个字只要不说出口，你就是它的主人；一旦你把它吐出来，你就成了它的奴隶。尼采（Friedrich Wihelm Nietzche）说，如果你不肯对你的优良品质保持缄默，那么你的全部品质都不能使人相信。沉默之所以重要，不是因为它有多少道德意义，也不是因为它一定有美感，而是因为从理智上看，话一旦说出口了，就很难控制它。错了，带来伤害，即使没错，也可能带来误解。选择沉默，经常是理智经营的结果。

礼貌是人际传播与沟通中的一种重要现象。在先哲看来，礼貌其实也是一种理智感的表现。叔本华说：社交的起因在于人们生活的单调和空虚。社交的需要驱使他们聚到一起，但各自具有的许多令人厌憎的品行又驱使他们分开。终于，他们找到了能彼此容忍的适当距离，那就是礼貌。在这里，礼貌是维持交往的理智选择。爱默生（Ralph Waldo Emreson）说，良好的礼貌由微小的牺牲组成。为什么要"牺牲"自己，就是理智在起作用。梭罗（Henry David Thoreau）说，一个人可能在他的礼貌中消失得无影无踪。为什么要"消失"，更是理智在起作用。所罗门说，是否能对粗鲁者保持耐心，这是检验良好礼貌的标准。这里说明了良好礼貌的核心，就是用理智去保持一种包容。这样人际传播与沟通就会在相互的包容中维系。

（三）美感

依据一定的审美标准评价事物时产生的主观体验，是情感中的美感。

① 杰克·韦尔奇. 2001. 杰克·韦尔奇自传. 拜恩，曹彦博译. 北京：中信出版社.

不同的民族、不同的阶级中的人们往往有不同的审美标准。所以说，审美标准既有属于事物本性的客观性一面，也有属于社会情状的变化性的一面。桂林的山水、香山的红叶、黄果树的瀑布等都被认为是美的；懒惰的小偷、杀人的暴徒、乱刻画的脏鬼等都被认为是丑的，这都体现了审美的客观性一面。然而有时，你认为含蓄美，他认为直率美，这体现了审美的主观性一面。

在人际传播与沟通中，美感能够使其他的情感升华为一种艺术物。人际沟通中的道德感、理智感积累转化到一定程度，就产生了美感。中国传统文化特别推崇谦抑精神。《易经·谦·象》："谦谦君子，卑以自牧也。"《易经·咸·象》："君子以虚受人。"谦抑精神，产生的是精神上的长进、胸襟上的扩充，最终就是人际交往中的整体美感。《易经·系辞上》："君子之道，或出或处，或默或语。"君子立身处世，出仕也好，闲居也好，沉默无语也好，议论风生也好，处处都给人美感。

总之，在人际传播与沟通的最后阶段，通过各种信息的交流和解读，往往产生对另一方道德上的崇敬或鄙视、理智上的喜欢或憎恶、美感上的欣赏或厌恶。这一切情感性判断都是人际传播与沟通中信息评价中产生的必然结果。一般来说，人们都希望在人际传播与沟通中出现正面性的结果，也就是崇敬、喜欢、欣赏等，而避免相反的情况出现。

二、人际传播与沟通中情绪和情感的功能

情绪与情感在人际传播与沟通中，能起到多种作用，阻碍或者助推人际传播与沟通的有效实现。认清这些功能，并主动把握这些情绪与情感因素，对人际传播与沟通中的个人来说，非常重要。

（一）适应功能

在社会环境中，人们要生存和发展，就出现了各种各样的适应方法和手段。情绪与情感表达是这些适应方法和手段中的重要的一种。动物在遇到危险时，会产生强烈的情绪性反应，如哀伤而焦虑的呼叫。动物都有情绪的适应功能，何况是人？婴儿在刚出生的时候，不会说话，靠的完全是情绪性表达来达到生存的目的。如果没有这些情绪性表达做依靠，婴儿就不可能完成

和父母的交流，必将因缺乏适应功能而死亡。对成人来说，情绪和情感是其处境的晴雨表和温度计，愉快表示处境好，痛苦表示处境糟。情绪的外在表达，就是告诉周围的环境，需要得到“关照性注意”，这就是情绪的适应功能。这种适应功能发挥的机制是：情绪表达他者→注意他者→我适。另外一种机制是情绪表达他者→注意他者→自适。这种机制是通过移情发生作用。所谓“移情”，就是将自己身上产生的情绪和情感，通过各种手段，转移到对方身上。在人与物间，可以移情；在人与人间，也可以移情。“独坐敬亭山，相看两不厌”，是人物之移情；“情人眼里出西施”，是人人之移情。在人际传播与沟通中，主要是人人之移情。例如，可以通过连续不断的微笑手段，将对方本已糟糕的心情变好，在安慰一个失恋的同学时，就可以如此，移我的情使对方适应环境。正因为情绪、情感能提供这种适应功能，我们要高效率地应用这种功能，就必须学会在人际传播与沟通中认真“察言观色”，以便及时而适当地采用相应的移情措施。也就是说，可以通过观察各种情绪和情感，了解自己和对方的状态，适应人际传播与沟通需要。这样，移情的方法就可以产生维护良好的人际传播与沟通的效果。

为什么能产生移情现象？人是情感的主人，也是情感的奴隶。在人际传播与沟通中，人作为主体和客体，都是存在于情感的网络之中。这张网络可以作为负面性存在而影响人；也可以通过改变这张网络，从而使其正面服务于人际传播与沟通。

（二）动机功能

情绪和情感是动机系统的基本组成部分。它作为一种基本的动力，激励人们进行活动，并且提高活动的效率。例如，适度的兴奋能够促进人们以最佳的活动状态去完成工作。同样，适度的焦虑和紧张，也能促进人们的思维高度运转而加速问题的解决。情绪、情感之所以能发挥这些作用，是因为它能放大一种中间物的量值。一种强烈的情绪、情感的产生，将带来呼吸、血流、肌肉等的相应变化，从而进一步引发强烈的行为动机。

在人际传播与沟通中，始终保持适度的情绪状态是非常必要的，这可以促使人际沟通始终处于比较饱满的动机状态。缺乏激情往往做不好工作，指的就是情绪低落往往不能保持高效的沟通动机。有时候开始时并没有强烈的沟通动机，如果双方都保持正面的情绪状态，动机就会临时产生。这时，沟通往往好像是天上掉下来的一样。

韦尔奇在读高中的时候，参加一场冰球比赛，赢得了头三场比赛，而输掉了后六场比赛。正在他沮丧而愤怒的时候，他的妈妈大步走来，一把揪住他的衣领：“你这个窝囊废！如果你不知道失败是什么，你就永远都不会知道怎样才能获得成功。如果你真的不知道，你就最好不要来参加比赛！”[①]我们要关注的是这样一句非常粗鲁的话引起的是什么样的情感。韦尔奇说，他遭到了羞辱——在他的朋友们面前——但上面的这番话使他从此就再也无法忘记，因为他知道，是母亲的热情、活力、失望和爱使得她闯进休息室。这次特殊的人际沟通，就是由一种特别强烈的特殊情绪引起的。在事前，他的母亲并没有说要怎么做，而是临时情绪驱动的结果。这些粗鲁的话不但没有引起韦尔奇的反感和抵制情绪，而且引发持续一辈子的动力。后来他评价说，母亲是对他一生中对其影响最大的人。她不但教会了他竞争的价值，还教会了他胜利的喜悦和在前进中接受失败的必要。一次由特殊情绪引起的特殊交流，最终却成了韦尔奇一生前进的动力。情绪的动力作用于此可见一斑。

（三）组织功能

在人的心理活动中，情绪是一个独立的心理过程。这个独立的心理过程，情绪对人类的其他心理活动具有组织功能。如果说整个人类的心理活动是一个系统，那么情绪作为“组织者”可以破坏也可以促成这个系统发挥功能。积极的情绪具有正协调功能，消极的情绪具有负破坏功能。中等强度的愉快情绪，对人类的传播与沟通具有正面的推动作用。恐惧、痛苦类的消极情绪，往往破坏正常的人类传播与沟通。所以在“感时花溅泪，恨别鸟惊心”时与他人进行沟通，往往不能客观有效。虽然不能做到心如止水，但是也要追求平静淡然。王国维在《人间词话》中，将词的境界分为“有我之境”和“无我之境”两种。“泪眼问花花不语，乱红飞过秋千去”“可堪孤馆闭春寒，杜鹃声里斜阳暮”是有我之境；“采菊东篱下，悠然见

---

① 杰克·韦尔奇. 2001. 杰克·韦尔奇自传. 拜恩，曹彦博译. 北京：中信出版社.

南山”“寒波澹澹起，白鸟悠悠下”是无我之境。从人际沟通的高度有效来说，还是要尽量避免“有我之境”，而追求“无我之境”。在“无我之境”中，情绪的组织功能才能有效发挥。

情绪的组织功能发生作用，往往是通过一种选择性注意得以实现。人际传播与沟通中的选择性注意（Selective Attention）是指在双方诸多的信息刺激中仅仅注意到某些刺激或刺激的某些方面，而忽略了其他刺激。当人们处于一种乐观积极的情绪时，往往在人际传播和沟通时自然“选择”美好的一面：言语活泼，心胸开阔。悲观消极的情绪往往导致人们看到人际传播和沟通中“凶恶”的一面，觉得每个人都有敌意。这种悲观失望，有时候还往往带来人际沟通中的攻击性行为。

人们在人际传播与沟通中通常都要面对许多信息物，不可能对什么信息物都加以注意，绝大多数都必须被筛选掉。这种现象就是选择性注意。选择性注意是心理选择过程的第一个环节。受众对信息的接触具有很强的理解选择性。原有的意见、观点和兴趣将大大影响人际沟通中信息的选择和理解。受众更倾向于接受、理解与原有态度较为一致的信息，而尽量回避那些与自己原来各方面理解结构不一样的信息。对人际沟通者来说，重要的是使自己所发出的信息与对方的内在信息结构一致，从而吸引对方。从心理学角度来看，人的感官时刻都要接受大量刺激，而知觉并不对所有的刺激都做出反应。正因为知觉保留信息有选择性，而保证了人们的注意力能集中到重要的刺激或刺激的重要方面，排除次要刺激的干扰，更有效地完成人际传播与沟通。研究表明，人际沟通中的三种情况比较能引起注意：预期将出现的；与目前需要有关的；变化度较大而特殊的。我们必须斟酌这三个方面，而有效考虑人际沟通。

关于选择性注意有三种经典理论。布鲁德本特（Broadbent）在1958年提出了过滤器理论。这种理论认为在同一时间内，被允许注意到的信息量是有限的。如果信息超过了注意的限度，注意过滤器就会发挥选择功能，让一些信息通过，而将另一些信息排斥在外。特瑞斯曼（Treisman）在1960年提出衰减器理论。他将过滤器的作用从阻止目标外刺激改变成弱化目标外刺激，衰减效果不足以阻止特别强的刺激穿透信号弱化机制。Treisman承认在信息的传输信道上存在着某种对信息进行选择的过滤装置。她认为，过滤器既允许信息从受到注意的信道中通过，也允许信息从没有受到注意的信道中通过。只是后者受到衰减，强度减弱。

安妮·德（J.AnthonyDeutsch）和戴安娜·德（DianaDeutsch）在 1963 年提出了后选择理论。与衰减器理论唯一的不同是，后选择理论将信号弱化、阻断的位置放在了识别刺激的意义所需要的知觉加工之后。如果这种信息并不重要，人们就会将它抛除；如果这种信息触动了心弦，人们就会记住。虽然后选择理论与衰减器理论在注意“瓶颈”的位置上有分歧，但是都认为存在只允许单一信息源通过的“瓶颈”。后选择理论认为，信息的重要性不仅取决于内容是否重大意义，而且与人是否觉醒有关。如果人的状态高度觉醒，次要的信息也会被加工。

（四）信号功能

在人际交往中，人们除借助言语进行交流，还通过情绪作为信号来传递思想和意图，这就是情绪的信号功能。在人际沟通中，需要传递信息、沟通思想，而情绪、情感往往在其中发挥信号作用。情绪发挥这种功能是通过表情这种中间信号。表情是情绪的表示物，情绪又是思想的表示物。情绪的信号功能是通过表情来实现的。表情的信号传递作用属于非言语性交际范围。人们可以凭借表情来传递情绪信息，进而传达思想愿望。在许多社会交往场合，靠言语无法充分表达或者不方便表达的思想、愿望、态度、观点等，都可以用表情来传达。其中，面部表情和体态表情更能突破外在的限制，起到独特的沟通作用。有所思，就有所情；有所情，就有所貌。微笑表示赞赏，点头表示赞同。表情作为中间物，能作为人际传播与沟通中语言的重要补充，而使得过程丰富多彩。手势、眼目在交流中都是如此。在沟通中，语言有时候是模糊的，需要表情来明确内涵；有时候不便于直说，表情就能作为深层解读意义的另一种工具。表情的表意功能，对人类来说，还要早于语言。原始人类就是这样。对婴儿来说，不会说话的时候，也是靠表情与成人沟通。

心理学家研究发现，日常生活中，只有 7%的信息靠言语传递，38%的信息靠言语表情传递，55%的信息靠非言语表情传递。之所以有这个结果，主要是表情比语言更具生动性和表现力。在言语信息模糊不达时，表情往往具有补充作用。通过表情可以微妙地表达思想感情，也可以细微地揣摩内心世界。表情作为人际沟通的一种方式，这种人际关系的纽带，能起到“此时无声胜有声”的效果。

“通于九变之利者，知用兵矣；将不通九变之利，虽知地形，不能得地之利矣；治兵不知九变之术，虽知五利，不能得人之用矣。”[①]就像勘察用兵一样，勘察人际传播与沟通中的表情，也必须注意其中的丰富变化。表情和底层的情感态度，就像鱼漂和水中之鱼的关系，非常复杂。鱼漂动了也未必有鱼在钩，没动也未必没有鱼前来；什么动向有什么鱼，则更难判断。在人际传播与沟通中，只有多实践，才能掌握这些表情奥妙。

三、人际吸引

人际吸引（Interpersonal Attraction）是人际传播与沟通中情感上相互亲密的状态，是人际关系中的一种肯定形式，包括积极态度和喜爱情感。在人际沟通中，人们不仅相互感觉和认识，而且还产生特定的情感联系。这种情感联系的集中表现就是人际吸引，之所以会产生人际吸引，是因为人都有合群需要。在本质上，人不是离群索居的动物，都愿意与他人在一起，并不涉及是否喜欢，也不涉及对他人的品质评价，这就是心理学上的合群。合群是人际吸引的基础，按吸引的程度，可分为亲和、喜欢和爱情三种。三者从程度上，由低到高，爱情是最强烈的人际吸引形式。

在人际传播与沟通中，经过了前面几个阶段，如了解了背景信息、展示了彼此、了解了彼此，就将走入相互吸引的程度。前面谈到的道德感、理智感、美感等情感在其中发酵，将这种相互吸引推向深入。有了相互吸引，下一轮的人际传播与沟通的重新开始将有一个更高的平台。在人际传播与沟通中，必须时时利用人际吸引的因素，增加正能量。

增进人际吸引的因素有：[②]

（1）空间性因素。空间上越接近，沟通中往往越容易引为知己。这种现象在沟通的早期更加明显，而随着时间的推移，效力将逐步衰减。同一个社区，

① 中国人民解放军军事科学院战争理论研究部《孙子》注释小组. 1977.孙子兵法 • 计篇. 北京：中华书局.

② 时蓉华. 1986. 社会心理学. 上海：上海人民出版社.

同一个学校，将是人际沟通的很重要的诱发因素。

（2）类似性因素。个性相似、知识相等、年龄相仿、地位相当、职业相近、追求相通等，都能成为沟通中的良好润滑剂。所谓志同道合、门当户对，从人际沟通的角度来看，都是类似性因素在起作用。

（3）互补性需要。当需要和期望构成一种互补性关系，人际沟通中往往产生强烈的吸引力。急躁的人往往喜欢与柔缓的人在一起；独立的人往往爱欢与依恋的人在一起。所谓各取所需，所谓各得其所，从人际沟通的角度来看，都是互补性需要在起作用。

（4）突出性表现。人往往因优秀而突出，因突出而得人喜欢。成绩好的，同学羡慕；赚了钱的，老板称道；歌喉美的，唱者瞩目……每个人都希望自己日日向上，越来越优秀，因而也愿意向身边优秀者学习。在这种心理的驱使下，各方面的优秀者，自然在人际交往中，将得到更多注意。

（5）吸引性仪表。仪表作为一种外在性的形式，往往能推动人际沟通朝更深的层次发展。其中原因有二：其一，仪表作为外在形式，本身就是一种强烈的人际吸引因素。堂堂仪表，人皆爱之。其二，作为外在仪表反映的往往是深层的精神修养和知识厚度。仪表对人际沟通的重要作用，其实是内在性内容的作用。

而阻碍人际吸引的主要个性特征：待人不尊、自我中心、待人不诚、嫉贤妒能、偏激猜疑、自卑自夸、过分依赖、好高骛远。

人际吸引的基本原则：

（1）强化原则：喜欢能给予自己奖励的人。

（2）联结原则：喜欢与美好经验联结在一起的人，而厌恶与不愉快经验联结在一起的人。

（3）社会交换原则：得到的报酬超过成本时，便会喜欢和交往的人。

（4）相似性原则：喜欢那些自己感知到相似性的人。

人际吸引往往是由表及里的。人际吸引的开始往往是第一印象，包括相貌、学识、人品等，随着交往的深化，内心美的吸引力就越来越大。有人说，“衣服越新越好，朋友越老越好”，就是这个道理。人际吸引的发展经常是从仪表吸引到性格吸引再到才智吸引，这就是由表及里的过程。保持人际吸引必须保持分寸，如何把握人际吸引的分寸是一门学问。是保持表面吸引、深度吸引、单一吸引、相互吸引还是距离吸引等，都必须在人际传播与沟通中认真考虑。人际吸引的不同模式最终表现为不同的交友模式。交友的模式包括：酒肉型、保护型、信息型、共振型、互补型、鼓励型、争论型、忘年型、异性型等。因为吸引，所以是朋友；因为是朋友，所以相互吸引。人际传播与沟通中如果能因为吸引而成为各种朋友，那就是最成功的人际交往。

第四章　人际传播与沟通的情境

人与人的交往总是发生在具体的时间、场合和关系中，简言之，总是发生在某种情境之中。“情境”是人际交往的整体传播环境和条件，它为人感知他人提供了重要的背景信息和意义空间，影响着人如何去感知和理解自己所面对的人和事。情境不是单纯的外部世界，而是“地方”或“场所”，它既深受社会文化和历史的影响，也与特定的人际关系有关。情境有大有小，大的情境依据人际关系的基本类型（家人、朋友和工作关系等）和交流场合（正式或非正式）划分，可以分为家庭情境、朋友圈子情境、职场情境这三种基本类型；小的情境则包括每一次具体的人际传播发生的环境条件，如下属在老板的办公室要求加薪。

情境给人提供的意义并不是固定的，而是随着传播活动中的人和事件的变化而变化。比如，一般“家”都是令人感到温馨亲切的地方，家庭情境中的人际关系是最亲密的；但是如果家人之间发生争吵，人们对家的感觉就既不温馨也不亲切，家庭情境中的人际关系就可能比其他情境中的人际关系更加冷淡或恶劣。此外，无论何种人际关系都是变化的，关系不可能固定不变，传播情境也就不会只给人固定的感觉和传递单一的信息与意义。

虽然情境并不传递固定的意义，但仍有规律可循。在不同的情境中，人际传播的基本特点和规则是不同的，只有了解这些特点和规则，才能使特定关系中的人际交流更加有效。

第一节　家庭情境中的人际传播

家庭是社会最基本的组织，也是每个人所面对的最基本的人际关系情境。家庭有多种类型。传统的核心家庭是由婚姻关系结成的，其核心是父母和孩子，家庭的主要成员之间就有夫妻关系及家长和孩子之间的关系。此外，还有没有孩子的家庭、单亲家庭、未婚同居家庭和同性恋家庭等非传统核心家庭的类型。随着时代的发展，某些非传统核心家庭的比例在上升。

按照美国传播学者德维托（Joseph A. Devito）的观点，无论何种类型的家庭，家庭的目标都是建立起一个相互承诺的关系，而且所有的家庭关系都具有如下特点：明确的角色、对责任的认知、共同的过去和未来、共同的生活空间等。首先，家庭成员在家庭中的角色是清晰的，每个成员都了解自己和其他成员在家庭关系中充当一定的角色，并知道与角色相应的义务、职责和权利。其次，家庭成员都对家庭和其他成员承担一定的责任和义务。家庭的责任和义务在不同的文化及社会群体中有所不同，但有一些责任和义务是共同的，包括家庭成员之间有义务在经济上互相帮助，在情感上有责任互相分享快乐和分担忧愁，而且夫妻之间还有义务为对方保留大量专属的时间并和对方分享时间，等等。再次，家庭成员拥有共同的过去并且期待共同的未来，特别是夫妻之间过去重要的互动成为家庭的历史，并且他们会期待婚姻和家庭关系有一个潜在的未来。最后，家庭成员通常会生活在一起，共享生活空间，即使是那些在特殊时期分居的人们，在一起生活也是他们的理想。①

相比其他关系，家庭中人与人之间的联系更加密切，关系更具有强制性。尤其血缘关系是先天的，不可能变化或消失，所以亲属关系具有不可选择性，无论你喜欢或不喜欢，都不能拒绝和改变亲属关系。婚姻关系虽然可以解除，夫妻关系可以变更，但是在婚姻存在的时间内，夫妻关系受到法律保护和社会伦理道德的制约，夫妻双方都有着不能推卸的责任和义务。即使是未婚同居的家庭，其成员相互之间也有情感、道德和经济上的承诺，有明确的责任和义务。家庭的这些特点带来了家庭中人际传播的一些基本特征。

一、家庭中的主要交流类型

家庭中的人际关系和交流方式密切相关，一般认为，家庭中主要关系即夫妻或同居伴侣。他们之间的地位和决策程度决定了家庭中的主要交流方式。而美国传播学者德维托则认为，交流方式决定了家庭中的人际关系，他称之为“决

① 约瑟夫•A. 德维托. 2011. 人际传播教程（第十二版）. 余瑞祥等译. 北京：中国人民大学出版社.

定关系的交流方式”。[①]借鉴德维托的划分方法，可以把夫妻或伴侣之间的关系分为平等型、平衡分担型、不平衡分担型和垄断型四个基本类型，相应地，不同类型的关系其家庭中的主要交流方式也不同，而主要交流方式决定了不同家庭内部人际传播的不同特点。

（一）平等型

平等型夫妻关系是现代婚姻的理想模型，平等型交流方式也是许多夫妻追求的家庭人际传播目标。顾名思义，平等型关系指夫妻双方在地位、角色、决策权等方面都是平等的，而且以公正、公平为关系原则，双方共同决定家庭中的大事小事。在平等型交流方式中，双方平等地分享对方的观点、意见、信念、情感和隐私等，双方在交流中自我透露的程度基本相同。平等型关系中双方也会经常发生冲突，但是冲突只限于交流的内容而不是为了掌控关系，即“谁说了算”而斗争，这种冲突只是为了交换思想、意见和价值观，所以很少会威胁到对方或者双方的亲密关系。与其他类型的交流方式相比，平等型交流最具公开、诚实、直接和自由的特点。在平等型关系的家庭中，父母与孩子之间的交流也比在其他关系的家庭中更加平等、民主和自由。由于平等型关系以公平、公正为关系原则，所以双方在关系中的情感、信息、利益等的付出和回报要大致相当。当关系中的每个人的付出和回报相当即关系公平时，夫妻双方会得到最大的满足。反之，不公平会引起至少一方不满意，往往导致不满意者想办法从夫妻关系之外寻求更多的满足，特别是情感上的满足，包括爱、体贴和支持等。

（二）平衡分担型

平衡分担型夫妻关系也是平等的，但双方在不同领域有不同的权利，负责不同的事情。例如，传统的核心家庭按照性别分工，“男主外、女主内”，男人主要挣钱养家，女人主要照顾家庭。近年来兴起的“新好男人”和“家庭妇男”，只不过是传统分工的颠倒，变成了“女主外男主内”，女人挑起挣钱养家的责任，男人则主要负责照顾家庭。在平衡分担型关系中，夫妻之间的交流也比较

① 约瑟夫•A. 德维托. 2011. 人际传播教程（第十二版）. 余瑞祥等译. 北京：中国人民大学出版社.

平等和自由，而且较少干涉对方负责的领域中的事。这种关系中的家庭冲突一般不具有威胁性，因为双方各有各自擅长的领域，大多数冲突的结果还是在谁负责的领域里谁说了算，如传统核心家庭中一般是“外面的事男人做主，家里的事女人决定”。

（三）不平衡分担型

在不平衡分担型关系中，一方是主导者，在大多数交流中都有决定权，常常下命令要求对方做什么，或多或少地控制着双方的关系；另一方是受控制者，遇事会询问对方，让主导的一方做决定。因一方崇拜另一方而结婚的家庭中常见不平衡分担型关系。夫妻双方在才华能力、经济收入、社会地位、相貌的吸引力等方面差距较大，也容易形成这种关系。这一类型的夫妻不常发生争吵和冲突，但这种低冲突率并非好事，而是对冲突的消极回避，因为双方很少平等地交流各自的思想和意见，大部分情况下只有主导的一方表达自己的意见，受控制的一方则没有多少机会表达意见，即使表达了也不容易得到另一方的重视。当交流发生冲突时，受控制的一方一般会屈服，忍让或放弃决定权。

（四）垄断型

这种关系比不平衡分担型还要更加不平等。处于垄断型关系中的夫妻，其中一个人是家中的权威，总是下命令和训斥对方，对家中所有的事都有最终决定权；而另一个则只能听从对方的决定，做事需要寻求对方的许可。主导的一方很少询问对方的意见，而受控制的一方则只能听从对方的观点，所以双方几乎不会真正进行交流。这种关系中的双方一般不会冲突，除非主导者的权威受到挑战，才会引起异常激烈的冲突。“这一类型的夫妻几乎不会争吵，因为双方都清楚谁是老板，谁会赢得最后的胜利。但如果一旦权威被挑战，激烈的争吵和冲突就会爆发。冲突如此激烈的原因之一是双方都未经历过这种状况，他们不知道怎样争吵或达成共识，因此他们争吵的策略通常是中伤对方。”①

---

① 约瑟夫•A. 德维托. 2011. 人际传播教程（第十二版）. 余瑞祥等译. 北京：中国人民大学出版社.

二、家庭中人际传播的基本特征

尽管家庭有许多类型，不同家庭中的交流方式也不尽相同，但是家庭中的人际传播仍然存在一些普遍规律，可以辨别出一些家庭共同的基本特征。

（一）自我透露程度最高，个性表现最集中

自我透露（Self-disclosure，也译为“自我暴露”）就是把自己的私人信息告诉他人。“所谓‘自我暴露’是指：‘我’向他人交心，向他人传递属于‘我’的个人信息，包括表达亲密情感、私人愿望、个人经历、思想观念、人生观察及生活目标等。”[①]人都有自我透露的欲望，自我透露也是人际传播的必要基础，人际传播中最重要的一点就是可以谈论自己。但是自我透露关系到个人安全，向他人公开自己的信息，有可能危及传播者自身的尊严和安全，太过坦白也可能降低信任度，给亲密关系带来负面影响，流露出自己的价值观或态度还可能带来工作和职业发展的风险，所以自我透露总是必须小心谨慎。一般情况下，人的自我透露程度的高低主要取决于人际关系分量的轻重。人越是在亲密关系中，心理越放松，自我透露也就越多；而在不亲密的关系中或者亲密度下降的关系中，自我透露就会明显减少。一般在家庭中，人的自我透露程度都是最高的。常言说，家是港湾，人在家庭中处于最放松的状态，情绪的表达很随意，不像在朋友圈子中那样注意考虑对方的感受，也不像职场中那样有所顾忌和约束，而且家庭传播很少注意礼节，所以人在家里的自我透露最为随意和自如。人在家庭中不需要掩饰自己的情感，可以卸下面具随意地表现自己，所以人在家庭传播中最集中、最自然地表现出自己的个性和情感。此外，家庭空间有其私密性，家庭成员之间的日常交流也有很强的私密性，私人性信息很多，大部分的私人问题我们只会和家人交流而不会告诉朋友或同事。

（二）个性化的交流方式

每个家庭都有一套个性化的交流方式，家庭成员在长期的共同生活和互动中会创造出一些独特的语言，如昵称、词语、语气等，还有一些只有家庭成员

---

① 王怡红. 2003. 人与人的相遇——人际传播论. 北京：人民出版社.

才能理解的表达特殊含义的姿势等。家庭成员之间表达爱意和支持可以使用一些最为亲密的方式，如长时间目不转睛的眼神接触。外人若使用这些交流方式会显得不合适、不礼貌，甚至有侵犯隐私的嫌疑。家庭中也会经常分享一些对家庭成员才有意义的信息和不让外人知道的家庭秘密。但是家庭成员之间很少讲究礼仪，“请”“谢谢”之类的礼貌用语在家庭情境中使用的频率远远低于其他情境，因为越是在亲密的关系中，人们越不注意礼节。

（三）矛盾张力体验最明显

人际传播充满了矛盾，这些矛盾带来的张力能够被体验到。传播学的辨证理论就认为，人际关系中存在一些对立紧张关系。“一个交流者既有与他人发生关联，甚至不分你我的愿望，也有与他人保持距离，不能相融的倾向；既有渴望持久统一的依赖，也有时常想改变的需要；既有向他人表达自我的愿望，也有想保持私人空间的诉求。”[①]辨证理论的代表贝克斯特（Baxter）等人指出，夫妻关系对这种张力的体验尤其明显，夫妻关系中的矛盾张力比其他关系更为显著。

（四）相互接触多，冲突多

家庭成员生活在一起，家人之间相互接触的机会比朋友和同事等其他关系更多。即使是不得已（非感情破裂）暂时分居的夫妻，相互之间的交流和接触也比其他关系之间的交流更多。接触多，发生矛盾摩擦的几率也就大。很多人都有这样的经验，最亲近的人之间最容易产生矛盾，家人之间的冲突比一般朋友和同事之间的冲突要多得多。大部分情况下，人和与己无关的人、心理距离较远的人之间，矛盾纠纷比较少。从传播学的角度看，人际冲突是人与人之间的一种互动，冲突往往意味着冲突双方之间相互依赖，即一方的所作所为会给另一方带来重要影响。相互依赖的程度越高，发生冲突的问题数量就越多，而且冲突的影响就越大。[②]正是因为在家庭情境中，人与人之间心理距离较近，人与人之间的相互依赖程度较高，矛盾冲突才较多。这样的冲突本身是一种亲密的表现，亲密关系之间的冲突恰恰意味着双方都在关心着对方，想着对方，

---

① 王怡红. 2006. 关系传播理论的逻辑解释——兼论人际交流研究的主要对象问题. 新闻与传播研究，13（2）：22.

② 约瑟夫•A. 德维托. 2011. 人际传播教程（第十二版）. 余瑞祥等译. 北京：中国人民大学出版社.

双方对现存关系仍然很在意。没有冲突才意味着不交流、不传播，对对方完全不关心、不在意，双方的关系毫不亲密。此外，人对家人的要求都比较苛刻，也是引起冲突的重要原因。越是亲近的人，越对其要求苛刻，一般人对家人的要求都比对朋友和同事的要求更加苛刻，而夫妻之间对对方的要求尤其苛刻。正因为要求多而宽容少，家庭中吵吵闹闹是常事。

（五）想建立个人规则的愿望强烈

越是在亲密关系中，人们越想建立自己的规则来掌控关系。在家庭情境中，人们想建立个人规则的愿望最为强烈，每个人都想按照自己的意志建立家庭内部的规则，要求其他家庭成员遵守。比如，有些夫妻之间经常为谁说了算而争吵，或者总是希望对方服从自己，就是双方都想在家庭中建立自己的个人规则的表现。又比如有些父母，在子女成年以后还事无巨细地过问和干预，发现子女没有按照自己的意志行动就横加指责，就是想要子女一直按照父母的规则生活的表现。做父母的以为这是爱，殊不知强行要求子女遵照父母的规则严重地妨碍了子女的独立性，也没有把子女当成完整独立的人来尊重，这恰恰是家庭关系不平等的表现。

三、家庭规则

每个家庭都有一套用来规范家庭关系和家庭成员行为的规定，即家庭规则，也就是俗称的“家规”。家规既包括明确说出来的规则，如“女人做饭，男人洗碗”“谁下班早，谁接孩子”“给双方父母的钱要大致相等”等，也包括许多没有明说的规定，这些没有明说的规定表现为家人行为方式的某种默契。家庭中行为的界限总是存在的，因为家庭的维系需要一定的规则。家庭规则规定了在家庭中哪些行为可以做或应该做，哪些行为不能做或不应该做。“家规”一般是在共同生活中不经意间形成的，或者是约定或经过相互协商达成的。与个人建立的规则不同，家庭规则需要得到所有家庭成员的接受和认可才能成立，所以大部分家庭的家规都不是一个人单方面建立的。

家庭规则受到文化的影响，是特定时代和地域中社会文化的一部分，如在中国文化中“孩子不能直呼父母姓名”是常见的规定，而西方文化中一般没有这样的家规；又如在所有的现代文明社会中“父母不能打孩子”都是普遍规定，而在中国古代父母打孩子则被看作是理所当然。每个家庭的规则都有其独特之处，有些家规在外人看来很奇怪，如有些家庭规定“吃饭时不能说话”或者“在家里不能大声讲话”。家规也不一定有道理，有些家规是家庭中强势的一方硬性规定的，对另一方而言往往既不公平也不合理。

“家规”既是家庭关系原则，也是家庭中的传播规则。家庭成员的行为举止受到家规制约，家庭中的交流和传播也在家规的规范之下进行。传播学的关系规则理论指出，家庭规则涉及三个主要的人际沟通问题：第一个是“可以谈论什么”，如每个家庭对于其成员能否谈论家庭财务或其他家庭成员的生活方式的规定并不一样；第二个是“可以如何谈论”，即规定了家庭成员之间交流的方式，如大部分家庭都规定要以秘密和安静的语气讨论家庭财务，有些家庭允许亲人之间互相拿对方的短处开玩笑，而有些家庭却不允许；第三个是“可以和谁谈论”，如能否和远亲公开谈论家族历史，或者能否和邻居或朋友谈论家人的健康问题。①规则总有限制的意味，家庭规则也不例外，如果家规不合理，或者过于严厉和细琐，就会对人限制过度，久而久之使人感觉家像“牢笼”，婚姻像“围城”。家庭规则是不稳定的，不合理的规则经常会受到家庭成员的冲击；而即使是合理的规则，也可能会随着家庭的变化和发展而变得不合时宜，家庭成员自然会要求改变或废除某些过时的家规。此外，人都有要求变化的欲望，这种欲望永远都会和规则限制有矛盾，人要求变化的欲望与家规冲突，会引起很多折磨。一些家庭规则几经冲突和折磨之后会消失，新的规则又会被制定出来，所以家规只能处于动态平衡之中而不能成为刻板的规定。针对这种情况，家庭沟通理论家认为应该让家庭规则有一定的灵活性。“家庭规则应该灵活变通，以便适应特殊情况，如更改家庭用餐时间、假期计划或储蓄目标的情形。规则还应该是可以商谈的，所有家庭成员都可以参与更改规则，可以让成员感受到自己是家庭的一分子。”②

四、破坏家庭关系的传播行为

在所有的人际关系中，家庭关系尤其是夫妻关系是最为亲密的，而恰恰是

① 约瑟夫•A. 德维托. 2011. 人际传播教程（第十二版）. 余瑞祥等译. 北京：中国人民大学出版社.

② 同①。

由于这种亲密引发了很多的矛盾和碰撞。家庭情境中的传播行为，不加注意就可能会破坏亲密关系而引发关系危机；反过来，也可以借助恰当的传播行为来使家庭关系处于良好状态。容易引发关系危机的传播行为，主要包括随意发泄和不理智地对待冲突，单纯以社会角色看待对方，破坏家庭规则的传播等。

（一）随意发泄和不理智地对待冲突

由于人在家庭中的个性和情感表达是最为随意的，人往往在家庭中任意释放自己的各种情绪，特别是在家庭之外无法表达出来的不良情绪。当一个人的不良情绪对家人发泄时，往往给家人造成伤害，所以最亲近的人最容易受伤。人生活在社会中，总会有各种各样的生活和工作的压力，难免有失控的时候。如果把家庭当做随意发泄的场所，就容易毁坏亲密关系。而当一个成员情绪失控引起关系冲突时，家庭其他成员如果不能理智对待，就会火上浇油，使关系更加糟糕。例如，失控的一方找岔子吵架、责备的时候，另一方也跟着生气吵架，或者一方争辩较真时，另一方也不肯屈服，都是不恰当的交流方式，既无助于解决问题，又使关系变得恶劣。

（二）单纯以社会角色看待对方

社会文化给每个人规定了不同的家庭角色，不同的角色之间有不同的责任和权力的分配，特别是男女社会性别差异对家庭关系产生了很多的影响。男女在家庭中的分工，传统上是男主外、女主内，而随着时代的发展，夫妻之间谁应该干家务都可能成为争吵的焦点。生活在特定社会文化中的人，总是对男女有许多不同的角色期待，这种期待不可避免地会影响到家庭关系。但是如果单纯以性别的标准看待对方，或者以社会角色关系定义对方，那么夫妻之间会在家庭生活的许多方面发生冲突。例如，“男人应该挣钱养家”或“女人应该带孩子”之类的角色规定，但是往往在日常生活中遇到男人挣钱不多或女人工作太忙而无法照顾孩子这样的现实矛盾，如果不能以理解和宽容的态度面对这些状况，而一味地只提“你作为男人应该……”“你作为家里的顶梁柱应该……”或“你作为女人应该……”，这不但会使对方非常委屈，也使家庭中的沟通交流受阻甚至向负面方向发展。现实生活中社会角色常常会干扰人的正常生活和家庭关系。实际上，社会角色只是一种外在因素，是社会文化对人的一种规定，而人的丰富性远远超出社会角色的规定，现实中的人也远比社会角色造成的认识定式要复杂得多，单纯以社会角色来看人的态度使人不能把对方当成一个丰富完整的人来对待。反过来，如果能把对方看作家庭的成员，当成一个与自己一样有独特个性、有思想、生活在复杂现实中的人，就会多一些宽容和理解。

（三）破坏家庭规则的传播

家庭规则也就是俗称的“家规”对家庭生活影响比较大，在一定程度上能起到保持家庭关系和夫妻关系稳定的作用。一旦“家规”遭到破坏，家庭成员之间的关系就会受到损伤。在现实生活中，“家规”常常成为引起家庭内部特别是夫妻之间误解和争执的导火索。主要原因在于，首先，虽然规则被每个家庭成员接受，但是每个人对规则的具体理解并不完全相同，导致了某些具体行动被一个人认为没犯规，另一个人却认为犯规了的情况。例如，“在家中不能大声说话”的规定，究竟嗓门多高才算“大声”并不清楚，很容易出现一方觉得自己说话声音并不大，另一方却觉得声音很大的情况，这样就会为一方究竟有没有犯家规而争执。其次，家庭成员的思想变化不一定是同步的，如果一方的思想已经变化并且认为某些规则过时了应该改变，另一方还固守原规则，就会引起冲突和折磨。最重要的是，由于“家规”的目的是规范家庭关系和保持家庭稳定，破坏家规的行为就会传递出破坏家庭关系或要求关系变化的信息，人们往往认为犯了家规就是出格了，意味着夫妻或父母子女之间的亲密关系有变化，从而引起强烈的负面情感反应。其实，遇到破坏家规的行为时应该积极沟通协商，把规则搞清楚、让行为界限明确，必要时改变一些家规，让规则随着人的发展而变化，才能避免家庭中的亲密关系受到条条框框的限制。否则，缺乏交流死守规定，家庭关系的亲密度和家庭中的幸福感就会降低。

五、支持家庭关系的传播行为

家庭中的一些传播行为有助于保持家庭和睦和发展健康的家庭关系，可以帮助家庭建立一个“支援系统”，能够及时有效地改善家庭成员之间的关系。这些支持家庭关系的传播行为主要包括：表达爱意、赞扬对方、积极应对冲突等。

（一）表达爱意

爱是家庭关系健康的重要标志，家庭关系的亲密性也主要在于人在家庭中能得到多少的爱。爱是家庭成员联结在一起的纽带，两个人走到一起生活的重要原因是爱，而家庭成员之间的亲密关系也来自爱。爱需要表达，家庭幸福来自爱的交流。但是爱意的表达不是一蹴而就的，而是需要经常表达，爱的表达一旦停止，亲密的关系就会产生裂隙甚至变得冷漠，许多人婚后幸福感不如婚前，主要原因就在于婚后不注意经常表达爱意。人都需要不断得到爱，都渴望经常听到爱意的表达，因此经常表达爱意才能保持家庭关系的亲密性，并给家庭成员带来幸福感。爱意的表达既有词语传播也有非词语传播。词语传播主要是谈话，谈话对于关系的亲密度至关重要。夫妻之间、父母与孩子之间，敞开心扉的谈话都可以帮助彼此相互理解、表达自己的想法、发现对方的需要。生活中常见的现象是，夫妻之间一起回忆过去的美好时光或分享对生活的计划，都能增加家庭生活的甜蜜感；父母带着爱意和尊重与孩子谈话，让孩子畅所欲言，父母就能了解孩子的想法，也容易以宽容的态度对待孩子的需要和孩子与自己的差异，而孩子感受到了爱，得到了尊重，也更愿意和父母交流。在亲密关系不顺、家庭成员之间出现嫌隙的时候，彼此谈心还可以对家庭关系起到重要的抚慰和庇护作用。非词语传播的爱意表达形式更多，包括面部表情，亲吻或拍肩膀等动作，一家人一起购物、访友、旅游等共同的活动，以及过生日、纪念结婚日、家庭宴会等家庭仪式，等等。家庭日常生活中的多种表达爱意的传播活动，能不断加强家庭关系的亲密性。

（二）赞扬对方

人都需要得到赞扬，而且越是在亲密的关系中，人就越期待得到表扬和赞赏，家庭中的人际关系既然是最亲密的，人在家庭中也比在其他关系和场合中更加渴望得到赞扬。赞扬有保持和改善人际关系的重要功能，家庭中的赞扬对于家庭和睦与增强亲密感有着无可替代的作用。家庭中的赞扬，比起其他情境中的赞扬更加真挚，家人的赞扬一般都是发自内心的、最为自然的情感流露，能给家庭成员以信心和肯定。“家庭中，男女都需要表扬。被表扬的男人更愿意对女人流露温存；女人也更愿意对男人施爱。无论男人女人，借助这个‘支援系统’，都会更多地看到对方的长处，从而获得对关系的信心。”[①]夫妻之间的赞扬能增加爱意，父母对孩子的赞扬能使孩子感受到亲情之爱，孩子对父母的赞扬能使父母感到欣慰。所以，要创造良好的家庭关系，就不能吝啬赞扬。

（三）积极应对冲突

家庭中的人际冲突比其他情境中都更多，冲突主要是由差异引起的。世上没有两个完全相同的人，即使是一家人，有着共同的生活习惯、价值观和利益，也还有性格、性别、经历、学识、能力等方面的差异，所以每个人都有不同的需求，每个人认为对别人好的方式也有所不同，交流互动中当然很容易发生冲突。家庭生活中许多实际问题都会引起人际冲突，主要有性格差异，如一个人喜欢热闹而另一个却讨厌吵闹；生活习惯不协调，如个人卫生、作息习惯等；追求的目标不可调和，如当事业前途和家庭责任之间有冲突的时候，一方不顾一切地追求事业，另一方却坚持为了爱情或孩子必须牺牲事业；亲密问题，如两个人对爱情在家庭中的地位的认识、表达亲密感的方式方面的矛盾；家庭决策方面的分歧，如对夫妻共有钱财如何花费的争议；权力问题，如过分的占有欲、关系中缺乏平等和自由；信任问题，如不能履行承诺，或在过去的情感或婚姻经历方面撒谎；能力问题，如一个人学业或工作吃力、使家人期待落空，等等。每个人都难以回避这些冲突，而且应该看到冲突本身就是暴露问题和敦促人及时解决及避免关系恶化的机会，如果不想让冲突毁掉家庭关系，就必须积极地用建设性的方式去应对冲突。首先，必须理智地对待冲突，遇事相互协商，及时沟通，了解对方的想法，才有利于问题解决；反之，生闷气、冷战、一味坚持自己的观点和意图或置身事外、一走了之，都无助于解决问题。其次，必须尊重和包容差异，尊重别人有权利按照自己的方式行事，要知道家庭中的矛盾张力永远存在，不能苛求家人和自己一致。再次，学会肯定和接受他人，遇到不同意见要用心倾听，肯定对方意见的价值，把对方放在自己前面以示尊重。还有，注意调整自己，既然爱自己的家人，就要维护家人之间的亲密关系，主动调整自己的想法和表达方式，善于妥协，避免过多的指责，接受对方的道

① 王怡红. 2003. 人与人的相遇——人际传播论. 北京：人民出版社.

歉给对方一个台阶。最后，灵活掌握解决冲突的时机，在对方生病、疲劳、工作不顺心这些易怒的时刻避免冲撞，如果对方不想谈就暂时不谈，拖后再谈，等等。

第二节　朋友圈子情境中的人际传播

朋友不像亲属关系那样是先天的，而是在交往中建立起来的。朋友关系也不像夫妻关系那样有法律保障和很强的道德承诺，朋友关系更加松散和自由。所以比起家人关系，朋友关系比较脆弱，需要在交往中有意呵护。朋友圈子很大，点头之交、志趣相同的人、推心置腹的人都可以包括在内，不同的朋友其亲密程度不同。

朋友是一种不同于家庭关系的亲密关系，交朋友是一种特殊关系的传播，交朋友就产生了友谊。“友谊是这样一种人际关系：两个相互依赖的人互惠互利，彼此尊重。”[①]友谊有三个基本特征：交流互动、互惠互利和彼此尊重。

首先，友谊是一种人际关系，成为朋友的两个人之间必须有交流互动。朋友关系是依靠交流互动维持的，朋友之间要分享各自的想法、个性和爱好等，当相互之间的交流和分享停止时，朋友关系就慢慢淡化或者消失了。

其次，友谊一定是互利互惠的。朋友之间一旦出现损害任何一方的情况，就不再是朋友了。友谊只能是建设性的，不像婚姻关系或父母与子女的关系那样既可能是建设性的也可能是破坏性的。“吵吵闹闹可以做一辈子夫妻，却不会有维持一生的朋友。”[②]

最后，友谊要求朋友双方彼此尊重。只要有一方不尊重另一方，就不可能做朋友。朋友之间的信任、情感支持和利益分享，都会促进彼此尊重。

可见，朋友关系本质上是一种分享和相互融入的关系。

一、交友与需求

友谊本质上是一种有条件的脆弱关系。虽然古往今来人们都把“无所求”

① 约瑟夫•A. 德维托. 2011. 人际传播教程（第十一版）. 余瑞祥等译. 北京：中国人民大学出版社.

② 王怡红. 2003. 人与人的相遇——人际传播论. 北京：人民出版社.

的、相互奉献的友谊作为结交“真正的朋友”的理想，现实中的朋友交往却总是有各种各样的需要和要求，友谊并不能像母爱那样无私。

从个体与世界的传播关系来理解朋友关系，可以看到人对友谊最根本的需求是人与人之间的一种亲密的良好关系。人结交朋友的主要动力就是分享亲密感、消除孤独和寻找归属感，所以交朋友是一种精神上交流的需要。更具体地说，人是根据某些需要来选择朋友的，选择能满足自己需要的人来做朋友，人会期待从友谊中获得某些回报。人对朋友的具体需要至少包括以下几个方面，能满足其中一种或者几种需要的人，我们才会和他或她交朋友。

（一）有用

某些人对我们实现特定的目的有所帮助，这些人一般拥有特殊的才能、技巧或资源。带着这种需求的朋友交往隐含着明确的交换要求。

（二）肯定和支持

人需要别人来肯定自己的价值和能力，也需要别人来欣赏自己的个性，所以人会和能满足肯定自己需要的人做朋友。此外，那些能够给我们以支持和鼓励的人，让我们觉得自己有价值、有能力的人，我们一般也都乐于与之交友。朋友之间的肯定和支持会增强人的自信心。在这一点上，人一般会与自己性格相似或志趣相同的人交朋友。

（三）开拓

人需要思想上的新鲜感和观念碰撞，所以我们也会结交那些能够给我们带来新思想、帮助我们开拓视野的人。在这一点上，人就会与自己的性格或观念差异较大的人交朋友。

（四）安全和信任

自我透露和与他人分享私人性信息存在安全风险，所以自古以来信任就是界定朋友的重要原则，为朋友保密是一个人作为朋友的重要品质。不能让人放心和信任的人难以深交，人都需要寻找不会利用别人的缺陷或弱点的人、不会背叛朋友的人来做朋友。

（五）娱乐

能够“玩”到一起的人也能成为朋友，这就是一般说的“酒友”“棋友”、“文友”之类。能够满足我们某方面的娱乐需要、陪伴我们共同开心的人，我们也乐于与之交朋友。

二、友谊的类型

朋友圈子可以很大，不同的朋友亲密程度并不相同，交往需要不同，友谊多种多样。从交友双方的地位及付出和回报的程度来划分，可以把友谊分为三种主要类型：互惠型、接受型和交往型。[①]

（一）互惠型友谊

这是最理想的一种友谊，也是大多数人所追求的“真正的友谊”。互惠型友谊建立在平等的基础上，关系双方平等地为对方付出，并从友谊中得到相应的利益和回报，双方的精神交流需要都得到满足。互惠型友谊要求朋友双方忠诚、包容和相互关爱。这种友谊也最容易发展成特别亲密的朋友关系，那些不分你我、无话不谈的朋友一般都来自互惠型友谊。

（二）接受型友谊

接受型友谊中的付出和收获是不平衡的，一方是主要的感情付出者，另一方是主要的感情获得者，但是双方都在友谊中有所收获，双方的不同需要都得到了满足。这种友谊往往建立在不同身份的人之间，如师生之间或医生与病人之间。

（三）交往型友谊

交往型友谊是一般的友好关系，交友双方彼此之间没有很深的信任和忠诚，友情也不强烈，双方在友谊中没有很多的付出和收获。这种友谊通常建立在同学、邻居或同事之间。

---

① 约瑟夫•A. 德维托. 2011. 人际传播教程（第十二版）. 余瑞祥等译. 北京：中国人民大学出版社.

三、朋友圈子中人际传播的基本特征

朋友多种多样，每个人的交友标准和对朋友的要求也不尽相同，不同的文化和时代对朋友的认识也不同。但是朋友之间的交往仍然存在一些共通的准则，所有的文化都要求朋友必须具备的一些基本品质，如信任、关心、支持、忠诚、尊重、容忍，等等，由此决定了朋友圈子中的人际传播的基本特征。

（一）主动分享

朋友之间的交往是一种共享式传播，相互之间要主动分享各自的兴趣爱好、思想观念、生活态度、人生经验等，相互分享是保持朋友关系和加强友谊的唯一途径。常言说的“交朋友”或“处朋友”，正道出了朋友关系需要交流才能保持的道理。朋友关系的建立意味着亲密的交流和分享，朋友之间需要心意的沟通和情感的表达，而且是主动地自我表达，因为只有主动清楚地表达出自己的想法和感情，让朋友了解自己的意图，分享自己的感受，才能有效交流和避免彼此误会。一旦交流和分享减少了，朋友之间的亲密程度就会下降；如果不往来、不联系，那么再好的朋友关系也会淡去甚至消失。朋友关系比家人关系脆弱也表现在交流的程度上。在家里，我们不愿意主动分享的时候可以指望家人来注意观察我们和揣摩我们的心思，在朋友圈子里却不能指望别人花时间来揣摩我们的心思。一家人即使不交流、不分享还是一家人，而朋友之间不交流、不分享就不可能再是朋友了。缺少交流的家像个牢笼但仍然是家，朋友圈子一旦缺少交流可能就会消失，因为没有了交流和分享，朋友关系便不复存在。朋友圈子还可以共享一种语言风格，形成圈子里表达特殊含义的词语、手势、动作等。

（二）自觉克制和忍让

与家人相比，朋友之间的交往更加注意礼节，人在朋友面前会自觉地克制，遇到冲突时一般会主动自我退让。朋友之间遇到意见分歧，也更容易通过对话协商来解决问题，很少会出现一方把意见强加给另一方的情况，因为友谊是一种相对自愿的关系，人可以在一定范围内选择和谁做朋友，强制和命令会赶跑朋友。在朋友圈子里，一旦出现双方意见有矛盾的情况，人就会自觉地分离出与“分享”这条朋友原则不相符合的个人兴趣和意愿，重新寻找共同的兴趣和意愿。这种自觉克制和忍让的特征明显地表现在说话方式上，人在对朋友说话时，一般都比对家人说话更加小心和温和，语言表达更加委婉。

（三）自我透露的动态张力

人在朋友面前的自我透露是有限的，不像在家人面前自我透露那么轻松和随便。朋友关系中存在一种动态张力，即“一方面有敞开心扉、表达出自己想法和感受的冲动，但另一方面又有强化自我保护意识、不愿将自己的信息透露给别人的冲动”[①]，所以人在朋友圈子里总是要面对坦率公开自己和小心保护隐私之间的矛盾。正因为存在这种矛盾的冲动，朋友之间并不一定是越亲密就越坦率，友谊的发展也并非向着亲密和坦率直线进行稳步发展的，阻碍坦率程度增强的张力总是会出现。有时友谊的发展甚至会出现倒退现象，太亲密的友谊让交往双方不舒服，将友谊倒退至不是很亲密的阶段反而让交往双方觉得比较舒适，友谊反而能够稳定下来。

（四）互助和信任

“有事找朋友”，古往今来都是人们极其自然的反应。无论在何种文化中，千百年来相互信任和帮助都是人们界定朋友的基本原则。人们对朋友的信任也与帮忙的行动和意愿密切相关，正是那些我们相信会在我们需要的时候帮助我们的人，才是我们可以信任的朋友。英国谚语说：“需要中的朋友，才是真正的朋友。”（A friend in need is a friend indeed.）这正是道出了朋友之间的交往需要在物质上和精神上互相帮助。朋友圈子实质上就是互相帮助的、可信赖的同盟。在我们需要的时候，圈子里的朋友会伸出援助之手。朋友之间的帮助是相互的，因为朋友关系是双向的，信任和帮助都不能只付出而不求回报，也不能只接受而不付出。每个人都有需要朋友帮忙的时候，也有给朋友帮忙的时候。甚至可以说，正是在帮忙的行动中才分辨出谁是我们真正的朋友。人生活在社会上，总是会遇到很多困难和挫折，总会有心情不好甚至精神危机的时刻，这时人总是需要寻求他人援助，而朋友就是我们可以寻求安慰和帮助的重要对

---

① 约瑟夫•A. 德维托. 2011. 人际传播教程（第十二版）. 余瑞祥等译. 北京：中国人民大学出版社.

象，这些需要援助的时刻也正是考验友谊的时刻。帮忙的实际行动向别人传递出可以信赖和依靠的信息，能够加深友谊和维持朋友圈子的同盟。反之，遇事不帮忙，就会被认为“不够朋友”，而被逐出朋友圈子。

（五）宽容和接受差异

一般人对朋友都比对家人宽容，我们会对家人要求苛刻，却不会对朋友苛求，因为人与朋友的心理距离相对比家人要远一些。朋友关系是不同于家人关系的另一种亲密关系，朋友之间的差异导致的冲突比家人要少得多。人们既渴望在朋友中找到观念和情感上的共鸣，也不排斥差异，甚至朋友之间的差异能够形成性格上或知识结构上的互补，更增加了人际吸引力，使朋友关系更加亲密。朋友之间更容易接受和欣赏与己不同甚至性格相反的人，人与人之间的差异并不妨碍朋友圈子里个人魅力的传递。朋友圈子中的交流一般也比家庭更能包容不同意见，一般情况下人也更容易接受朋友的意见。从心理健康的角度讲，人也需要和与自己差异较大的人交朋友，从朋友那里发现自我所欠缺的东西，在精神互补式的分享中获得自我的个性平衡。所以人们常常会感觉朋友比家人更加亲密，从朋友那里更能获得完整的自我。

四、性别与友谊

性别对友谊有明显的影响，男性与女性在选择朋友及建立和维持友谊的方式上存在许多差异。男女除了天生的性别差异之外，还有社会文化塑造的差别，不同的文化赋予男女不同的行为标准、对男女有不同的角色期待。这些不同都在男女交友的传播方式上表现出来。男女交友的差别使我们可以辨识出男女友谊的一些特点。传播学的大量研究证实，男性之间的友谊是在共同做事的基础上形成的，而女性之间的友谊则主要是通过谈话建立的。这是男女交友的基本区别，这种区别也带来了男女交友各自的特殊性。

（一）男性友谊

从传播倾向上看，男人和男人之间的友谊有三个主要特征。首先，男性间的传播主要表现为“共事”关系。男人交友主要是通过共同做事，男性在一起参加球类运动、打牌、钓鱼、开创事业、共同完成工作上的某个项目等活动的过程中，找到了共同做事和活动的兴趣，获得亲密的伙伴感。一起活动使男人们更好地相互认识，传递友情，实现自我价值。而且男人主要是通过共事来改善个体因社会竞争的压力而倍感孤独的处境。其次，男人交友的一个重要标准是“共同志趣”。男人交朋友特别讲究寻找共同趣味和志同道合，朋友应该是精神上的至交和人生道路上的重要伙伴。分享共同的志向情趣使男性朋友之间产生亲密的感觉。最后，“朋友有信”是男性友谊的另一个重要标准。男人之间最讲究的是“信义”，即信守承诺，说到做到，有情有义。男人心中的朋友是由信任、道德和义气联结在一起的人，是能从物质到精神都给以援助、有求必应、遇事能共同担当的人。在特别亲密的朋友关系中，男人还可以为朋友舍弃自己的切身利益，做到“士为知己者死”。男性友谊也比女性友谊更注重朋友之间的信任和保护朋友私密的要求。将朋友的悄悄话抖出来的行为，无论是无意泄露还是有意出卖，在男性朋友圈子里都是比在女性朋友圈子里更加不可原谅的行为。

以上这些主要特征带来了男性朋友之间传播行为的其他特点。由于男性主要是通过共同做事建立友谊的，大多数男人并不在乎与朋友共同度过多少时间，好朋友也没必要花很多时间在一起，只要保持联系就可以了。又由于男人是在做事中达成相互理解的，对男人而言重要的是“行动”而不是“说话”，所以男性朋友之间的话语互动也比女性朋友之间少得多，男性朋友之间主要是通过行动让对方明白他们之间是互相喜欢和欣赏的。男人之间传递友谊的信息大多是运用非语言的方式，如打一拳、拍拍后背、点点头、眯眯眼，即使说话也常用玩笑和反话来微妙地表达。男人很少清楚地谈论他们的友谊，许多男性甚至会把亲密感隐藏起来，部分原因在于社会对男性友谊的怀疑，导致男性通常都不愿意承认他们和同性之间有亲密的友谊。男人说话很少是为了表达亲密感，更多地是用来在人前展示自己，炫耀自己的知识和技巧，供他人来评价自己的才能；或者通过说话引起别人注意，以达到保持他们在团体中的形象，强化他们的社会地位，或掌控关系发展的目的。另外，男人交友一般比女人更有兼容性，男人的朋友圈子一般也比女人的更大。男人选择朋友不限于与自己性情相近的人，与自己完全不同的人甚至竞争对手，男人都可以与之交友，只要对方值得他钦佩和赞许。

以上只是简述了男性朋友之间传播的一般倾向，事实上男性友谊还受到文化、阶级、群体、个人生理和心理差异等条件的影响。许多因素都会引起男人对交友的不同期望和体验。

（二）女性友谊

女人交友最突出的特点就是通过谈话建立友谊。有调查表明，无论何种种族、阶级、年龄，女人大都是通过谈话、相互支持、共同分享情感，传递自我体验而获得友谊的。[①]与男人把谈话作为表现自己的手段不同，女人谈话就是为了交谈本身，女人在谈话的过程中共同分享话语。谈话是女性友谊的黏合剂，女性朋友之间主要就是通过相互分享知识和情感而变得亲密无间。此外，与男性相比，女性更喜欢向同性朋友进行自我透露的谈话。研究成果证实女性比男性更多地透露自己。“女性比男性更愿意谈论她们以前的罗曼史、对自己同性朋友的看法、她们最害怕的东西，以及对男朋友的不满。”[②]自我透露是有效交流和建立良好人际关系的先决条件，自我透露能够帮助相互倾诉的人建立紧密关系从而增加了关系的满意度。[③]所以，同性女朋友一般都比同性男朋友交流更充分，同性女朋友也比同性男朋友更加亲密。女性有很强的倾诉需要，谈话对女人有无比重要的意义，对女人而言，情感表达几乎就等同于说话，话语能给女人最多的安慰，甜言蜜语也最容易为女人所相信。由于女性是通过谈话建立友谊的，所以女人选择朋友最重要的标准就是“谈得来”。“在女人看来，与之说话最多的人，就是与之关系最为亲密的人。”[④]对女人而言，好朋友就是能够无话不谈、与之分享秘密的人。而且不同于男人喜欢在公共场合中为引起别人注意而侃侃而谈，女性喜欢私语，小范围地私底下和亲密的朋友说话。女人的朋友圈是界限分明的，亲密朋友和随意的交往是有区别的，区别就在于谈话的私密性。女性朋友之间的亲密感大都存在于一对一的友谊或数量很少的几个朋友之中，因为女人比男人更容易将她们的私事、隐情、想法、问题向亲密的同伴诉说，这就决定了女人的谈话对象不宜扩大。还有，女性会比男性更多地投入与朋友的情感交流中。不同于男性友谊是在共事的过程中分享共同的志

---

① Julia T. Wood. 1996. *Gendered Relationships*.Houston：Mayfield.

② 约瑟夫•A. 德维托. 2011. 人际传播教程（第十二版）. 余瑞祥等译. 北京：中国人民大学出版社.

③ 同②。

④ 王怡红. 2003. 人与人的相遇——人际传播论. 北京：人民出版社.

趣，女性友谊通常是分享感情、支持和个性化私密化的。女性朋友之间的情感支持和交谈与倾听援助，对于女性应对社会压力和生活中的各种困难变故具有重要意义。女性比男性更善于使用语言安慰和表达相互支持，也更能保持和谈话对象之间的平等交谈，女性谈话一般都比较亲切，较多地传递细致温和的信息，还能给女人以信心和情感上的支持。所以女性从同性友谊中得到的情感回报也比男性友谊更多。心理研究发现，女性朋友间的交谈还具有治疗作用，女性友谊可以用来配合心理和精神专家的治疗。“女性友谊没有医生与病人关系束缚，而且女人更了解女人的心。如果一个女人向她的密友积极倾诉，就一定能得到令人愉快的回应。女友给她们自信，能帮助她们做出重大决策，并使她们重新审视自己，帮助她们对自己做出重新评价。”①

从交谈的话题来看，不同于男性谈话关注如何做事，女性分享亲密关系时的谈话一般缺少明确的目标和主题，女性所谈论的话题非常广泛又具有包容性。婚姻是女性朋友之间最常谈到的话题，也往往涉及他人琐事。但是女性喜欢谈论家长里短，有时可能引起他人关系纠纷，这是女性用谈话发展友谊的过程中存在的不良现象。

以上指出的只是女性朋友之间传播的一般倾向，现实中的女性友谊还会受到文化、阶级、生活态度、价值观念、情感状态等的影响。

当然，我们在注意到男女交友的传播差别的同时，不应该忽视男女同性友谊有许多相似之处，特别是友情的基本规则，如相互分享、信任、支持、帮助朋友、朋友不在场时为朋友撑腰、朋友在一起时尽量和乐融融，等等，这些在男性和女性的友谊中都是一样的。此外，导致男性和女性友谊差异的原因并不是很明了②，而且这些差异并非主要来自性别本身，还受到社会文化和其他诸多因素的影响，也与人的个体差异有关。

（三）异性友谊

男女之间的友谊是个敏感话题，也是最难说清楚的，因为要在异性朋友和情侣之间划一条清楚的界限并不容易。现实中男女之间的关系也往往是纠缠不

---

① 王怡红. 2003. 人与人的相遇——人际传播论. 北京：人民出版社.

② 约瑟夫•A. 德维托. 2011. 人际传播教程（第十二版）. 余瑞祥等译. 北京：中国人民大学出版社.

清的。第一个原因在于，现代社会每个人都可能面对异性友谊对恋爱和婚姻造成的威胁或伤害。婚姻外的男女友谊演变为第三者插足的事情时有发生，无怪乎多数人对异性友谊有所顾忌。这种普遍的顾忌心理阻碍了人们积极主动地发展异性友谊，尤其是恋爱成婚后，很难保持与异性朋友经常往来。异性朋友和情侣关系界限模糊的另一个重要原因在于，异性朋友之间确实存在性吸引力。美国有调查显示，许多美国人并不把性行为与朋友关系做特别清楚的区别，约有76%的男人和50%的女人肯定身体的感觉，许多人明确表示自己在异性朋友关系中喜欢调情和挑逗。①而且事实上，性吸引力是维持异性关系的一个重要因素，男女双方如果缺少持续的性吸引力，关系就难于维持。"无论个体经验，还是传播研究均显示，异性朋友难于保持天长地久的关系。异性友谊如果缺少性爱的吸引，关系就会变得疏松，变得平常，变得可有可无。"②所以在大多数人心中，男女之间能否成为纯粹的朋友是很可疑的，似乎只有男女相识后先做朋友然后转换成恋人关系才是自然的。许多人就认为，男女之间只有爱情，没有友谊。

尽管人们对异性友谊有所顾忌和怀疑，但是异性交往是现代社会不能回避的普遍现实。现代社会的工作和社交活动使众多男女结成了朋友关系，而大多数异性朋友并没有发展成情侣或夫妻。可见异性朋友关系向情侣关系的转换并不是必然发生的。异性友谊是客观存在的，而且在人们的意识里，异性朋友和情侣关系是存在差别的，人们始终都在力图区别这两种关系，也努力给异性友谊加上各种社会规范、道德标准和心理约束。社会文化已经形成了一些用于规范异性友谊的"文化契约"、一些不成文的规则。首先，其中最重要的一个规则就是排除性爱成分。社会规则要求异性朋友克服对性爱的依赖或期待，朋友之间只限于精神交往。"按照正常理解，情侣或婚姻关系会有性爱的行为，包括身体接触和性爱的言语表达，有享受'肉欲接触'和'相依为命'的情感期待。……可是，在朋友之间，往往没有类似的额外盼望和期待。"③异性朋友关系只有在规则界限之内才能保持稳定性，一旦突破规则，交往行为就发生了变异，要么转换成情侣或婚姻关系，要么关系解体，

① 王怡红. 2003. 人与人的相遇——人际传播论. 北京：人民出版社.

② 同①。

③ 同①。

连朋友也做不成了。其次，异性朋友关系没有情侣关系或夫妻关系的责任和义务，也不受婚姻规则的束缚。再次，表达亲密感的传播行为也有一定的限制。尽管异性朋友关系也和情侣关系或夫妻关系一样属于亲密关系，而且朋友关系和情侣关系或夫妻关系都有喜爱、陪伴、忠诚、接受、支持等共同的准则，但是，在不同的关系中人们用来表达自己的亲密感的行为方式是不同的。社会文化规定了各种传播行为不同的具体含义，如在中国文化中，亲吻和拥抱只能被视为夫妻或情侣之间的情感表达方式，不宜用于朋友之间；一些特别甜蜜的称谓也不宜在异性朋友之间使用；异性朋友之间只能使用更加温和的、社会认可的动作或词语表达亲密感。所以生活在一定文化中的人必须选择适当的传播行为来表达亲密感，才能维持敏感的异性友谊。此外，社会对异性友谊有诸多非议，这种非议带来了人们心理上的压力，阻碍了异性友谊的发展。

当然，以上所有的规定和压力都只是人们硬性地对待异性友谊的产物，特别是对性吸引力的压制不一定能成功。任何关系都可能变化，异性友谊也不例外。没有人能够对关系的亲密程度做事先预测，也没有人能控制关系的发展，关系只能从双方的交往互动过程逐渐发展而来。有学者指出，限制异性交往并不是控制关系、保持关系安全的最好方法，如果异性的朋友关系愉快地到来了，那么泰然处之，接受就好。[①]如何与异性朋友互动，每个人心中都有自觉的判断。

第三节 职场情境中的人际传播

职场是工作场所，这里的人际关系比其他情境中都更加复杂，在其中能看到形形色色的人际关系，会发生多种多样的人际交流。职场中主要的人际关系是工作关系，即同事关系、上司和下属之间的关系，这些关系不属于亲密关系。职场中的亲密关系很少，不像前面两个情境中人与人之间是亲密的关系，如家人关系或朋友关系。甚至可以说，职场是个排斥亲密关系和亲密感的情境，职场中一种常见的亲密关系——职场爱情关系，即俗称的办公室

① 王怡红. 2003. 人与人的相遇——人际传播论. 北京：人民出版社.

恋情——是颇有争议而且一般并不受欢迎的。由于职场是正式的人际交往场合，而且人与人之间存在公开的竞争关系，职场情境中的人际传播明显不同于家庭和朋友圈子情境。

一、职场情境中人际传播的基本特征

（一）深受文化影响

职场是所有传播情境中受文化影响最深的一个，既受到社会大环境的文化影响也受到特定工作单位内部的文化影响。所有社会的文化都规定了工作场合的交流规则不同于家庭或私人交往圈的交流规则，这些成文或不成文的规则规定了哪些言语和行为适当或不适当、怎样做才能得到工作和在单位里有所发展、以怎样的方式来展示自己的能力，等等。每个国家、每个民族的文化传统不同，不同国家或地区的职场交流规则就不同，如美国文化鼓励人在职场中积极表现自己的能力和主动承担工作任务，而中国文化则要求人在工作中表现谦虚，主动强调自己的能力往往被认为傲慢和不善于合作；又比如，美国人在同事之间透露个人信息较多，而在日本，同事之间却不太透露个人信息。此外，每个单位内部甚至每个部门内部都有其小环境的独特文化，包括明文规定的单位内部的工作纪律、奖惩制度等和不成文的人际交流规则，如生产流水线的工作文化和行政办公室的工作文化是明显不同的，由此带来的其中的人际传播规则也不同。

（二）自我透露少

职场情境中人际传播的自我透露比其他情境都更少。首先在于工作竞争压力。职场是一个存在公开竞争且竞争压力比其他情境都更大的地方，在这种竞争环境中，人如果透露出自己的缺点、怀疑和担心等负面意见和情绪，往往会对自己不利，可能招致争取业务机会上的失利甚至丢掉工作，也有可能被别人利用来使自己在竞争中处于不利地位。其次，自我透露也容易带来潜在的职业风险。例如，一个教师如果告诉别人自己过去有严重违反道德的行为或犯罪行为，将会被终身剥夺执教的机会；一个流露出与主流不同的民族立场或道德观念的人，将不能在政府部门或其他公共服务单位工作。再次，工作关系毕竟不是亲密关系，人在不亲密的关系中交流，自我透露自然是比在亲密关系中少得多的，因为自我透露主要是为了建立密切的人际关系、增强关系的满意度、获得对方的信任和亲密感，而同事之间的交往并不以增加亲密感为主要目的。人会很自然地和自己的家人或朋友说心里话，却很少感觉需要和自己的同事或上司下属交心。虽然同事之间的传播确实也有大量个人信息，但是关于个人的价值观、信仰、对他人的看法等信息一般是不便在职场交流中透露的。还有一个原因是传播的不可逆性。已经说出口的话无法收回，无论过后如何努力都难以改变别人因为你的话而产生的想法和结论，而职场中他人的评价对我们的职业发展有重要影响，自我透露却会发出缺少保护性的信息，所以人在职场中说话必须非常小心，以免造成不良影响。

（三）信息交换行为以工具性型为主

人际传播都有信息交换行为，从社会交换的角度看，信息交换能实现一定的利益。在信息时代，大量的信息是一种商品，能够在交换和使用中实现价值，转化为其他资源，带给交换双方一定的利益。人际传播中的信息交换行为是非公开的，较为隐蔽，不同于大众媒介公开传播的信息。人际传播中信息的非公开性就使得此类信息变得“稀缺”而更加有交换价值。根据人际传播中信息交换过程中传受双方发布与寻求信息的不同动机，可以区分出两种最基本的信息交换与利益实现的模式：工具性型和非工具性型。“工具性型指带有功利目的的信息交换行为，实现的是物质性的利益；非工具性型是指不带有功利目的的信息交换行为，实现的是精神性的利益。”[①]工具性型信息交换行为所交换的信息是一种隐形知识，可以用于指导市场或政治决策，也可以帮助某个单位或组织以外的人了解这个单位或组织。现代社会专门有以提供信息资源服务为职业的人，这些人在职场中的信息交换行为当然属于工具性型。其他行业的人在工作场合的人际传播，也大多是为了工作目的去交换特定的信息以换取某些物质利益，或用物质财富去交换特定的信息以提高在求职或工作竞争中的优势。例如，一个人想应聘某个单位的工作，如果能事先了解单位内部的信息，这个人成功应聘的几率就会增加。这些信息对于单位内的工作人员是公开的而且并无

① 周云，彭光芒. 2005. 人际传播中的信息交换与利益实现. 北京理工大学学报，(4)：18-21.

价值，但是对于单位外的求职者就是无价之宝，为了有效打听到这些信息，求职者需要用某些物质财富去交换。非工具性型模式下，信息交换行为的目的主要有赢得他人的信任与尊重，实现情感的满足和维持一定的人际交往关系，是非功利的。职场人际传播中当然也存在非工具性的信息交换行为，人在职场中同样需要信任与尊重，需要情感的满足和维持一定的人际交往，但是相对于家庭和朋友圈子情境，这些非功利目的在职场中没有那么重要，非工具性型信息交换行为在职场情境的人际传播中不居于主导地位。

（四）权力影响明显

权力是人际传播中的一个重要因素，而职场情境受权力影响比其他情境更加明显。“权力是一个人影响其他人思想和行为的能力……也许权利最重要的特点是不对等性。”[①]虽然人人平等是法律的规定也是人们的普遍理想，但是在法律规定之外的社会许多方面，人与人并不是完全平等的。权力在所有的人际关系和人际传播情境中都存在，情侣或夫妻之间可能其中一方居于主导地位，朋友圈子里可能某个人比其他人更有影响力和决定权，父母比孩子有更大的权力，等等。但是在其他情境中，权力的实施主要依靠个人信誉和情感，而且没有多少强制性。而在职场情境中，权力主要来自职位和社会角色，权力的实施主要依靠奖赏和惩罚，控制和服从都具有强制性。职场有明显的层级关系，一些人比其他人更强势、更有权力。每一个职场上的人都必须学会适应职业层级制度，学会与拥有各种不同权力的人打交道。

（五）注重礼貌的表达

人际传播的情境对礼貌程度有所影响，不同的情境对礼貌的要求不同，权力相差悬殊的交流语境比权力相差不多的交流语境更注重礼貌的表达，正式场合比非正式场合对礼貌的要求更高。职场既是正式场合，又是层级制度明显、人与人之间权力相差悬殊的地方，对礼貌的要求比其他情境都更高，所以职场情境中人际交流最为注重礼貌的表达。礼貌是职场中人际交往的一个十分重要的部分，如果职工认为自己在工作中不被尊重，就会降低工作的

---

① 约瑟夫•A. 德维托. 2011. 人际传播教程（第十二版）. 余瑞祥等译. 北京：中国人民大学出版社.

积极性和稳定性。如果人在工作中经常被粗暴地对待，如受到上司的辱骂，会降低工作效率，阻碍创造力的发挥，或者导致跳槽。如果同事之间交流不注意礼貌，就会影响到同事关系和团队合作的水平与效率。总之，不符合礼貌规则的交流都不利于企业或单位的发展，而且有研究表明，上述礼貌交流的影响在商界尤其明显。①

（六）角色为主，装相压倒本相

在职场情境中，人主要是作为某种社会角色进入与他人的关系的。在家庭或朋友圈子中，我们可以要求别人把我们当作一个完整的人而不是某种角色来对待；但是在职场上，每个人首先是“上司”“下属”“老板”“员工”“主任”“实习生”等，至于你的感情如何丰富、人格如何完整，倒不容易受到关注。而且职场情境要求每个人必须扮演好自己的职位所要求的角色，每个人表现出来的情感和行为都要符合角色的要求，比如，“当领导就要像个领导”“当下属就要有下属的样子”，否则就会被认为不适合或不胜任某些工作，可能遭到淘汰。从这个意义上说，每个人在职场上都戴着面具，展示给别人看到的自己都含有假相。这种情况也可以借用马丁•布伯（Martin Buber）提出的一对范畴来解释，即交往中的“本相”（Being）与“装相”（Seeming）。“本相”就是一个人本来的样子和真实的思想态度；“装相”就是装出样子给别人看的，是人们在交往中自我披露的部分，含有不同程度的本相，但也含有假相。②任何人际传播都潜藏着本相与装相的矛盾，一方面，人们想表达真实的自己；另一方面，又希望给别人好印象。人生活在社会上，需要得到他人的认可，而装相能帮助人获得他人的认可，所以人总是要装相的。相反，一个在任何场合都随意表现出自己本相的人，在与他人的交往中会吃尽苦头。日常生活中常见的现象是，一个人如果不顾别人的感受只说真话、直接流露自己的真实态度，往往不会受人尊敬和讨人喜欢。在职场上，人与人之间存在利益关系，他人的认可就意味着能保住“饭碗”或者职位晋升，所以人就比在其他情境中更需要装相，表现出符合角色要求和别人喜欢的样子。当然，

---

① 约瑟夫•A. 德维托. 2011. 人际传播教程（第十二版）. 余瑞祥等译. 北京：中国人民大学出版社.

② Martin，J. 1965. *The Knowledge of Man*，*Selected Essays*，*Translated by MauriceFried Man and Ronald Gregor Smith*. New York：Harper Collins College Div.

装相毕竟是一种含有虚假成分的固定印象，如果人们在彼此交往中都被装相控制，结果将是互相认不出来，不能进行真正的交流。而且人长期处于装相，虚假的成分也会慢慢异化人的自我，本相就会被侵蚀。事实上人也不能忍受总是装相而不表现本相，而职场情境又很少允许人表现自己的本相，所以人就需要在其他情境中释放自己的本相，回到家或者到了亲密朋友的圈子中，人往往就本相毕露了。

二、关系网

关系网（Networking）是由个人的各种人际关系交织而成的社会交往网络，即俗称的“人脉”。它既是人际交往的一个结果，也是人际交流的一种重要资源，对获取工作和职业发展具有重要意义。关系网可以分为非正式和正式两种。非正式关系网是由同学或亲戚等关系自然形成的交际网络，或者是朋友之间根据性情或志向的契合程度自发组成的圈子，这种关系网中的人际关系大都是非功利的私人关系。一般情况下，非正式关系网是在日常交往中自发形成的，不是某个人主动建立起来的，非正式关系网的形成也没有特定目的或针对特定任务。而正式关系网则是人们主动建立起来的，作为一种有明确的功利目的的社交资源来使用。“正式关系网指更加系统、更具有战略性的关系网。建立正式关系网就是与能够帮助你的人建立联系，以帮助你解决问题、找到工作、晋职晋级、调动工作，以及帮助你完成想要完成的任何任务。”①显然，正式关系网中的关系主要是同事关系和业务合作关系，正式关系网主要是为了工作目的而建立，也主用于职场情境。

关系网的主要用途包括：获取工作，如求职时可以向朋友打听他或她所在的单位需不需要招人；通过他人的帮助来解决问题，至少是为解决问题提供某种启示的途径，如新员工向有经验的员工咨询怎样完成某项工作任务；提供有价值的专业信息，利用关系网获得这些信息比自己独自搜集信息更加省时省力，等等。因此，一些人际关系专家建议为潜在的有用资源建立通讯录，这样在需要相关信息的时候能够方便联系。这份通讯录包括哪些人可以为自己提供业务，哪些人可以介绍他人给自己以方便找到业务，哪些人与自己的工作各个

① 约瑟夫•A. 德维托. 2011. 人际传播教程（第十二版）. 余瑞祥等译. 北京：中国人民大学出版社.

环节相关，等等。

我们既可以和已经认识的人建立关系网，如同事、同学、朋友等都可以是我们的关系网；也可以和不认识的人联系而建立关系网，如通过电话或邮件可以向各方面的专家咨询以了解我们想要的信息和知识。

关系网的建立和维持离不开经常联系和建设性的互动。关系网的一个原则是互惠互利，只有互相帮助，特别是相互提供帮助性的有效信息，才能形成大家相互满意的建设性关系网。因为关系网中的每个人对关系网中的其他人都是有用的信息资源，如果相互之间的信息需求得不到满足或者帮助性的信息传递不对等，关系网就难以长久维持。特别是正式关系网，既然是我们自己主动建立起来的，就更要主动联系和积极帮助关系网中的其他人，而不能等着别人来找。知恩图报是关系网的另一个原则，要尊重别人的知识和时间，对别人的帮助要表示感谢，别人需要的时候要主动帮忙。此外，不能过于依赖别人，自己能做好的事情就自己做，一味地依赖别人或一厢情愿都不能形成建设性的持久关系网。

三、职场亲密关系

职场是一个各种关系都可能发生的场所，亲密关系也不例外。同事之间中最容易产生的亲密关系有两种：友谊和爱情。但是职场友谊往往受到鼓励，而职场爱情却不受欢迎。

同事之间发展友谊对单位有明显的好处，能使员工对单位更有责任感，还能降低跳槽率从而减少人员变动。所以各单位往往都通过组织各种集体活动，如运动会、集体文艺演出、会餐等，以此来联络同事之间的感情，促进职场友谊的发展。职场友谊对个人的好处也很明显，友谊能增加员工的工作满意度，友谊经常能促成同事之间相互帮助和建立与维持关系网，这样就有利于顺利完成工作任务，也有利于个人职业发展。但是职场友谊是在竞争的压力和合作的要求下建立起来的，很难排除利益相关因素和虚假成分，也比较脆弱，有可能发生朋友之间相互利用甚至相互坑害的情况，处于这种极端情况下的朋友关系一旦闹翻就会变成可怕的对立。当然，极端情况毕竟是少数，相比于其好处，职场友谊的负面影响可以说是微不足道的。

职场爱情即俗称的“办公室恋情”（Office Romance）的情况比职场友谊复

杂得多。办公室恋情是如此普遍，看起来似乎是不可避免的。工作环境提供了许多有利于恋情发展的条件，如同事之间有大量的时间在一起，交流和互相了解的机会很多；又如在同一个单位工作至少说明双方在一段时间内的职业选择一致，这可能意味着双方兴趣相投、有相似的事业目标，等等。而且，随着现代化进程的加快，人们从学校毕业到结婚成家之间的时间拉长，工作变动也比过去更加频繁，工作以后面对的社会竞争和生活压力加大，校园恋情能走到婚姻阶段的几率很低，往往毕业就是分手时节，所以大部分人都会在工作以后寻找自己未来的结婚对象，那么在单位同事之间发展爱情关系就是自然而然的事了。毕竟每个人交往的圈子都是很有限的，同事关系提供了绝佳的认识异性和交往了解的机会。此外，办公室恋情的成功率是比较高的，许多夫妻是在工作中认识的。中国尚无这方面的数据，姑且引用美国的数据："2006 年 CareerBuilder.com 网站（美国最大招聘网站）的一项调查结果显示，43%的美国员工承认他们曾经和自己的同事谈过恋爱，其中 1/3 的人已经结婚了。另一项调查显示 58%的员工和自己的同事约会过，其中 20%承认和自己的老板有过一段恋情，15%的人承认和自己的下属谈过恋爱。"[①]办公室恋情不但可以让人找到恋爱对象，对当事人双方的工作也大有帮助。显然，恋人在一起工作会更加积极和有效率，甚至连加班都变得更加愉快和满足。如果这段恋情发展得好，双方都很满意，那么双方会表现出相互爱慕、支持、合作等支持性的交流特征，这些都将使双方的工作取得巨大的成效。

尽管职场爱情好处多多，问题和负面影响更多，所以办公室恋情一直受到管理层的阻碍，特别是在商界，公司管理层一般都建议员工不要和同事谈恋爱。有些公司明文规定公司内部禁止恋爱，有些公司和组织（包括军队）甚至可能会因为员工的职场恋爱行为将其解职。在其他一些公司虽然没有明文规定，但是大家都心知肚明办公室恋情是个禁忌。管理层反对办公室恋情的主要原因就是其给单位管理带来的诸多麻烦。首先，许多公司的管理层认为办公室恋情有碍公司业务发展，恋爱会影响员工特别是高级主管的判断。其次，办公室恋情会在单位滋生绯闻，对其他同事有不良影响。如果恋情顺利，其他同事或上司批评其中的一个人就会招致另一个的不满和愤怒；如果恋情恶化或者是单恋，

---

① 约瑟夫•A. 德维托. 2011. 人际传播教程（第十二版）. 余瑞祥等译. 北京：中国人民大学出版社.

会使往日的恋人在一起工作时感到有压力，而其他同事要表明自己支持或反对哪一方的立场都很容易引起公司内部分裂；一旦恋情破裂，通常更有能力的那个人会离开单位另找其他工作，留下价值较小的另一个员工，对单位而言就意味着可能造成人才损失和培训费增加，因为有可能需要再培训一个人来接管离开的那个人的工作。再次，升职或派遣出差的时候难以把谈恋爱的两个人分开和进行调动，致使管理层在安排工作时不能例行公事。还有，更严重的问题是潜在的性骚扰赔偿，尤其是上司和下属之间的恋情不欢而散。无论性骚扰赔偿的要求是否与单位有关，在诉讼、调查和判决的过程中，单位都难以置身事外。办公室恋情对当事人双方也会有负面影响，毕竟职场是个竞争压力非常大的地方，一个人的成功就意味着另一个人的失败，在这种竞争压力下，随着关系亲密而正常进行的自我透露都有可能被人利用而对自己不利。[①]例如，恋爱中的一方对另一方透露了自己的某些缺点或担心，这些信息被对方无意中泄露出去，就有可能被其他竞争的同事所利用。职场竞争压力之下甚至还可能出现恋人之间相互利用的情况。

四、职场情境中的权力

人际传播的目的就是影响他人，而权力实际上就是人际影响力。权力是在各种关系之中普遍存在的一种现象，而职场的层级制度使职场情境中的权力对人际交往影响更为直接和明显。所以理性地认识权力及学会使用和应对权力，是职场人际交往的必修课。

权力会滋生特权，通常大家默认权力占优势的一方拥有一定的特权，包括沟通特权，如掌握权力的人在讨论中握有最终发言权，或者他们的想法和意见在讨论中占有很重的分量；也包括身体接触特权，如上司可以触摸下属的胳膊，但是下属触摸上司的胳膊则会显得不自然；包括领地侵占特权，如主管或老板可以进入下属的办公室，但是下属不经上司允许不能随意进入上司的办公室；还有一种特权是拥有权力的人能破坏规则，而权力较弱的人只能遵守规则，如上司开会可以迟到，而下属必须准时到会。以上这些情况对我们而言已经司空见惯而很少去关注了，因为职场上权力带来的特权由来已久，成了大家普遍接

① 约瑟夫•A. 德维托. 2011. 人际传播教程（第十二版）. 余瑞祥等译. 北京：中国人民大学出版社.

受的规则，几乎没有人会去质疑权力结构。人与人之间的权力悬殊越大，更具权力的一方享有的特权就越多。

需要注意的是，权力不仅来自角色和职位，也来自个人的信誉和魅力，即“个人权力”。“个人权力很大程度上是一种人格力量，是产生于人的权力。个人权力取决于你拥有的信誉（Credibility），即他人信任你并且认为值得跟随你的程度。如果别人认为你有能力、有知识、品质好、有魅力或充满活力，他们就会认为你很可靠。随之而来的结果是，你就能更有效地影响他们的态度、信仰、价值观和行为。”①个人权力的存在说明每个人都可以通过自己的人格力量来影响别人。而且事实上每个人都需要个人权力，上司无论拥有多少职位赋予的权力，都需要借助个人权力才能很好地实施其他权力；下属只有借助个人权力才能更好地回应别人的权力影响。

信誉是他人对一个人作用的评价，是个人能力、品质和魅力的综合。由于个人权力来自信誉，所以提高信誉就能增强个人权力。有许多具体的人际传播方法有助于提高信誉从而增强个人权力。以下是专家提出的一些方法：在合适的场合发挥自己的专业技能，但不要表现过度；强调自己为人处世公平；表达对他人的关心，这能显示出自己具有良好的品质；强调持久的价值观，这能体现自己始终如一的良好道德品质；向人们展现积极的一面，人们通常更倾向于信任积极的人而非消极的人，而且对积极的人评价更高；充满热情，这能帮助自己展示魅力。②有效地维护和运用权力的主要方法，除了提高信誉之外，还有表达权力。权力是需要表达出来才能在人际传播中起到影响他人的作用。表达和显示权力可以通过语言与非语言的方式。语言方式主要包括两种：用于影响他人的通用语言策略和特定语言。通用语言策略包括几种基本类型：直接请求，如“你去打电话订餐”；商讨或许诺，即如果对方做了某事，而自己同意去做另一件事，如“如果你去打电话订餐，我就负责打扫办公室”；奉承策略，即讨好别人以便最终得到自己想要的东西，如“你的报告写得太好了”——意味着希望下次还是你来写报告；操纵策略，即让别人有负罪感或者妒忌，从而让别人给自

① 约瑟夫•A. 德维托. 人际传播教程（第十二版）. 余瑞祥等译. 北京：中国人民大学出版社.

② 同①。

己想要的东西，如“其他人都配备了电脑”—— 意味着希望对方也给自己配备电脑；威胁策略，即警告别人如果自己得不到想要的东西，那么将会发生不愉快的事情，如“再不配电脑我就以后就不写报告了” —— 意味着如果对方希望自己以后还写报告，就给自己配备电脑。一些交流中特定的语言形式也会显示出交流者的权力差别。犹豫不决、太多的强调词、过多的否定词、使用附加疑问句（如“她太有才华了，难道不是吗？”），这些语言方式会让对方听起来感觉自己没有准备好或者不确定自己讲的内容，容易让人感觉自己能力不足；而过多的自我批评会显得自己缺乏信息；说粗话会透露说话人的社会层次低、拥有的权力少。

非语言方式包括着装、面部表情、动作等。保守的着装常常和权力及地位相关，而潮流和时尚的服装常常给人缺乏权力和社会地位的印象，所以如果要影响他人，着装上相对他人就要保守些。适当地运用面部表情和手势来传达对他人的关心，既能增强自己的魅力，也可以显示自己控制着交流活动。握手的力度较大、时间较长可以显示自己的自信。走路不紧不慢显得有权力，而走路匆匆忙忙会给人感觉自己没有权力。

当然，显示权力并不一定能取得他人的顺从，冲突、妥协、抵抗等其他各种回应权力的交流方式都可能出现。使用权力和抵制权力是一个相互作用的过程。每个人都有抵制他人权力和影响的时候，抵制方式主要有四种：协商方式、非协商方式、陈述理由方式和形象管理方式。协商方式就是以折中方式来满足对方一半的要求，如“如果你写好初稿，我可以帮你看看，提点意见”；或者提出一个替代方案来抵制对方的要求，如“午餐会不够热闹，换成办歌舞比赛如何”。非协商方式就是直接拒绝请求，不给出任何条件。陈述理由方式就是告知不能答应对方请求的原因，如“我担心我写不好”或者“如果你自己写报告你会很有成就感的”。形象管理方式是通过控制要求提出者的形象来达到抵抗其要求的目的，这包括消极形象管理和积极形象管理两种方式。消极形象管理方式就是把对方描述成不讲理、不公正的人，或者告知对方做他/她所要求的事简直是对自己的侮辱和伤害，如“你让我违背我的良心做事，真是太过分了。”积极形象管理方式就是通过让要求提出者自我感觉良好而间接抵抗服从对方的要求，如“你比我内行，你自己写肯定比我写得更好。”

传播方式会影响人际关系，使用不恰当的方式会带来负面效果，采用合适的方式会带来正面效果。使用何种方式来显示权力或抵制权力，要看具体情况，考虑其传播后果。

五、职场礼节

所有的社交场合都有其特定的礼貌规则，这些规则统称为礼节。礼节既包括礼貌用语如“请”“谢谢”“对不起”等，也包括语言信息对他人的维护程度、语气、动作、距离等。遵守礼节可以让人际交流更加有效和愉悦。职场情境中人际交流最为注重礼貌的表达。人际传播中的礼貌，既要求表现出对他人的尊敬、维护他人的正面形象，也要求尊重他人的自主选择权，所以礼貌的表达多用间接语言，较少使用直接语言。直接语言往往显得不礼貌，特别是要求别人做事的时候，直接语言就像命令，很容易冒犯别人，如“把这些文件全部复印”“你去买些螺丝”“去把窗户打开”，即使是上司这样对下属说话，都可能会让下属感到不舒服，如果是同级别的同事之间这样说话，对方的反应就可能是“你凭什么命令我”。而间接语言给他人保有自主选择权和给他人留有拒绝的余地，一般都显得更加尊重他人。特别是在要求别人做事时，间接语言表达的是请求而不是命令，更加符合礼貌的规则，如“不知你现在是否方便去复印这些文件”“你介意去买些螺丝吗”“你能帮我把窗户打开吗”。当然凡事都有利就有弊，间接语言在听起来更加礼貌的同时，也显得软弱且缺乏权威性，在某些情况下使用间接语言可能被认为过于圆滑世故、不太正大光明，而直接语言可能被视为诚实和坦率。①所以在职场上并不是一味地使用间接语言就好，还要具体情况具体分析。同样，说话的语气和身体动作也会传达出请求/命令、尊重/轻蔑等信息，会符合或违反礼貌要求。另外，一些在正式社交中被认为不礼貌的动作，如打哈欠、抓头发、挖耳朵、抠鼻子等，也不宜在职场交流中出现。所以职场情境要求人们特别注意自己说话的语气和动作，以免违反礼节。

此外，所有文化中的礼节都包括对人与人交往时的空间距离的规定。一般把人际交往的空间距离划分为亲密距离（45 厘米以内，即零到一步半）、私人

---

① 约瑟夫•A. 德维托. 2011. 人际传播教程（第十二版）. 余瑞祥等译. 北京：中国人民大学出版社.

距离（45 厘米到 1.2 米，即 1 步到 4 步）、社交距离（1.2 米到 3.5 米，即 4 步至 12 步）和公共距离（3.5 米到 7 米，即 12 步值 25 步或更远）。[①]虽然各种距离之间的划分并不存在明显的界限，不同社会文化对空间距离的具体规定也不尽相同，但是礼节仍然要求（一般是约定俗成的）在职场情境中人与人之间的空间距离要比在家庭或朋友圈子里更远，至少应该超过私人距离。在职场情境中与他人距离太近会被认为很不礼貌，甚至有挑衅的意味。

① 陈力丹. 2006. 试论人际传播. 西南民族大学学报，(10)：191-197.

第五章　人际传播与沟通的技巧

第一节　人际传播与沟通的基本技巧

听、说、问、答是人际传播和沟通的基本技能。有效的人际传播与沟通，需要人们熟悉和掌握倾听、说话、发问等基本技巧。

一、倾听技巧

听是人类最基本的能力之一。倾听的对象不仅仅局限于声音，还包含对交谈对方手势、面部表情等非语言符号的观察。倾听是一个主动参与的过程，在其中倾听者需要接受、理解、思考对方发出的信息，并作出必要的反馈。倾听是人际沟通中获取信息的重要途径，更是交谈成功的关键因素。如果你想使自己交流顺畅和沟通成功，你必须学会倾听和善于倾听。

（一）集中注意力，积极倾听

在别人讲话时，集中注意力，用心倾听。因受内部、外部因素的干扰，无法集中注意力倾听对方，这是倾听时所遇到的主要问题。当对方讲话冗长乏味时，当你胡思乱想时，你都难以集中注意力倾听。注意力不集中，会给交谈对方传递消极反馈信息，被视作不重视或者不尊重的表现，降低他或她进一步表达的欲望，不利于沟通的进行。

用心倾听需要良好的心理准备。集中精力，随时提醒自己交谈的目的以及保持对交谈对方的尊重，使大脑处于兴奋状态。应保持开放的心态，消除对对方及谈话话题的偏见。如果交谈之初，你就对说话者的外表、性格有成见，或者对对方所谈话题兴趣了了，就会产生排斥心理，难以集中注意力倾听。应积极关注自己不熟悉的话题和信息，不要因话题陌生而丧失兴趣，不要因信息复杂而缺乏认知勇气。

（二）全神贯注，主动倾听

人们身体态势会传递出他或她对谈话者的态度。认真、主动、积极的态势语言代表着你对交谈对象的兴趣、尊重和信任。周恩来总理在倾听别人讲话时态度认真，有一位美国外交官曾评价道："凡是被他亲切会见过的人都不会忘记，他身上焕发出一种吸引人的力量。使人获得第一印象的是他的眼睛，你会感觉到他全神贯注于你，他会记住你和他所说的话。这是一种使人一见之下顿感亲切的罕有天赋。"

倾听时，应保持与谈话者眼神的接触，注视着对方。但注意，在时间长短上应有所把控，如果没有其他身体语言的配合或者没有语言上的呼应反馈，则会使对方感到局促不安。倾听时应当注视对方，也要伴有点头等肯定性的身体语言表达，或者通过及时的发问来持续表达你的关注。

在倾听时，如果保持身体前倾的姿势，代表着你极高的倾听意愿，表现出你对话题的兴趣。倾听时，你交叉双臂或者跷起二郎腿，也许这是你自己很舒服的姿势，但这种封闭性的姿势会导致说话者的不舒服，使他们误以为你不耐烦或者高傲。

（三）放下身边事，不要以自我为中心

以自我为中心是有效倾听的最大障碍。以自我为中心的表现多种多样：在别人说话时不停地接电话、翻找文件；继续做自己的事，比如打字、签名；别人讲话时间过长时，不停地抖动，坐立不安，不时看表。以自我为中心，会使你不能保持开放的心态，不能认真倾听，可能会漏掉别人透露的关键信息，也会传递出你对对方的不耐烦和不尊重。因此，当倾听别人讲话时，切勿以自我为中心，最好放下身边的事，展示出你对对方以及这次交流的重视与专注。

（四）积极回应，边听边沟通

人讲话时最怕对方一点声音都没有，没有积极反馈会降低进一步交流的意愿。在倾听的同时，应该积极进行回应。当别人讲话时，你适时地提问题，会让对方感受到你在认真听他讲话，对他所讲的感兴趣。

倾听者倾听时不要过于拘谨，应适时就对方所说内容表达自己的观点、看法。如果仅仅是倾听，不参加交流，或者只是以“不错”“我明白”之类的话回应对方，这都会阻碍交流互动，将沟通水平局限在较低层次和水平。倾听者应该根据谈话情境，乐于表达自己的观点和想法，适时提问参与对话。

当你不是很有把握地理解对方所表达的意思时，你需要及时反应，可以简要复述对方讲话主要观点或内容，询问“你刚才所讲是否这个意思”，这样你既可以确认对方的讲话内容，有助于你的理解，也表达出你对交流的兴趣和显示认真的态度。

（五）控制情绪，不要随便打断别人讲话

沟通容易受到情绪的干扰。在情绪干扰下，还没有听完对方讲话就急于做出反应，常常会粗暴地打断别人讲话，粗暴打断对方说话是阻碍有效沟通的重要因素之一。因此，要控制自己的情绪，在回应对方前，应该让对方把话说完。对说话者缺乏耐心，随意插话、抢话，粗鲁地打断对方说话，这是对说话者的不尊重表现。应耐心听对方完整表达自己的观点，这样会比插嘴的收获更多。

（六）学会察言观色

有研究表明：一条信息的传递中，7%是词语，38%是声音，55%的信息是无声的。与有声语言相比，身体的语言在情感表达、态度显示、气质表现等方面，具有独特作用。俗话说：眉来眼去传情意，举手投足皆语言。观察一个人的身体语言，有助于判断他或她的真实想法和心理活动。因此，在有效沟通中，需要你学会察言观色，既要认真倾听对方所说的话，也要善于观察对方的身体语言，两相配合，准确理解对方所表达的真实意图。

二、说的技巧

说话是人际交流沟通中的主要方式。话说得好，能巧妙吸引听众，有效传递信息，制造欢乐气氛；话说不好，小则招怨，大则坏事。可见，在人际沟通中，对有声语言的运用，需要掌握基本技巧。

（一）明确沟通目的

在人际交流中，说话都有一定目的。有效的沟通，首先要明确目的——知

道你要说什么。如果目的不明确，你就不知道你到底要表达什么，自然也不能让别人明白你到底说什么。无论是与他人寒暄、拉家常、叙友情，还是进言提意见、汇报工作、演讲报告，都有说的目的，或者为了传递信息，或者为了联络感情、自我展示。当你在说之前，需要明确自己的目的，进行认真准备，对说的内容、背景、依据的事实资料要做到心中有数。

（二）看人说话

不同的人际交往情境，你会面对不同的沟通对象。沟通对象制约着说话者的表达方式和分寸，不同沟通中对象形形色色，你不可能对每一种人都谈论同样一件事情，都使用同一种说话方式。因此，在人际沟通中，应当研究沟通对象，根据对象的性别、年龄、职位、教育背景等因素的差异，选择恰当的表达方式。通俗地讲，就是“见什么人说什么话”。

一个小笑话足以说明“看人说话”的奥秘[①]。一个人以口才伶俐见长，有人向他求教说话诀窍，他说：“很简单，看他是什么人，就跟他说什么话。同屠夫就谈猪肉，对厨师就谈菜肴。”求教者又问：“如果屠夫和厨师都在座，你谈些什么？”他说：“我就谈红烧肉。”

（三）切合情境

有效的沟通中，说话者要注意沟通情境——知道在什么地方说话。要使说话获得好的效果，应当在说的时候考虑到场合、地点、时间这些交流情境因素。俗话说：到什么山上唱什么歌。说话要讲究说话时机，把握好时间因素，注意说话场合，说出的话才能切情切境，入旨入理。有这样一个案例很能说明切合情境说话的魅力：一对新人举行婚礼时，正遇上暴雨不停。大雨使得新人和客人们情绪有些懊丧，婚礼司仪这时站出来高声说道：“今天是李先生和张女士结婚的日子，老天爷作美，赶来凑热闹。这是入春来第一场好雨，好雨兆丰年，这象征着今天这对新人的未来是十分美满幸福的。雨过天晴必定是艳阳天，象征着在座的所有客人都将迎来更加灿烂的明天。我提议，为了创造和迎接雨过天晴的明天，大家干杯！”话音刚落，婚宴现场不愉快的气氛一下子变得热闹起来。

---

① 许玲，苏平. 2010. 人际沟通与交流. 北京：清华大学出版社.

（四）词必达意

擅长说话的人，总可以流利顺畅地表达出自己的意愿，能够把道理说得透彻、明晓，使听话者乐意听并且能很快地领会讲话者的主旨和意思。不擅长说话者，不能完整流畅地表达自己的意思，听话者听起来很费力，并且难以清楚明了地把握说话者的意图。词不能达意，沟通就出现问题。因此，词必达意是有效人际沟通中说话者需要掌握的基本技巧。

首先，说话者应做到口音标准、吐字清晰，说出的语句符合规范。其次，说出的每一句话要明白易懂，避免使用一些生僻的词汇，避免似是而非的语言，避免使用口头禅，应去掉过多的口头语。再次，说话应当简洁清楚，不必卖弄才华、极力修饰语句，切忌东拉西扯，使人不知所云，应当使用精确、简单的语言表达以达到使人能立即理解其用意的目的。最后，说话应当有力，尽量避免模棱两可、含糊的话和修饰性词汇，比如“我猜想”“有可能”这样的表达会削弱你说话的威力；尽量避免以陈述开始和以问话结束的附加提问方式，比如“这个方案很可行，是不是”，这样的问话会使说话者显得不果断。

（五）生动有趣

生动是一种用思想引起逼真想象或联想的方式来表达语言的风格。当你说话生动时，能够引起听话者的联想或想象，使他们能够感受到你所感受到的东西，使你所表达的较为抽象的内容直观形象起来。

善用比喻，会使你的语言表达生动起来，很复杂的问题，如果你善于运用比喻来表达，别人一听就会明白。例如，曾经有专家给农村党支部书记上党课讲解我国加入 WTO 的必要性问题时，使用比喻这样的修辞方法：加入 WTO，相当于在农贸市场上申办到一个摊位，只要你正当经营，市场管理部门会帮助维护你的一切合法权益；不加入 WTO，就相当于在市场外自己摆个临时摊点，经常会招致这样那样的限制和麻烦，随时都有被取缔交易的危险。

（六）礼貌待人

礼貌待人也是有效沟通时语言运用的一个基本原则。在交往中，人们对礼貌的感知很敏锐，简单的“您”“请”就可以让听话者感受到你的尊重和礼貌。一个说话礼貌的人会在交流中受到热情的回应，而一个时时出言不逊的人就会过早地被结束谈话沟通。礼貌用语可运用在交往的整个过程中，初次见面使用恰当的称呼，寒暄问候中使用敬辞用语，交谈中言语把握好分寸，告别时使用告别词，都能体现出你礼貌待人的诚意。

在说话中使用得体的敬辞、谦词，是礼貌待人的表现。比如与人初次见面时说“您好”“幸会”，请教他人问题时说“请教”，请人帮忙协助时说“劳烦”“麻烦您”，找人商讨问题时说“打扰”，等候别人时说“恭候”，不能陪同客人时说“失陪”，让人不远送时说“请留步”，表示感谢时说“谢谢”，表达歉意时说“抱歉”，送别他人时说“一路顺风”“后会有期”等。

在说话中表达对他人的欣赏和赞美，也是一种礼貌待人的表现。肯定他人优点、赞美他人长处，这也是尊重他人的方式，是对他人获得认同的心理的满足。在交往中，要抱着欣赏的心态发现对方的优点和长处，在语言沟通中，不要吝啬您对对方的赞美，赞美常常能够起到促进沟通的良好效果。俗话说“良言一句三冬暖”，赞美能给对话者带来好心情。赞美也能化解对方的敌意和防御心理，俗话说“伸手不打笑脸人”，当别人对你抱有成见甚至怨恨心理，如果你适时赞美对方并且笑脸相迎，很可能就会打破沟通僵局，越过交流障碍。

三、发问的技巧

在人际交往中，提问往往是交谈的起点和话题深入的推进方式。提问是对对方感兴趣的表现，也是引发别人说话兴趣的最好方式，同时，发问也是获取信息、准确理解的重要途径。因此，在人际沟通中，会不会问、问什么、怎么问，都会影响沟通的效果。

（一）注意场合

提问注意场合。公开场合不适合提过于私人的问题，以免给对方造成尴尬。当别人公务繁忙时，应就紧要事情提问，切勿提些琐碎无聊的问题。当对方伤心时候，避免提出容易勾起对方伤心的问题。

（二）发问语言简明

发问要简洁、清楚、明了，切忌含糊、啰嗦、拖泥带水。问句不要太长，所用语言要能为对方所理解。

（三）发问难度适宜

所提问题要与沟通主题相关联，不要出现风马牛不相及的问题。所提问题的难度要适度，忌提明知对方不能或不愿作答的问题。应根据交流对象的接受和解答能力设计问题，所提问题最好既不要超出交流对象的能力范围，也不要过于简单。

（四）灵活运用提问方式

提问方式有很多，发问者应根据需要灵活运用。

1. 开放式提问

是指对方回答所提问题没有任何限制的发问方式。比如：你大学生活中印象深的老师有哪些？你认为成功的因素是什么？对话者面对开放式问题，几乎没有心理压力，容易引发对方兴趣，打开话匣子。

2. 封闭式提问

是指对方回答所提问题时有所限制的发问方式。比如：你对音乐还是对体育感兴趣？你要不要去北京发展？封闭式提问，一般要对方做出决定，会让人心里紧张，但却能得到准确的信息。

3. 直接提问法

是指提问者单刀直入、直截了当地从正面提问，直接讲明问话目的，需要对方直接回答。这种发问方式能够节约时间成本，在较短时间里获得所需要的答案。但有时会显得问话直白、过分生硬，容易造成对方心理排拒。在此种情形下，在正面直接提问的同时，注意一些话语的铺垫，效果会好很多。

4. 限定提问法

在人际沟通中，为避免对方说“不”，发问者在问题中给出两个或多个备选答案，这就是限定提问法。比如：你想在第二天拜见某人，如果你问：“你明天中午或晚上有空吗？我想去见见你”，就将对方限定在中午、晚上两个约见时间选项，当对方回答其中一个，你的目的都达到了。但如果你问：“我想明天去见见你，可以吗？”对方意愿不高的话，很容易就给你否定的回答。

5. 迂回提问法

是指从侧面和外围入手，逐步将回答引上正题的发问方法。当沟通对象有顾虑不太愿意交谈，或对方紧张拘束，提问者都可采取迂回提问法。先选择外围或者敏感性不强的问题入手，减轻对方的紧张心理或者抗拒心理，在对方放松心情的情况下，再逐渐转移到敏感、核心的正题上。

6. 激将提问法

这种发问法是提出尖锐、刺激性的问题，刺激对方急于表白、澄清问题或者表明态度、观点。例如，某报记者采访南京某厂落实国务院安全生产指示的情况。该厂安全生产措施实际上不错，但厂领导有所顾虑，不愿宣扬，不愿接受记者采访。记者这样发问：“有传言说你们厂安全措施存在漏洞，去年有名工人触电身亡，是不是？”这名厂领导感到很紧张、很委屈：“我们厂，不可能!”该领导激动起来，出示安全生产记录，讲起该厂安全生经验和措施来。在激将法下，访谈对象从“要我说”转成“我要说”。激将法是一种兵行险招的提问方法，提问有时候显得很尖锐、刁钻，让人接受不了。发问时，需要谨慎设计，考虑自己的身份、谈话的氛围、刺激的强度。

7. 追踪提问法

提问者把握事物矛盾法则，循着某种逻辑思路，进行连珠炮式提问。一般情况下，发问者需要能够透彻把握事物本质，掌握关键材料，抓住对方谈话中疑点或有价值的线索，抓住不放，打破沙锅问到底。运用此种方法时，切忌将追问变成逼问、审问，应当注意问话的语气与态度。

8. 假设提问法

是指提问者提出假设性问题，采用“如果”“假设”一类的设问方式。这是一种试探性前进的提问方法，不仅可以了解交流对象的观点、见解，而且能深入对方的心理世界获知对方的真实想法。

四、回答的方式技巧

回答问题是人际沟通的重要环节，不仅能够回答交流对方疑问促进进一步沟通，也可以减少与沟通者之间的误会。回答的方式有多种[①]，应根据具体沟通情境灵活运用。

（一）针对性回答

仔细倾听对方提问，分析对方的动机、态度、前提，使回答具有针对性。英国戏剧家萧伯纳的经历可以说明针对性回答的妙用。萧伯纳结识了一个肥头大耳的神父，神父仔细打量瘦骨嶙峋的萧伯纳，揶揄地说："看着你的模样，真让人以为英国人都在挨饿。"萧伯纳接过话说道："但是，看你的模样，人们一下子就看清楚了，这苦难的根源就在你们这种人身上！"

（二）艺术性回答

包括避答、错答、断答、诡答。

1. 避答

这种回答方式可以用来对付那些冒犯性的问题。对于冒犯性问题，自己不宜回答，可避而不答。日本影星中野良子来到上海，有记者问道："你准备什么时候结婚？"中野良子笑着说："如果我结婚，就到中国度蜜月。"结婚涉及中野良子的个人隐私，自然不愿意吐露，她通过表明蜜月的意愿灵活地回避了这一问题。

2. 错答

这是一种机警的回答技巧，不正面回答问话，也不反唇相讥，而是用话岔开问话人所问问题，做出与问话意思相左的回答，也就是通常所说的答非所问。

3. 断答

截断对方的问话，在问话者还没有说出或者尚未说完某个意思时，就做出断答的口语交际技巧。与错答一样，都是答非所问，但错答是在对方完整表达完问题后做出回答，而断答是在对方未表达完意思就抢着回答。此种方法运用的情境通常有两类：一是等对方把问话说全，就会泄露某种秘密；二是待听全问话再回答，会比较被动。运用断答方式，可以在对方未完全表达问题之时，迅速按另外的思路答话，一方面，转移其他听众注意力；另一方面，也可使发

---

① 张岩松. 2010. 人际沟通与语言艺术. 北京：清华大学出版社.

问者醒悟，改换话题，避免尴尬局面。

例如，男青年对女青年有了爱慕之情，男方急于表白，而女方不愿将友情向爱情方向发展。男青年问："我想问问你，你是不是喜欢……"女青年："我喜欢你借给我的那本公关书，我都看了几遍了。"男青年："你看不出来我喜欢……"女青年："我知道你也喜欢公共关系学，以后咱们一起交换学习心得。"男青年："你有没有……"女青年："有哇！互相切磋，向你学习，我早有这个想法。"男青年：……这位女青年三次断答，使男青年明白了她的想法，于是不再问了。这种回答方式，要比男青年直接问出来再当面拒绝，效果更好，避免了双方的尴尬。

4. 诡答

这是与诡辩连在一起的回答。特殊情况下，面对问题急中生智，做出反常回答，可增添情趣，又能应付难题。清乾隆年间进士纪晓岚在宫中当侍读学士。一天天色已亮，乾隆皇帝还没有来，纪晓岚对同僚说："老头子还没来？"恰好乾隆跨门而入，听到他的话就愠怒到："老头子做何解释？"纪晓岚急中生智，跪下道："皇上万岁无疆叫做老，皇上乃国家元首叫做头，皇上是真龙天子，叫做子。"于是龙颜大悦。纪晓岚的诡答化解了皇上对自己的责怪。

（三）智慧性回答

1. 否定预设回答

预设是问句中隐含着某种先决条件，只要答话者直接回答问题，就表明认可了问话中预设条件。黑格尔曾讲过古希腊诡辩学派的一个案例：有位诡辩学派哲学家问梅内德谟："你是否已经停止打你的父亲了？"这个问题暗含着打父亲这一判断，不管回答是否停止打父亲，都承认了打父亲的事实。智慧性的回答，应该先敏锐地发现对方问话中的隐含的预设前提，明智地否定这一预设前提，否则会落入对方设定的陷阱中。

2. 认清语义诱导问答

人们理解语言会受到已有经验的影响，产生某种语义联想。比如由"春天"会想到桃红绿柳、由"冬天"会想到白雪皑皑。问话者就有可能依据语义联想来设置语言陷阱，诱导人们进入思维定势困境。有这样一个依据语义联想设置的陷阱式问题：在一个没有星星、看不到月亮的时候，有一个盲人身着黑衣，步行在没有路灯照明的公路上。在他后方，一辆坏了车前灯的汽车奔驰而来，奇怪的是，司机在未按喇叭的情况下，却安全地将车停在了盲人身后。这是怎么回事？见到“星星”“月亮”这些词汇，我们都会联想到黑夜，这正是本问题的陷阱所在。这些词汇诱导你的思维定在“黑夜”，难怪就会百思不得其解了。其实，答案就是：这是白天。除了黑夜外，白天也是没有星星、看不到月亮的时候。

五、其他基本技巧

（一）记住对方的名字

赢得他人好感的最简单的方法，就是记住对方的名字。记住别人的名字，当再次遇到对方的时候，你能够直呼其名，对方会感到受重视，对你产生好感。如果单位一名级别较高的领导，在遇到你的时候能准确叫出你的名字，你会感到很荣幸，觉得这位领导很平易近人，由此产生好感。如果你是一个美容院的顾客，当你第二次光顾该店的时候，为你服务的店员能直接叫出你的名字，你会对这名服务员和这家店产生好感。

（二）对人笑口常开

微笑是一种使人愉悦的面部表情，对他人具有感染性，可以缩短交流双方的心理距离，为进一步沟通打下基础。企业经营管理中都很推崇微笑服务，关于这种服务有很多格言式的说法：“微笑是打动人心弦的最美好语言”，“微笑是通往全世界的护照”。微笑给人热情、亲近的印象，表达出对对方的理解、关心，会消融隔阂、化解矛盾。

（三）拒绝的技巧

拒绝是人际交往中经常发生的事情，但拒绝却是一件会威胁他人面子的行为，处理不好会导致被拒绝者心里不快、弄糟交流气氛、影响人际关系。因此，在人际沟通中也需要掌握拒绝的技巧。

1. 延时拒绝法

当朋友向你提出超出你能力范围的事情时，如果你直接拒绝：“你的这个要求我可办不到”，可能会引起对方不快。如果你采取延时拒绝技巧，这样说：“这个事情有难度，你容我先找人试试看，过两天再答复你。”或者“我尽力想办法，能不能办成不好说。”这样不一口回绝，既表明自己愿意帮忙的态度又说出难度，过一段时间你再拒绝对方时，对方也会感受到你的诚意。

2. 先扬后抑拒绝法

当别人邀请你参加聚会，你不愿意参加，可以用这种方法拒绝：“你组织这个聚会太好了，我真想去参加下，可惜我正忙着赶一个大的计划方案，否则我不会放过这个机会的。”当对方向你提出一个建议，你不愿接受时，你可这样拒绝：“你这个建议很好，可目前我的实力还不具备，可惜眼下不能按你的建议来做，以后条件成熟我会考虑的。”这样的拒绝方法，在拒绝对方的同时也不同程度地肯定对方，给对方留有面子，不至于导致对方的尴尬。

3. 幽默拒绝法

运用幽默方法委婉拒绝对方的要求或请求，是一种较常用的拒绝技巧。英国文豪萧伯纳（George Bernard Shaw）曾经委婉拒绝了一名女明星的求婚。这位美丽的女明星向萧伯纳写信求爱说：“如果我们结婚，生的孩子有你的头脑、我的面貌，那有多好啊！”萧伯纳回信道：“如果生下孩子有我的容貌、你的头脑，那该有多糟啊！”

4. 入瓮拒绝法

在表达拒绝时，在语言中安排一两个逻辑前提，并不直接说出否定的逻辑结论，由对方得出结论，这样就含蓄地向对方表达了拒绝的态度。美国总统罗斯福（Franklin D. Roosevelt）就用这种入瓮拒绝法拒绝了一位朋友的要求。当时这位好友向罗斯福询问美国潜艇基地的情况，罗斯福问道：“你能保密吗？”好友答道：“能。”罗斯福笑着说：“你能，我也能。”好友就知趣不再问了。

（四）幽默表达的技巧

幽默是一种富有魅力的语言表达艺术，它能给人轻松有趣的感受，可以化解难堪，缓和气氛，借以实现沟通目的。幽默是一种表达艺术，更是一种沟通技巧，运用时切忌强求，应当自然、巧妙使用。

1. 歪解式幽默

歪解就是歪曲、荒诞的解释，它以一种轻松调侃的态度，对一个问题进行怪异的解释，硬将两个看似不沾边的东西扯在一起，造成一种不合情理而出人意料的效果，在这样的怪诞的解释中，幽默就产生了。如同俗话所说："理儿不歪，笑话不来。"如果说咸鸭蛋是盐水泡成的，这是正解，不会产生幽默，如果你说成咸鸭蛋是咸鸭子生的，这种歪解才会产生幽默。有人问鲁迅的鼻子为什么是塌鼻，鲁迅笑答："碰壁碰的。"众人皆知塌鼻不可能与碰壁扯上因果关系，但这一牵托，既表明了对自己生活坎坷的嘲讽，又表达了对社会现实的不满，是一种深刻的幽默。

2. 降用式幽默

故意使用某些重大、庄严的词语来说明一些细小、次要的事情，以此造成幽默的效果，这就是"降用"技巧。比如，当你用"速胜论""持久战"这样的词汇形容对方的爱情经历的话，就用了降用式幽默的技巧。

3. 仿拟式幽默

故意模仿现成词汇、语句，临时创造新的词汇、语句，就是仿拟技巧。这种技巧，往往把原适用于某种语境、现象的词语用于另一种截然不同的新语境、现象中，而借助的是对原来语句、词汇的模拟，由此给人形成新鲜、奇异、生动的感受。比如，当领导批评干部为评级争吵时，可以这样说："有句古诗词说'男儿有泪不轻弹，只因未到伤心处'，我看现在可改成'男儿有泪不轻弹，只因未到评级时'。"这是通过局部改变名句的仿拟方法，在幽默中进行批评。

4. 自嘲式幽默

运用嘲讽的语气来嘲笑自己的缺陷和毛病，以取得别人的共鸣，引起会心一笑，达到幽默效果。比如笑星潘长江曾这样自嘲自己的矮个子："我个子矮，但大家都知道浓缩的都是精华。"

第二节　几种主要日常情境中的人际传播与沟通技巧

在我们日常生活和工作中，经常会遭遇种种不确定性，面临被欺骗或者需哄骗他人的情形，遇到自身行为威胁他人面子的情境。这些不确定性情境、欺骗情境、威胁面子行为情境，是我们经常遭遇的几种日常人际传播情境，需要我们灵活运用人际传播方法和沟通技巧，谨慎应对，才能实现人际传播目标、营造良好沟通氛围、实现和谐的人际关系。

一、不确定性情境的人际传播方法与沟通技巧

（一）不确定性情境

我们的日常生活中充满了不确定性。我们在投递简历求职应聘时，我们身体不适求医时，我们投资股市时，我们在这些日常经验中，体验着不确定性。当我们在思考、商量重要事情时，诸如结婚、生子、跳槽、搬迁、购房、退休、应付大疾病等，我们都在同不确定性进行着争斗。生活是不可预测的，我们日常交往沟通中的不确定性无处不在。

西方人际传播领域的不确定性管理理论对不确定性给出了这样的一个定义：当人们对自己的知识状态或者在总体上对一个问题的知识状态感到不安全时，不确定就产生了①。如果我们不清楚领导布置的任务目标，不确定就产生了；如果感到身体不适，但不清楚患了何种疾病，我们会感到不安，我们就处于不确定性中；如果一个对自己很重要的生意伙伴，我们不知道他或她对关于生意计划建议的确切看法，我们就会对下一步合作前景产生不安，这也是因为我们处于不确定情境中。

不确定性减少理论是发端于人际传播领域的首批理论之一，它试图解释当对周围环境把握不定时，我们如何进行传播。最初该理论关注的是陌生人如何进行有效传播，研究初次互动中的人际沟通。在交往中会产生两种类型的不确定性：认知不确定性和行为不确定性。前者指人们对自身信念和他人信念的怀疑；后者指的是人们对于自身行为和他人行为的质疑。总之，当人们缺少关于自身和他人信息时，不确定性就产生了。模糊性是一种客观状态，它的产生是因为信息不全或者意义的呈现伴有冲突；而不确定性则是一种主观体验，它来自对于模糊性的意识②。比如，当你听到一位朋友说“我马上就会见到你”时，该信息包含模糊性，比如会在什么时候、什么地方、以何种方式见面，你并不十分清楚。但是你并未体会到不确定性，除非你关注这种模糊性，当你相信你处于不确定性状态时你才是不确定性的。

---

① Brashers. 2001. Communication and uncertainty management. *Journal of Communication*，（51）：478.

② 莱斯莉·A. 巴克斯特，唐·O. 布雷斯维特. 2010. 人际传播：多元视角之下. 殷晓蓉译. 上海：上海译文出版社.

（二）应对不确定性的传播与交往策略

人们如何应对不确定性情境？传播是一种媒介，沟通是一种资源和方法。这就意味着个体通过与他人的互动，借助他人来帮助自己应对不确定性。在日常生活和工作中，当人们处于不确定状态时，人们经常转向他人，从事各种人际传播和沟通行为，期望能够解决面临的不确定性问题。某人处在不确定性状态中，有一点可以确定，就是通过人际传播来搜集信息可以带来积极的消息，由此，对不确定性的管理相对来说并非难事。

1. 应对不确定性的寻求信息策略

在不确定性状态下，个体通过寻求信息来减少不确定性，这是个体应对不确定性的最常用策略。有三种信息寻求行为策略：被动策略、主动策略、互动策略。典型的被动策略是从远处观察目标个体，观察目标个体在社会情境下对他人所做出的反应，或者观察非正式场合下的目标对象。当个体采取措施去了解信息，但不与目标对象进行实际互动时，积极策略就出现了。典型的积极策略是向第三人打听关于目标对象的情况，但需注意这种方式可能会带来一些危险，比如第三方可能通报目标对象、歪曲信息等。互动策略是减少不确定性最为直接的方法，互动策略需要与目标对象进行交流。一种互动策略是询问，通过提问获得所需要的信息。第二种互动策略是寻求相互表露，个体表露信息，并希望目标对象能回应这种表露。第三种互动策略是让目标对象放松，在放松状态的目标对象更有可能披露自己的信息。

2. 不确定性管理方式

不确定性会产生消极的情感反应，如对是否罹患严重疾病的焦虑情绪；有时不确定也可能是好的状态，比如当危害不可避免时（身患不治之症），不知道比知道好；有时，不确定性也会同时产生积极和消极的情感。面对人们处于不确定性情境中的复杂情感反应，应对不确定性需要思维方式的转变，即从思考如何减少不确定性，转变到思考对不确定性的管理方式。

在应对不确定性情境时个体应具有怎样的理解认知思考模式？西方学者巴布劳（Babrow）提出了温心理模式（Warm Psychological Models），即包括以认知推理为基础的“冷认知机制”和以情感为基础的“热感知动态”[①]。也就是说在面对不确定情境时，个体既要启动认知思考，又要把控情绪情感变动。此时，个体存在两种心理倾向：一种是可能性倾向，一种是评价性倾向。前者是个体对世界是什么样子、将会变成什么样子的一种信念和预期，后者指的是世界应该是什么样子、是好是坏的一种观点倾向。个体在应对不确定性时，一方面，进行理性的认知思考，处理好可能性心理倾向；另一方面，需要把控好情感情绪，处理好评价性心理倾向。我们应仔细审视不确定性状态，选取增加、减少或保持不确定性的传播方式。当重病患者相对所患疾病保持希望时，他们或许希望医生能够质疑其早期诊断，给他们提供是否患上此病的不确定性，由此给他们提供活下去延续生命的希望，往往这种尚存希望的心理是维持他们坚持下去的重要心理防线。如若此时给予他们确定的信息，消除不确定性，反倒会推倒他们的心理防线，击垮他们脆弱的紧绷的心弦。

逃避也是一种面对不确定性的回应方式。有不少人逃避疾病检查，或者是性病或者是癌症或者其他，他们宁愿不知道，也不想弄清楚他们遇到了在他们看来是犹如天塌下来的灾难。有些父母，对于自己孩子正在使用毒品或者涉及其他严重不法行为的可能性睁一只眼闭一只眼，这种逃避的反应方式是由于他们宁愿处在对孩子状况的不确定性之中，也不想清楚地确认他们的孩子存在严重问题。面对此种情境，我们应该综合考量、仔细平衡，选择对交往对象伤害最小的方式，或者通过隐瞒信息帮助他们维持不确定性，或者提供确切信息，减少他们的不确定性，打破他们的幻想，帮助他们走出来。

3. 对不确定性进行功效评估

有三种功效类型：传播功效、目标功效和处理功效[②]。传播功效涉及个人所做的一个决定，即个人是否具有寻找有关问题的信息的技能。比如：面对一个很难打交道很不好说话的领导，个人不具有与领导有效沟通该问题的能力，依据这种经验进行的判断就是传播功效评估。目标功效是评价信息搜索目标（即人们为获得信息打算交流的对象）是否确实拥有信息，并是否愿意分享这

① Babrow. 1995. Communication and promblematic integration：Milan kunderra's “lostletters” in the book of laughter and forgetting. *Communication*，（62）：283-300.

② 莱斯莉·A. 巴克斯特，唐·O. 布雷斯维特. 2010. 人际传播：多元视角之下. 殷晓蓉译. 上海：上海译文出版社.

些信息。例如，父母也许不会询问自己子女的某门课程的成绩，因为父母认为他们的孩子要么没有这种信息，要么即使有这种信息也不会坦诚相告。处理功效是指确定一个人是否能够处理他或她所期望得到的信息。人们有时候避免询问自己的伙伴是否在撒谎，因为他们可能认为自己不具备情感力量或者社会支持以能够在心理上应付这样的发现。

当面对不确定性情境时，应该在确定传播策略时综合运用传播功效、目标功效和处理功效评估。当预期消极效果产生时，应该减少和取消通过交流获取信息的沟通方式。例如，如果可以预期从有竞争关系的同事那里难以获得解决你完成工作任务的支持时，应该放弃这种无谓的沟通。当人们认为自身不具备收集信息的能力，或者无法应对那些预期的结果时，似可放弃寻求信息的沟通努力。

二、威胁面子行为情境的人际传播方法与沟通技巧

（一）面子、尴尬及威胁面子行为情境

无论每一个个体在心理上具有怎样的个性特征，所有的人都有一个社会自我、一个公开的形象，这就是社会学家欧文·戈夫曼所说的“面子”，它在人际互动中展示出来。当你担心第一次面试表现，为第一次约会紧张，为在公众面前演讲讲错某句话忐忑不安，或者当你当众摔了一跤而感到狼狈不堪时，通常都是“面子”在作祟，你在担忧你“丢面子”，由此陷入尴尬境地。

在戈夫曼（Erving Goffman）所说的“表达性礼节”中，交往者通常会维护彼此呈现的面子。因为人们会意识到如果不维护他人面子，我们就不能期望他人会协助维护我们自己的面子。人们在情感上依附于他们的面子，当面子被接受并得到确认时，人们会感觉良好，一旦面子受到质疑，就会感到难受。由此，自尊和替人着想的原则实质上是引导人们以维护自我面子的方式行事，也引导人们协助维护他人的面子。这种协议渗透在几乎所有的人际互动运作模式中。

相互维护面子的互动模式有时也会出现意外，“有面子”的正常状态会遭到破坏，从而使互动变得尴尬而偏离正常轨道。戈夫曼描述了两类“没面子”情形：一是当某种信息或者某种行为破坏了他或她正在树立的形象时，这个人可能就处于“没面子”状态。比如，当人们本期望着他或她能够展示语言

表达能力、能够进行一场生动、精彩的演讲时，而他或她却结结巴巴说不出话来，这就是没面子；二是在某种特定语境中，他或她不能树立别人期望甚或要求的形象，那么这个人就可能没有面子。比如：当一个人坐在酒吧向其情人表示爱意，而一个认识其配偶的朋友恰好在桌旁走过，此时他可能会感到尴尬、丢面子。

在日常交往中，许多看似不经意的活动都可能威胁到我们自己或者他人的面子。例如，对他人行为的怀疑、对他人意见的不同意、打断他人讲话，都会威胁到另一个人想要得到认可的积极的面子要求。要求某人去做某事，或者提醒某人履行某种义务，也可能会威胁到那个人渴望尊重和自由行动的消极的面子要求。

（二）面子威胁行为情境中的传播策略

面子是一个人的社会公共形象，如果这些形象失去了或者受到威胁，人们应该采用有效的传播沟通策略来保持或恢复他们自己或者他人的形象。

1. 面子功夫

当丢面子情形发生时，当事人一般都会变得尴尬、狼狈不堪、局促不安甚至感到羞愧难当。这个时候当事人会意识到不能继续呈现那个已经建构起来的合理适当的社会形象。当此种情形发生时，需要当事人去维护、修复自己的面子，或者去支持他人的面子。这些对面子的补救措施很多，既有预防性的，如机智幽默，也有纠正性的，如解释或道歉，这些措施旨在抵消尴尬或冒犯性的意外情况。

说明理由的策略包括：减轻责任的理由，比如当你碰倒了酒杯洒了别人一身酒时你解释为“没看到，不小心”，这里也包括正当性辩解，由此来弱化冒犯行为的严重性。实际行为修复损害的纠正策略，如清洗溅洒物。幽默策略，拿自己或者他人的无礼开玩笑。回避策略，是一种预防性策略，例如，忽略某个失礼行为，以避免过多地注意它，或者逃离现场。进攻性行为策略，如批评、报复，这往往被那些受到严重侵犯的人所使用。诸如此类的情形中，反应行为的目的是保护或修复自己或他人的面子。面子反映了身份，各种补救措施是否合适，取决于事件的本质，如幽默和补救措施更可能被用于回应某种失态，进攻性策略更有可能被那些受到戏弄、嘲笑或批评的当事人使用。

2. 保全面子的礼貌策略

人际传播学者布朗（Brown）和莱文森（Paul Levinson）提出了礼貌理论，这个理论为我们提供当处于威胁面子行为情境中时保全面子的应对策略。我们通过下面的案例来介绍礼貌理论。

李蓉和王丽是多年的朋友。半年前王丽被诊断出有健康问题，医生告诉她要减肥 15 斤。半年来王丽尝试多种办法——节食、服用减肥茶、服用药物，但都没有明显效果。李蓉看到眼里也很着急，她认为王丽可参加附近的健身俱乐部，应该进行体育健身锻炼来减肥。但是，李蓉知道体重对王丽来说是一个很敏感的话题，尤其在当前王丽尝试多种方法失败后感到异常沮丧的时候。

对李蓉来说，是否存在一种方法和策略能够以最小的风险来提出建议呢？李蓉有可能说出来下列选项：

1）王丽，为了健康，去健身馆健身吧。

2）王丽，我知道你在减肥这事上付出了很多努力，作为朋友，我很佩服你。下班回家的路上有一家健身馆，我们一起去健身吧，我来付预选门票。

3）你为减肥已经很努力了，不过效果不太好。你可以考虑一下去健身馆健身锻炼，就在回家的路上有一家，很方便，又便宜。当然，由你决定，看你怎么想了。

4）我昨天下班看见张茜从健身馆出来，她原来很胖，现在减掉了很多，简直认不出来了。

5）李蓉什么都没说，保留她的意见。

礼貌理论关注的是：当一个人采取“威胁面子行为”的时候，采用恰当的语言方式来保全另一个人的面子。上述选项 1 是一种“直接性”策略，直截了当地公开表达了“威胁面子行为”——就是去健身馆锻炼以减肥的建议。选项 2 和选项 3 也是直接性的，明确表达了健身馆锻炼减肥的建议。不过在建议的措辞方面淡化了所提建议对于面子的威胁。选项 2 属于“积极面子补偿”策略，通过渲染李蓉与王丽间的朋友关系、承认王丽的努力、共同行动、支付门票等方式，来弥补对面子的威胁。选项 3 是“消极面子补偿”策略，以表示尊重来减轻对面子的威胁，这些策略是顺从性的，表示“由你决定”，弱化了强迫的意味，降低了所提建议可能的刺耳程度。选项 4 并非直接提建议，而是讲了一个别人的故事，王丽可以据此推论出李蓉的建议来，这是非正式策略，这种暗示和模棱两可能够为交往的双方都留下忽略或采纳建议的选择空间，即通过给对方留有机动空间而保全了对方的面子。当然选项 5 回避威胁面子的冒险行为，是一种无为策略。

礼貌理论促使我们注意到，语言的细微差别可以创造出一个包罗万象的印象，包括对说话者和听话者、对行为、对关系的印象。我们可以灵活运用语言，在人际互动中，尽可能地采用礼貌策略，减少对他人的面子威胁行为的负面效果。

5 个选项从最不礼貌的赤裸裸公开表述到最礼貌（不做威胁面子的事情），到底应该选择哪种礼貌策略呢？社会情境的“能力”“距离”和“级别”这 3 个特点，构成了礼貌策略选择的条件。能力指的是一个人能够把他或她的计划和自我评价强加给另一个人的程度，比如两个人是一样的，还是一个人比另一个人更有控制力或地位。距离既包括亲密度，又包括社会相似性。级别涉及从文化角度出发，来理解不同的面子威胁行为，对中国人而言，女性减肥建议比收入话题更为敏感。能力、距离和级别三者的结合影响了某个社会情境中面子威胁程度的“分量”。当分量较大时，就选择一个更为礼貌的策略，比如选项 4 或 5；当分量较小时，就选择一个不那么礼貌的策略，比如选项 1 或 2。

如果我们不太礼貌时，可能被认为是粗鲁和无礼，但如果我们过于礼貌，我们又可能无法表达自己的想法、建议或要求，甚至也被认为是威胁面子的行为。例如，你非常要好的朋友（此情境中能力相同，距离较近）对你说：“我很少张口求人，除非迫不得已，陷入可怕的困境，我会一辈子感激你。我手机没电了，你的手机能借我打个电话吗？”（级别低）如此级别的要求，你的朋友却旁敲侧击，显得两人关系非常疏远和脆弱。所以，在人际互动中，有效地传播需要在特定的情境下选择适度的礼貌策略，根据能力、距离和级别来选择适当的语言方式来减少对他人面子的威胁程度。

三、欺骗情境的人际传播方法与沟通技巧

（一）欺骗情境和信息操纵行为

欺骗常被我们认为是真实的反义词，人际互动中的信息被认为在“真实”和“谎言”两个范畴之间必居其一。人们要么被归为“诚实的”，要么是“不诚实的”。这是一种对传播行为简单的二分法，人们愿意相信在说真话者和撒谎者之间有着一条醒目宽大的行为鸿沟。但是，在人们的实际传播交往实践中，关于欺骗的真实情况要更为复杂。在日常交往中，人们很少要么说真话，要么说假话。相反，如同西方学者麦考奈克所言[①]：人们以复杂和微妙的方式操纵着与他人分享的信息，导致的结果是信息同时有几分真实，又有几分欺骗性。常见的情形是，人们通过各种操纵信息的方式来欺骗。其实，那些说自己从不说谎的人是所有人中最大的说谎者。我们与他人的大多数交流既涉及分享诚实的信息，也涉及一定程度的编辑、一定程度的加工，或者直接的歪曲，以致我们的信息不那么完全诚实。

信息操纵在日常交往中频繁发生，欺骗也不是一种小频率的行为方式，欺骗是一种人际间的常态行为。欺骗无处不在。西方有研究者进行的研究表明[②]：在所有的谈话中，三分之一甚至更多地部分包含着欺骗，人们平均每天撒两次谎。人们所遭遇的欺骗或进行的欺骗，不仅仅包括赤裸裸的谎言，也包括省略、含糊其辞、回避等。

在日常交流中，我们常常会遇到欺骗情境。或者我们就是欺骗者，或者我们是被骗者。欺骗的动机有可能是恶意的，但也常常存在善意的欺骗，比如，为避免心理脆弱的癌症患者，向其隐瞒病情，告诉他一些虚假信息，这是一种善意的谎言。面对经常发生的欺骗情景，我们既需要弄清楚如何被欺骗的，以避免被恶意欺骗造成损害，也要掌握如何进行欺骗，以进行善意的欺骗、哄骗来达到良善的目的。

---

① McCornack. 1992. Information manipulation theory. *Communication Monographs*，（59）：1-16.

② Depaulo，Kashy，Kirkendol，Wyer&Epstein. 1996. Lying in Everyday Life. *Journal of Personality Social Psychology*，（70）：979-995.

（二）信息操纵方式与欺骗模式

人际传播领域的信息操纵理论，是关于人们在人际交往中如何操纵信息以欺骗的方式处理信息的理论。人们在人际互动中，听话者对由说话者传递到自己的信息持有四种期望：充足的数量、真实的质量、相关联的关系和清楚的方式。由此，为了欺骗听话者，说话者在传递信息时，可能会隐蔽地违背任何或者所有这些期望。也就是说，在欺骗性信息的生产中，信息至少可以通过 4 个维度得到改变：控制被披露信息的数量，提供虚假信息，操纵信息的相关度，玩弄信息被呈现的方式①。

我们可以通过下面的例子来说明这四种信息操纵方式，即欺骗模式。李锐和你是男女朋友，已经交往三年，而且你感到与他或她关系非常亲密。李锐 3 个月前到南方一个城市工作，你们每个星期六都会打电话，一谈就是半个小时。你不知道的是，本星期五，李锐的一个朋友邀请李锐带上朋友参加周六聚会，这是一个男女朋友的聚会。李锐邀请了一个异性同事，这个同事对他或她很有吸引力。他们两个人去参加了周六的聚会，两人玩得非常开心。整个周六你给李锐打电话，李锐都没有接。你很担心，星期天上午你坐飞机赶到李锐住处，一进房门，你告诉李锐："我坐飞机赶来，给你个惊喜。周六整天我都在给你打电话，可一直没打通，你昨天在做什么？"李锐该怎么回答呢？一个诚实、合作的回答应该是：用信息量充足的、真实的、相关的和清楚的方式披露所有信息。比如："让你担心了，不要生气。我和一个我很感兴趣的男（女）同事去参加了一个约会聚会，我们玩得很开心，可能因此没有及时接通你的电话。"这是完全诚实的不带欺骗的回答，但做出这样互动是极其罕见的。大多数面临和李锐一样情境的人都不会如此诚实如此合作，都会操纵信息进行不同程度的欺瞒。

1. 控制被披露信息的数量

人们操纵信息最常见的方式是控制信息披露的数量，往往是减少信息量，即生产少于所需信息量的信息的方法。例如，李锐可能回答说："不好意思让

---

① Levine. 1998. Modeling the psychometric proper tiesof information manipulation ratings. *Communication Research Reports*，（15）：218-225.

你担心了，周六我去参加了一个聚会，玩得很开心。”毋庸置疑，这条信息是真实的、相关的和清楚的，李锐确实参加了聚会，玩得很开心，但是这句回答省略了很关键的相关信息：那个聚会是一个男女朋友聚会，李锐是和一个异性同事一起去的，对这个同事李锐很感兴趣。当接受这样回答的时候，如果你相信这是完全诚实、合作性的，那你就会受到欺骗。

2. 提供虚假信息

虽然控制被披露信息的数量是欺骗性信息最常见的形式，但它们还不是人们一提起欺骗就会想到的最常见形式。其实，人们一提起欺骗，往往会想到“赤裸裸的谎言”，这实质上是信息的质量操纵方式。例如，李锐可能会回答：“很抱歉让你担心了，昨天我重感冒，所以吃药后就早早关掉手机上床休息了。”这句回答的欺骗性就在于他或她提供了虚假的信息。

3. 操纵信息的相关度

对信息相关度的操纵是人们操纵信息的第三种方式，人们在交流时，通过提供与前面谈话不相关的信息来进行欺骗。这种方式是最少见的欺骗方式，这是因为要想使此种方式见效并非易事，可以想象当你文不对题地回答刚听到的话时，你的互动对象很可能会有所察觉。例如，李锐可以这样说：“你为什么不告诉我你会来呢！？我知道你会多疑，可是坐飞机急急忙忙赶来就是为了检查我，这可有点荒唐！如果我悄悄溜到你那儿，质问你干什么去了，你会怎么想？！”这种回答没有正面回应相关问题，而是通过对对方问题的合理性发难，从而阻止对这个话题的进一步讨论。使用这种信息操纵方式的人，可能会信奉一个好的进攻行为就是一种好的防守。但毕竟回避了相关问题，警觉性强的互动对象对其欺骗性会有所察觉。

4. 玩弄信息被呈现的方式

人们操纵信息借以进行欺骗性信息生产的第四种方式是“方式违背”，即制造模糊不清和模棱两可的信息。例如，李锐可能会说：“很抱歉让你担心了。我昨天真的在忙某件事情，所以把手机关了。”这样的回答中，李锐采用了模糊的“真的在忙某件事情”这句话来遮盖周六发生的约会聚会事情。这种玩弄信息被呈现方式的方式，很难隐蔽地进行，那些警觉性高的认真谨慎的对话者，就很有可能想知道“真的在忙”和“某个事情”的确切意思，并会进一步追问更多的问题，想蒙混过关可不太容易。

第三节　职场中基本人际关系的传播沟通技巧

在职业工作中，与上级的关系、与下级的关系和同级间关系，是三种基本人际关系，人际沟通也主要发生在这三种人际关系中。在工作中，基本沟通流动方向包括与上级的沟通、与下级的沟通以及同事间的平行沟通，掌握相应的传播方法与沟通技巧，对工作的开展和个人的发展都至关重要。

一、与上级沟通的技巧

在工作中，时时处处几乎都要同上级领导打交道。及时沟通互动，下级向上级领导报告工作进程、提出意见、陈述见解、提出问题，或者抱怨、批评、表达不满等，都要同上级进行沟通。职场沟通中最重要的当属与上级间的沟通。如同人力资源大师皮鲁克斯所说：一个人必须要精通与领导相处的策略，才能以最完善的方式通向成功之路。上级领导对一般员工关系重大，他或她掌握着重要甚至关键的工作资源，如薪酬、奖罚、工作机会、晋升空间等。与领导进行有效的沟通，才能保证工作能够顺利进行，提高工作效率，积极的沟通建构健康关系，能够为一般员工的个人发展创造良好的空间。

（一）与上级有效沟通的基本原则

1. 了解你的上级

知己知彼，百战不殆。在与领导的沟通中，首先要积极了解你的上级。掌握上级的教育背景、社会背景、工作经历、个人性格、兴趣爱好、领导风格等信息，有利于你在互动沟通中有的放矢，调整你的语言方式和沟通方法，如表5.1所示。

2. 尊重领导，心中有上级

员工与领导之间，毋庸置疑的是他们在人格上是平等的。与领导沟通，既不能唯唯诺诺、一味附和，也不能恃才傲物、盛气凌人。同时，要注意尊重领导，维护领导的权威和形象。尊重与讨好、奉承不同，尊重是人际交往的正常需要，而讨好、奉承却往往为了满足个人私欲而肆意降低人格，曲意奉承领导。

表 5.1　上级领导风格类型与沟通技巧①

风格类型	性格特点	沟通技巧
控制型（权力欲型）	实际，果决，求胜心切 态度强硬，要求服从 关注结果，而非过程 亲切友善，善于交际	简明扼要，直截了当 尊重权威，执行命令 称赞成就而非人品或个性 公开、真诚地赞美
互动型（重人际关系型）	愿意聆听困难或要求 喜欢参与，主动营造融洽氛围 为人处世自由标准	开诚布公地发表意见 忌背后发泄不满情绪. 开门见山，就事论事
务实型（干事创业型）	理性思考，不喜感情用事 注重细节，探究来龙去脉	据实陈述 不忽略关键细节

威信是一个领导保持其对工作的控制能力的重要保障，需要下属在交往中维护领导的威信，即使提出不同意见建议，也应该讲究时机，选择易于接受的方式。

下属在与上级沟通中要心中有领导，并在沟通中让上级感觉出来。上级感受到下级心中有自己的存在，才意识到下级对自己的尊重、对自己权威的认可。下级心中有上级，自然会留意自己的说话语气、沟通内容、互动方式，这样上级在心理上领导权威感得到满足，有可能对下级格外重视，使得沟通目标顺利达成。

3. 工作为重，做好分内工作

上下级之间的关系主要是工作关系，所以下属在与上级领导沟通互动时，应从工作出发，做好工作应成为互动沟通的首要和主要目标。下属要摒弃个人偏见、放下私己利益，同时还要摆脱想当然的依附领导的陋见。沟通为了工作，互动着眼整体利益，切忌对领导阿谀奉承、讨好谄媚。

另外，不管什么样的领导，他或她居于领导位置，需要部门良性运作、工作有成绩，这都需要能干的下级的支持。所以，如果你用心工作且业绩突出，上级领导定会注意到你并接近你、帮助你。因此，恪尽职守、做好分内工作，这才是下属和领导顺利沟通的基础。

4. 勤做工作汇报

在职场实践中，这样一种说法颇有几分道理：上级判断一个下级是否尊重他的一个很重要的标准，就是下级是否经常向他请示报告工作。或许下属遇到

① 张岩松. 2010. 人际沟通与语言艺术. 北京：清华大学出版社.

的是个心胸旷达的上级领导，他不太计较下级的工作汇报频次，但对一般领导来说，如出现这种情况，他可能会做出种种推测：下级是否看不起我？是不是不买我的账？是否有人想联合起来架空我？一旦猜测成为他的心理定势，会影响他对下属态度和评价，甚或做出不利于下级的事情。所以，作为下属，要根据上级领导个性特点，适当地向领导报告工作，这不仅是工作需要，也是一种尊重的表达方式。

5. 服从至上

上级处于领导地位，掌握全局情况，考虑问题比较周全，并且通常会经历经验丰富、能力过人、稳重老练，他们的决策、意见、工作指示，合理性较高。另外，服从上级领导也是一切组织的通行原则。试想，如果下级与上级沟通时拒不服从上级，组织运行就会阻碍不畅。当然，服从不是盲从，一旦发现上级领导有错误或失误，就应及时向领导反映、沟通。

6. 提出问题更应解决问题

在工作中应该积极主动，不仅要发现问题、提出问题，而且更应提供解决问题的方案供领导定夺。日常工作中，会多多少少发现工作中存在的问题，不应该怨天尤人、抱怨牢骚，而应该主动调查、动脑筋提供建设性解决问题方案，在与领导沟通中，不仅能提出有价值的问题，而且要提供解决问题的方案以供领导参考。

7. 藏锋谦逊

上级领导一般都有在下属面前保持领导威严的心理，下属在与上级沟通互动中，应当尽量照顾到这种领导心理。当你的意见和主张与领导不一致时，即使真理在你这一边，与领导互动时也应收敛锋芒，以谦逊的态度、委婉的口气来表达意见。尤其是在众人面前，更需要以谦逊藏锋式的互动方式去维护领导的威信。否则，你的锋芒毕露会彰显领导的错误，使领导丢面子，威胁到上级的领导威严，上级会反感你甚或对你忌恨在心。当然，谦逊藏锋、说话得体不等于你要一味表现愚钝和无能，你应该愚中藏智，在把尊重送给上级领导的同时，表现出你的睿智和能力来。

某局党委刘书记，爱动脑筋爱动笔，常自己动手起草讲话稿。一次他来到综合办公室，兴致勃勃地念自己刚起草的一个讲话稿，并请秘书们给他提意见。他特欣赏的一组句子是："理论与实践相结合，才能检验认识的硬度，测量认识的深度，眺望知识的广度，攀登认识的高度，燃烧认识的热度。"王秘书对刘书记的文笔大加赞赏，并讲到排比句在讲话中加强语气的修辞作用，在场的几个办公室人员都说刘书记写得好。

刘书记高高兴兴回到自己办公室，过了一会儿王秘书过来了，微笑着说："刘书记，你真是文思泉涌、一气呵成啊！刚才我又想了一下，觉得有个地方是不是要改一改？"刘书记摊开讲稿，叫王秘书直讲。王秘书委婉地说："那个排比句是不是长了点，有两处读起来不那么顺溜，恐怕有三句排比就可以了：检测认识的深度，拓宽认识的广度，攀登认识的新高度。不过，我是瞎琢磨，不知合适不合适。"刘书记沉吟了一小会儿，连声叫好："改得好！还是我们的笔杆子高明！"①

这个案例中，王秘书的藏锋式说话运用得很好。在众人面前，他称赞刘书记，给足了领导面子；而有不同意见选择私下交流，并先充分肯定文稿，再用商榷口吻指出不足之处，提出修改方案。这样处理既收敛了锋芒，又展示了自己的才华，同时充分尊重领导，获得好的沟通效果。

8. 适度沟通

管理学中有名的"刺猬理论"说的是：两个相互取暖的刺猬，如果靠得太近会相互刺伤对方，太远则起不到相互取暖的效果。"刺猬理论"运用到人际沟通领域中，就是在上下级之间应该保持一定距离，进行适度沟通。和领导保持适度距离，一定程度上也为了明哲保身。领导是掌握资源、受人关注的对象，一旦你与领导过于亲密，你也会成为关注对象，你的一举一动也会动辄得咎，你可能会成为争权夺利的牺牲品。因此，要和领导保持适度距离，勿为贪图一时便利和威风而为自己带来烦恼。下属与上级领导的关系要保持在一个适度范围内，这个范围的边界在于有利工作、事业、正常人际关系、构建和谐工作环境。在沟通中要适度，不能"不及"，也避免"过分"。

在与上级领导沟通中有两大弊端。一是沟通频率过高。为博得领导的赏

① 张文光. 2011. 人际关系与沟通. 北京：机械工业出版社.

识和信任，有事没事尽往领导办公室跑，这样会给领导正常工作带来干扰，也可能让领导产生你没有主见、缺乏独立工作能力的印象。二是沟通频率过低。有些下级员工认为干好本职工作就足够了，对于向领导汇报思想和工作情况则是多此一举、难为自己，故而该请示不请示，该汇报不汇报，造成目无组织和领导的坏印象。时间长了，既不利于个人进步和发展，也不利于工作的开展。

（二）让上级领导关注的方法

1. 适时向上级“请教”

作为下属，你的行动与计划要多多少少考虑上级的“指教”，要知道他或她对此一定会很在乎。有些东西明明你懂得多，有些工作计划和方案明明是你设计得很周全，但你还得尊重上级领导的职位，与他或她讨论计划和方案，请他或她“指点指点”。如此，上级会看到你对他或她的尊重，体现到一份领导的威严，对你就放心了，会多注意你的。

2. 赞美你的上级

上级需要下属的赞美，尤其是在领导的领导在场的情况下。你的赞美，一方面，可以表明你的服从和尊重；另一方面，你也替上级进行了一场公关活动，利于他或她给别人留下好的印象。但赞美要适度、有依据，切勿过度拔高、凭空瞎说，否则会起到反效果。

3. 不计较个人得失，勇于为上级作出牺牲

对于个人得失，在领导面前，最好的方法是让领导主动给予，而不是去“争”。假如你在领导面前喋喋不休地提出利益诉求，超过领导的承受能力，会造成他或她的烦躁、压抑。如果你争来了利益，上级领导虽同意付出，但并非心甘情愿，会认为你是个麻烦且格调低的员工。如果你遇到的是个斤斤计较的小心眼领导，与他争利益，反而会造成他对你的忌恨。当领导遇到棘手事情的时候，不少员工会生怕撞上马蜂窝，人人后退以保身。此时，如果你站出来为领导作出牺牲，这则是一个有魄力下属的明智做法。上级的心里会很清楚，对于为他或她作出牺牲的人，他或她会记在心里、不会亏待的。

（三）上级发火时的沟通技巧

1. 甘当领导的“出气筒”

当上级领导发脾气时，下属明智的办法是：当领导的“出气筒”。下属此时要硬起头皮洗耳恭听，对则虚心接受，不对则事后找机会说明。试想，当领导情绪尚处于激动状态，你立即辩白，这会撞上“枪口”，会招致更猛烈的炮火，导致双发都没有面子，都没有台阶下，对领导的权威更是一种挑战和伤害。甘当领导的“出气筒”，一方面，可显示你的宽容和大度的胸怀；另一方面，也顾及领导的权威和面子，给领导留下你“听话”的好印象。

2. 事后做好解释工作

在领导火气正旺的时候，面对领导的责备和训斥，你的辩解都是徒劳的，甚至会造成火上加油，招来领导新一轮的火气。好的处理方法是在领导发完脾气安静下来的时候，找个时间做好解释工作。最好是能够经过一个夜晚的间隔，因为这样会使领导有机会平息情绪，对自己的措辞、态度、方式的问题进行反省。

如果上级领导对你的责骂是正确的，你一定不要因为做错了事就羞于见领导，或害怕再招致训斥。高明的领导不会就一个问题动两次脾气的，你事后的检讨和改正决心十分必要，由此向领导表明你对自己错误的认识和反省。如果领导的责骂有错误，你更应该在事后解释和澄清，但你要注意解释的策略。高明的技巧是，先承认自己哪怕一小点的错误，然后转调话锋，向领导解释事情来龙去脉、原委和真相。

（四）说服领导的技巧

说服是指用充分的理由开导对方，使对方的态度、行动朝特定方向改变的一种影响他人意图的有目的性的沟通方式。要想使上级领导接受你的建议并且不降低对你的看法和评价，除却斟酌说服的内容外，更要讲究说法技巧的运用。

1. 充分尊重上级领导

上级毕竟是上级，无论你的建议多么合理，也无论你的计划多么具有可行性，你不能强迫领导接受，在说服上级领导的过程中，一定要尊重领导，维护领导的权威，切勿采取强势的态度和语气来逼对方接受自己的观点、建议。心平气和、婉转平和的语言，是对领导尊重的一种表现，会取得比较好的说服效果。

2. 掌握好分寸

说服领导时要拿捏好分寸，切勿反复申说，更不要发生争辩，否则会使说服陷入僵局，起不到说服的目的。应该简单明了、言简意赅的阐述自己意见，避免东拉西扯、分散领导的注意力；之后，礼貌告辞，给领导一定的思考和决策时间；即使领导没有采纳自己的意见，也应当充分理解，毕竟领导所面临的需要平衡的利益冲突和人际关系是下属体会不到的。

3. 有备而来，理由充分

当你说服领导时，领导需要你的可行性方案和可信的论证，如果你的观点和论据错误百出，经不起领导的询问，不仅达不到说服的目的，而且会给领导留下你做事马虎的坏印象。所以，你说服领导前要做好充分准备，尤其要设想好领导可能的提问和质疑。

在说服的过程中，对双方探讨的问题一定要有专门的深度研究。对改进工作的建议，不能仅凭嘴说，如果事先收集好有关数据和资讯，做成书面材料，借助视觉力量，定会加强说服力。

4. 选好时机

科学研究表明，人们在不同的心理环境下对于否定意见的接受程度也大不相同。在每天刚上班和快下班时，在节假日、双休日，在休息、吃饭时都不是说服上级领导的好时机。刚上班时，领导因事情多而繁忙，快下班时，上级会疲倦心烦，非上班时间说服则会造成对领导的侵扰而引发烦闷排斥情绪。所以，当领导心不在焉、心有旁骛之时，无论你的建议多完美，领导都难以静心倾听和琢磨的。

最好时机在上午 10 点左右和午休结束后半个小时里。上午 10 点左右，领导刚处理好清晨的一堆事务，你适时委婉地地提出建议和想法，容易引起领导思考和重视。午休结束后半个小时里，领导刚经过短暂休息，精力充沛、时间宽裕，有更好的时间和精力，容易听取别人建议。总之，选择领导时间充分、心情舒畅的时机提出建议和改进方案，会取得更好的效果。

5. 含蓄幽默

用轻松幽默的话语来表明自己的观点，既维护了领导的威严，又不致搞僵气氛，能够起到事半功倍的说服效果。下面的案例很有借鉴意义。

春秋战国时期，齐景公喜欢狩猎，特别爱能捉野兔的鹰。一次，烛邹不小心让一只猎鹰飞跑了，齐景公大发雷霆，命令左右将烛邹拉出去斩首。贤臣晏子站出来阻止道："烛邹有三大罪状，怎么能轻易杀头呢，待臣公布完其罪状再行刑吧。"齐景公点头同意，晏子便在众人面前数落道："烛邹，你为大王养鹰，却让鹰跑了，这是第一条罪状；你使大王因为一只鹰而杀人，这是第二条罪状；把你杀了，让天下诸侯都知道大王重鸟轻士，这是第三条罪状。"齐景公听了晏子的劝谏，脸红了，继而惭愧地说："我明白你的意思了，不用杀头了。"晏子没有直接指责齐景公的错误，而是通过指责烛邹的"罪状"，含蓄地指出景公决定的草率和后果，间接进行劝谏，这样既能保留景公的威严和面子，又未形成与景公的直接对立，同时委婉地说明了景公草率决定的危害，这样的含蓄幽默劝服方式难怪起到了劝阻景公的目的。

二、与下级沟通的技巧

作为上级领导来讲，与下属进行有效的沟通是重要的工作环节，只有上下级沟通良好，形成和谐的上下级关系，才能增进团队合力，调动每名员工工作积极性，顺利完成工作目标和任务。

（一）与下属有效沟通的要领

1. 平等待人，尊重下属

在与下属沟通中，最好忽视职务、身份方面的差异，并让下属体察到你这种平等、尊重的心态。这样一来，你放下了领导的架子，尊重对方，你会显得亲切，有助于沟通的顺畅进行。

平等对待下属有多种方式。在与下属谈心时，要重视开场白的作用。可先拉几句家常，开些善意的玩笑，消除对方的拘束感和紧张感，拉近心理距离，再慢慢引出正题。在发表自己的观点和想法时，应有平等的姿态，不以势压人，不训斥命令；音量适中，语调自然，态度和蔼，手势和动作幅度适度；多采用商讨对话的口吻，如"你觉得这样有道理吗？""在这个计划上你同意我的想法吗，还有不同意见吗？"

尊重下属表现在多个方面。在语言上不冒犯下属的人格和尊严，不用不信任的口气说话，不总是以命令的语气说话，不随便打断下属的话题，等等。当双方意见有矛盾时，最好不要武断地让下属接受自己的观点，给下属理解和接受的时间。

2. 坦诚交流，关心下属

与下属交流沟通需要坦诚。那种设计圈套、陷阱、哄骗欺诈的做法可能会一时有效，但最终会给下属们留下玩弄权术的坏印象，败坏掉自己的名声，在与下属交流时，下属就会抱有戒心，影响沟通的效果。

与下属交流时，要多为下属着想，注意观察和体会下属的感受，以关怀的口吻、关心的态度来与下属沟通。身居高位的领导，对只见过一两次面的下属也应尽量记住他们的名字，如果你在电梯口遇到这样的下属，点头微笑之外能叫出他或她的名字，下属定会感受到关怀和被重视。

在沟通中，一个微笑、一个手势、一句问候，都可以表现出你的关心，拉近与下属的距离。在语言上，多使用“我”而不是“你”的关心语言。例如，“我对于你造成的意外事件感到焦虑不安”，而不是“你这样焦虑不安，以至于许多意外事件发生”；“我对于你对我的话不理不睬很生气”，而不是“你的不理不睬激怒了我”；“我要和你谈谈”，而不是“你来找我谈谈”。语言上细微的差别，所隐含的关心意涵不同。

在沟通中，如果领导总是高高在上、指手画脚、盛气凌人，下属容易产生抗拒心理，如果做领导的多能以关怀的口吻，多说亲切的话，下属容易被感动或者觉得不好意思，沟通就顺畅多了，事情也好办多了。

3. 宽严相济

上级领导对下属，既要宽，也要严，该宽时一定要宽，该严格一定要严厉。每一位领导都要维护和关怀下属，只有团结他们，才能达成工作目标。但平时可以关怀备至，如果犯错误尤其是原则性错误时，作为领导一定严加惩罚。如此恩威并施、宽严相济，方可成功统领下属和团队。

上级领导和管理者宽严得体非常重要。平时应当以温和、商量的方式引导下属自发做事，当下属犯错误的时候，领导要做原则和制度的维护者，严厉地批评和纠正下属过错，并引导他们走正确的路做正确的事。如果领导对下属的过错敷衍了事、视若无睹，就会过度纵容下属犯错，工作秩序和组织原则无法维持，也不利于下属的成长和发展。

4. 善于倾听，不着急说

作为领导，要善于倾听。通过倾听，充分获取信息，全面了解情况，体味下属心境。下属很在意上级领导的倾听态度。如果上级在下属说话时表现得不够耐心、漫不经心，比如：时不时地在文件堆里找材料，或者问“你刚才讲了什么？”下属就会觉得你并不重视与他或她的沟通，这样就会没有感受到尊重和重视，可能就会尽早结束谈话。

在与下属谈心中，领导要尽量少说多听，不随便插话，不轻易驳斥。领导要少说话，说关键的话，说有分量的话。除非紧急情况，作为领导应该是说最后一句话的人。如此，就给下属留出充分的说话和表白机会，让下属把想说的话都表达出来。试想，如果领导急于抢话和表明自己意见，领导的一锤定音，就会堵死下属提不同意见的意愿。

（二）赞扬下属的技巧

当下属取得工作成绩时，领导需要及时地赞扬；当发现下属的优点和长处时，作为上级领导也要不吝啬给予赞赏。赞扬是对下属的肯定和鼓励，可以使人心情舒畅，使人乐于协作，改善上下级关系，也可有效激发下属的工作积极性和主动性。如同心理学家杰斯莱尔所说：“表扬就像温暖人们心灵的阳光，我们的成长离不开它。”[①]赞扬下属，也需要讲究技巧和方法。

1. 态度真诚

赞扬的方式很多，竖起大拇指、拍拍肩膀、点头致意、夸奖的言辞均可，但关键是赞美应发自内心，真心实意。当领导无根据、虚情假意、夸大其词地去赞美下属时，会使下属感到莫名其妙，留下言不由衷的印象，甚或感到领导这是对自己的讽刺挖苦。

2. 内容具体

赞扬要具体，依据事实进行评价，有明确的理由和依据。这样的赞扬，受到赞扬的下属会明白自己确实做对了或者确有优点而引发感情共鸣，听到赞扬的其他人也会信服。赞扬时除了使用概念化的用语之外，如“干得不错”“有进步”“我很满意”“你很努力”，最好加上具体的事实依据和理由。例如，“你

---

① 张岩松. 2010. 人际沟通与语言艺术. 北京：清华大学出版社.

今天这件事情的处理我很满意。冷处理，没让事情激化。不管怎么说，顾客来到我们公司投诉，我们首先要把他们当成我们的客人，哪有一上来就和客人理论的？你先请顾客坐下来，端上茶水，再倾听他们的投诉，这是一种很礼貌也很得体的处理方式。”

3. 注意场合

当众公开赞扬下属，是赞扬的一种常见方式。这种方式中，被赞扬的下属受到的鼓励也是最大的，但也可能产生一些问题。比如，容易打破其他下属的心理平衡，引发不满情绪或激发不必要的矛盾。尤其是被赞扬的人的表现如果得不到大家的认同时，给予公开表扬，势必会导致众人的不满和非议。可以想象，假如一个不该受到表扬或者本不该受到隆重奖励的下属被表扬了，这个表扬行为将挫伤不少人的情感和自尊，并招致他们对组织公平性和领导的权威的质疑。因此，公开赞扬要慎重，确需公开表扬的下属，最好是有被大家一致认同的事迹或者品德。

4. 适当运用间接赞扬法

间接赞扬可有两种方式。一种是在当事人不在场的时候赞扬。例如，在上级领导或同事前恰如其分地夸赞下属。一旦下属知道了你的赞扬，会体验到你表扬的真心，会心存感激，加强赞美的效果。一种是借用第三者的话来表扬下属，如你对下属说：“昨天我和总经理在一起谈起你，他很欣赏你开拓新市场的建议，尤其是你已经着手在三线城市进行的市场调查，很有价值。希望你在进一步拓宽调查范围，提出好的可行性建议来。”这种方式有时候比直接表扬效果好，因为第三方的话比较客观可信，并且在你转述表扬的同时也在表明你的态度，下属会感觉到你的友好，以及你对他或她的关心、关注。

（三）批评下属的技巧

对下属的错误和工作过失进行批评是上级领导的一项重要职责。批评下属的目的是助其找到问题症结和解决办法，促进工作健康开展。对下属的错误不敢批评，是领导管理中的失职；但批评下属非但没有达到促其改善工作的目的，反倒引来下属诸多不满和反弹，这则要从批评的方法和方式中找原因了。要使下属虚心接受领导的批评意见，是需要领导讲究批评技巧的。

1. 弄清事实，分清责任

弄清事实是正确批评的前提，分清责任是让下属接受批评的基础。在批评之前了解相关事实，弄清楚前因后果，这是对被批评者负责的表现。领导批评下属时，切勿以权势压人、凭主观直觉说话，而是应该本着以事实说话的原则，以理服人。否则，基于主观武断的批评意见，会站不住脚，下属也不会服气。

领导在批评下属时，最好能帮助下属多做分析：分析产生错误的原因，区分下属的主要责任和次要责任，有意过失还是无意过失，考虑客观环境和条件等影响因素。在事实的依据下，进行具体的原因和责任分析后，领导在批评中就此指出下属应承担的具体责任，这样的批评能够帮助其认识到自己的不足和需要努力的方向。

2. 欲抑先扬

卡耐基（Dale Carnegie）就批评的技巧提出："矫正对方错误的第一个方法——批评前先赞美对方。"在批评前先就下属的长处和优点给予赞美，这样可以削弱批评对下属"面子"的冒犯程度，能化解下属的对立情绪，从而达到好的批评效果。欲抑先扬法尤其适用于敏感自尊或脾气倔强的下属。

3. 选择时机和场所

开展批评的恰当时机有：双方情绪比较平静，交谈气氛较为融洽，或者没有第三者在场。尽量避免当着众人的面公开批评下属，最好选择单独的场合。因为公开指名道姓的批评，使其当众丢面子，会对下属的自尊心或者虚荣心造成伤害。如果领导选择私下批评，下属会因为领导顾及自己的面子而心存感激。如果非要当众批评下属，可采用模糊词语，针对现象而避免集中个人。例如，"这些时间来，极个别员工工作纪律松懈，有迟到早退现象，甚至上班时间聊天上网。这是单位纪律明令禁止的，希望各位严格自律。"

4. 因人而异，因事而异

员工个性、能力、条件不同，对批评的承受力和认知力不同，领导批评的时候要尽可能地因人而异。对平时优秀而偶尔犯错的员工，批评可点到为止，所谓"响鼓不用重锤敲"。对性格内向、敏感自尊的员工，应考虑到其承受力弱的特点，可采取委婉含蓄的批评方式。对生性率直的下属，可以一针见血直指其所犯错误所在。对涉世不深的新人，最好语重心长直接批评，切勿含含糊糊、拐弯抹角，避免其产生误解。对担任一定职位的下属，最好不要当着他或她的下属直接批评，应换一个更加私密的场合。对事实明确、责任重大、危害严重又带有共性特征的下属，领导就应该公开批评，充分分析其原因、危害，以惩前毖后、警示他人。

在批评下属时，要客观具体，就事论事。紧紧围绕下属所做的错事，不夸大，不随意牵拖。用词简洁明了，切勿东拉西扯。

5. 控制情绪

有些下属所犯错误令人气愤，尤其是犯错还振振有词者，这时领导一定要控制好自己的情绪，切勿情绪失控。《孙子兵法》中说："主不可怒以兴师，将不可愠以致战。"领导和管理者对待竞争对手需要冷静沉着，对待自己的下属尤其是在批评他们的时候更应该如此克制自己的情绪。因为人在发脾气的时候往往不能自制，会说出难听刺耳的话语，甚至谩骂他人人格、揭别人老底。这样下属会觉得你有失领导高度和风度，还会怀疑你对他或她有成见。因此，领导批评下属时应合理控制情绪，尽量做到对事不对人，就事论事。

6. 友好结束

批评或多或少都会给下属造成一定程度的压力。如果双方在批评中不欢而散，会给下属增加心理负担，使其产生消极甚或对抗情绪，会给以后的沟通带来障碍。因此，明智的领导应追求在友好中结束批评。在批评要结束时，可以多说些鼓励性、期望性的话，如"我相信你""我想你会做得更好""振作起来，我对你有信心""好好干，不要让大家小瞧你"，并报以微笑或者拍拍肩膀以示勉励，这样会帮助下属打消顾虑，增强其改正错误的决心。这样一来，在友好中结束的一次批评，会被下属当作是鼓励而非打击，起到有效的沟通效果。

总之，批评是领导工作中与下属沟通时不可缺少的内容，有效的批评需要领导讲究批评的技巧与艺术，在批评下属时尤其应该注意"八忌"①：一忌无凭无据，捕风捉影；二忌大发雷霆，恶语伤人；三忌吹毛求疵，过于挑剔；四忌清算总账，揭人老底；五忌当面不说，背后乱说；六忌夸大事实，无限升级；七忌威胁逼迫，以势压人；八忌一批了之，弃之不管。

---

① 张岩松. 2010. 人际沟通与语言艺术. 北京：清华大学出版社.

三、同级沟通的技巧

与同一组织内处于同一层次的员工之间的沟通，不同于上下级之间的沟通，属于职位相同的平行关系间的沟通类型。一个人与同级同事之间在一起的时间几乎相等于与家人在一起的时间，同事间沟通的质量以及同事关系好坏，直接影响到他或她工作质量和事业的发展。同事之间既是一种合作关系，同时又存在竞争关系，在交往和沟通中既有合作因素起作用，又有竞争因素产生影响，当事人既渴望“合作”，却又警觉“竞争”。在如此复杂心理和微妙语境中，职场人士与同级员工相处时，要讲究沟通技巧和艺术。

（一）同级沟通的要领

1. 尊重他人

同事之间沟通应当谨记《圣经·马太福音》中的名言：你希望别人怎样对待你，你就应该怎样对待别人。同事之间职位相同、地位平等，尊重对方，才能获得对方尊重。即使你确信自己比其他同事更有知识和能力，也不要在同事面前炫耀、张扬。当其他同事发表意见时，不管你是否赞同，都应当让对方完整表达自己观点，切勿随意打断或表现出不耐烦。与同事工作上的接触，多采用商谈、讨论、建言的方式，照顾到对方的“面子”和利益，避免命令、责怪的口吻。同事当中，情况各异：有较硬关系背景的，也有普普通通的；有家资殷实的，也有经济条件较差的；有头脑灵活、处事机敏的，也有内向木讷、老实诚恳的。不管何种同事，都应当平等相待，尊重他们的人格、权利、面子。对将要退休的同事，要格外尊敬，不要让其感到“人走茶凉”。对新来的同事，切勿欺生，平等对待。

2. 平等互惠，不让对方吃亏

与同级相处，要遵守平等互惠的原则。只要条件许可，应尽力帮助同事。帮助他人，并不等于自身一定会有所牺牲，要记住“赠人玫瑰、手留余香”，在帮助他人的时候你收获了快乐、融洽的同事关系，这也是一种回报。如果其他同事在工作上帮助和支持了你，当你取得成绩或得到好处后，要懂得与大家分享。切勿工作上我拜托你，有了好处就躲起来。获得帮助，应懂得感恩和回报，在同事面前树立起“和我交往一定不吃亏”的形象，有助于增加大家的好感，方便同事之间的沟通和交往。

3. 融入集体，主动参与集体活动

工作需要团队配合，需要员工具有集体意识和团队精神。那些孤僻的人会被同事孤立，不利于工作的开展。要做一个合群的人，应当融入工作团队环境中。融入环境的最有效方法便是主动出击，热情待人，积极参与集体活动。如果你过于不合群，逃避集体活动，你就无法培养自己的社交能力，无法赢得同事们对你的认识和尊重，无法对集体施加影响，也不能构建起和谐的同级关系。如果你觉得与同事相处困难，你可以试试这种办法：当同事们聚在一起聊天的时候，你不妨暂时放下手中工作，主动走过去，和他们开一些无伤大雅的玩笑，参与他们的话题中发表意见，让同事们感到你和他们合得来。

4. 诚心化解同级间矛盾

在工作中难免与同事间发生意见分歧和产生一些矛盾，当发现对方有心结时，应当主动地诚心诚意地去化解。同在一个单位的屋檐下，抬头不见低头见，同事之间不至于发生不可调和的矛盾，也不必要发展成你死我活、不共戴天的对头。中国有句古话“冤家宜解不宜结”，当分歧和矛盾发生后，要及时化解，要记住：敌意是一点一点增加的，也可以一点一点消失掉。化解敌意也需要技巧，并非一味忍让和示弱。

面对问题，首先应当找到双方的共同点，争取求大同存小异。如果一时找不到一致点，不妨冷处理，明确表达“我保留我自己的意见”，保持自己的立场但要淡化对立和争论，尽量不要表现出盛气凌人、得理不饶人的架势和态度来。如果冲突发生后，仍可寻找机会弥补伤痕。比如，得知对方过生日，可主动参加其生日庆祝活动并奉上礼物；如果对方有晋升的好事，无论多忙要抽空参加其庆祝会，或者单独私下请客庆祝。这些弥补的亲善工作，一定不要拖延，在矛盾发生后应抓紧时机去做。

（二）同级沟通应避免的问题

1. 勿背后议论他人

背后议论别人是同级交往的禁忌。对其他同事谈及对领导或者其他同事的看法、不满，对于问题的解决没有任何帮助。要记住，只有不到 1%的人能严守别人的秘密，一旦你的非议辗转传到所论及的领导或同事处，就可能会招致他们的不满、忌恨乃至报复，如此，你就祸从口出了。

办公室也不是说人隐私的场所。他人离婚、婚外情、恋爱等隐私，如果你过分关心，并乐此不疲地宣扬传播，时间长了同事们会讨厌你，形成你没有素质、好说人长短的形象，不利于你工作的开展和个人的发展。

2. 勿牢骚满腹

在与同级交往中，切勿把发牢骚、倒苦水看作是诚心交往的方式。一个人在同事面前，总是对工作和单位牢骚满腹、怨气冲天，即便真有委屈和不满，也会给人祥林嫂般印象，惹人反感。如果是个人危机方面的牢骚，比如失恋、离婚、婚外情，到处诉苦，会成为同事们议论的焦点，也给领导造成问题员工的印象。记住：不要把同事间的友善和朋友间的友谊混为一谈。在知心朋友那里，发发单位的牢骚，倒倒个人生活的苦水，被朋友视为知心的表现，如果在单位同事那里如此行事，却是职业不成熟的表现。

3. 勿拉帮结派

同事之间可以保持良好的人际关系，但最好不要把关系推进到同帮同派的地步，甚至由此在工作上共同进退。拉帮结派形成的小圈子，很容易引发圈外人的对立情绪，也会引起领导的警觉和疑心，领导会因担心自己地位受威胁而对该圈子员工采取负面影响的行动。

4. 勿过度炫耀自己

在同事交往中，每个人都希望得到别人的肯定性评价，都在自觉不自觉地维护自己的形象和自尊，如果有人对他人过分显示出高人一等的优越感，无形之中成为其他人自尊的挑战，排斥的心理可能由此产生。日常交往中经常有这样的同事：或者炫耀自己的家庭背景，或者炫耀自己的教育背景，或者炫耀自己的能力，或者显摆自己的知识。这些人处处炫耀自己的优势，显示自己高人一等的优越感，期望由此获得同事认可和佩服，结果却可能适得其反，被同事视作妄自尊大，惹人厌恶。记住法国哲学家罗西法古的话："如果你要得到仇人，就表现得比你的朋友优越；如果你要得到朋友，就要让你的朋友表现得比你优越。"在与同事相处中，低调、谦逊是赢得他人认可、被他人接受的一种方式。

5. 勿传出绯闻

工作场合也是男人展示智慧和女人展示美丽的地方。异性之间彼此欣赏和由此吸引，也有利于男女同事关系融洽和工作的开展。这也应了那句俗话：男女搭配，干活不累。如果没有意愿将同事之间的感情上升到恋情，就应当将感情限制在工作友谊范围内。如果人们捕风捉影传出绯闻，自己成为同事们关注的焦点和议论的对象，既不利于个人工作的开展，也影响在此单位中的事业发展。因此，应当慎重处理男女同事关系，以职业化的态度与异性同事相处，相互欣赏相互支持，但要保持原则距离，切勿传出绯闻。

（三）职场新人与同事的沟通技巧

刚刚参加工作的职场新人，不少反映与单位或公司前辈相处存在问题。职场新、老人间的矛盾，症结在于沟通不畅。因此，刚刚走上工作岗位的年轻人，应当注意职场沟通问题，掌握与同事间的沟通技巧。

1. 摆正心态

职场新人应意识到自己是后来者、新手，资历浅、经验少是客观现实，所有同事都是自己的工作前辈和学习对象。充分认识到自身的定位与差距，在表达观点时就应尽量低调；与同事有冲突时充分尊重对方意见；表达意见要虚心，应虚心接受同事的意见和建议。

2. 及时沟通

新人不要因为与其他同事关系还不紧密，在与同事交往时畏首畏尾。应当利用一切机会与领导、同事交流，在沟通交流中建构良好的关系，形成好的工作氛围，从而有利于自己快速成长。

3. 多听少说，多做少说

职场新人容易犯多说牢骚话的毛病。刚刚从大学毕业，常常将大学里养成的言论自由、指点江山的习惯带到职场中，对组织、对领导、对制度往往放大其存在的问题，指指点点、动不动在同事面前提出质疑、发出牢骚。这是典型的职场不成熟的表现。应当尽快克服，养成多听少说、多看少说的习惯。作为新人，要多观察、多思考、少说话，这样尽快熟悉和适应工作环境。切勿迫不及待地表现自己，给同事留下油嘴滑舌的印象。

“小事不愿做，大事干不了”，这是职场新人最容易犯的错误，不加纠正就会流为志大才疏般的人物。新人应当多做少说，注意“大处着眼、小处着手”。一丝不苟地做好每一件小事，为以后做大事积累经验。

4. 礼貌周全

作为新人，在与同事沟通时尤其要讲究礼貌礼仪。对身份、职位清楚地同事，可用“姓+职务”的称谓，如“李经理”“王主任”；对暂时还不熟悉的同事，可一律称为“老师”。礼貌称谓、待人礼仪，显示出你对同事前辈的尊敬，才能获得他们的接受，使沟通顺畅起来。

5. 尊重老员工

老员工工作经历丰富，资格老，经验多，在职工中声誉高，他们是新进员工学习的主要对象。要积极主动地与老员工接触，多向他们虚心请教。要充分尊重他们的意见和建议，即使自己有保留意见，也要把对他们的肯定放前面，谦虚委婉地表明自己的观点。对老员工尤其要讲礼貌，以礼相待，多用“您”这样的敬辞。

第六章 人际传播与沟通的言语行为

言语行为，简言之，指的是对语言的运用行为。在人际传播与沟通过程中，语言是最重要的交际工具，为了有效地实施言语行为，取得预期目标，我们应该注意哪些问题，以期取得最佳表达效果，这是本章将主要探讨的问题。

第一节 人际传播与沟通的言语行为理论

一、言语行为理论产生的背景

言语行为理论的产生，与西方哲学的发展密切相关。20 世纪初，哲学产生了一次根本性的“语言转向”，语言取代了认识论并成为哲学研究的中心课题。它源于德国哲学家、数学家弗罗格（Frog），然后通过英国哲学家罗素（B.Russel）的继承和发展，最后由奥地利哲学家维特根斯坦（L.Wittgenstein）完成了这一转折和过渡。语言转向的发生有其历史根源，分析哲学是 20 世纪的一种以语言分析为首要任务、以逻辑分析为主要方法，旨在建立科学哲学的西方哲学流派。从使用的分析方法的角度，分析哲学可分为逻辑分析派（又名逻辑实证派）和日常分析派（又名日常语言派）。

逻辑实证主义学说（the Doctrine of Logical Positivism）认为：“除非一个句子至少在原则上能被证实（即验证其真或假），严格地说，它是没有意义的（Meaningless）。”[①]维特根斯坦（L.Wittgenstein）反对逻辑实证主义这种思潮，提出“意义就是使用”，认为话语（Utterances）只有联系各种活动或语言博弈才能解释清楚（Philosophical Investigations，1950）。在同一时期，即 1955 年

① Levinson，S. C. 1983. *Pragmatics*. London：Cambridge University Press.

奥斯汀（J. L. Austin）提出了言语行为理论（Theory of Speech Act），该理论反对逻辑实证主义所认为的凡不能验证其真或假的陈述都是伪陈述（Pseudo-statement），是无意义的实证观点，提出“施为句”无真或假，但却有意义。“归根到底，我们要阐释的唯一实际现象是在完整的言语环境中的完整的言语行为。”①奥斯汀的这一主张与维特根斯坦提出的语言使用、语言博弈很相似。

20 世纪开始，日常语言分析开始受到以摩尔（G.E.Moore，1873-1958）为首的一些哲学家的重视。摩尔和罗素都是维特根斯坦的老师，摩尔也深受其学生的影响。1903 年摩尔出版的《伦理学原理》是以分析哲学方法讨论伦理学的第一部重要著作，摩尔的语言分析注重日常语言分析，后常被认作是日常语言学派的先声。维特根斯坦在哲学观点上曾发生过重大转折，前期他追随罗素创造了逻辑原子主义，后期他一反前期哲学，揭示了语言意义的用法理论。二战后，日常语言学派达到全盛时期。这一时期的主要代表人物都是英国哲学家，如莱尔（Gibert Ryle）、奥斯汀（John.L.Austin）和斯特劳森（P.Strawson）等，因为他们都在牛津任教，所以日常语言学派又被称作是牛津学派。日常语言学派注重语言分析，逻辑语言学派也注重语言分析，但区别在于：前者在语言分析时更注重研究语言的实际用法，避免概括性的结论；后者在语言分析时强调运用数理逻辑手段，忽视自然语言实际用法的微妙。

奥斯汀就是在这样的背景下提出了他整个语言哲学的出发点“研究日常语言的功用”，他提出的言语行为理论对西方哲学、语言学产生了重要的影响。

二、言语行为理论

1955 年，英国哲学家奥斯汀（John Langshaw Austin）在美国哈佛大学作威廉·詹姆斯（William James）系列演讲时将言语行为理论作为一种哲学分析工具首次提出，并在随后的系列演讲中对其逐步完善。这些演讲内容后经人整理成文，题为《论言有所为》（How to do things with words?）。该文比较系统地提出了言语行为理论。后来经过奥斯汀的学生美国语言学家塞尔（Searle）的努力，该理论得以体系化和规范化。

言语行为理论的基本主张简言之：“说话就是做事。”言语行为的本质就是

① Austin，J. L. 1975. *How To Do Things With Words*，ed.：*J.O.Urmson and Marina Shisà*. Oxford：Clarendon Press.

交际者借助话语传达的交际意图。说话人只要说出了有意义、可被听话人理解的话语，不管是在向他人提出请求或道歉，只要传达了其交际意图，实现了一定的功能，就是在实施言语行为了。

（一）奥斯汀的“言语行为三分说”

奥斯汀指出言语行为是话语行为（Verbal Behavior）的有意义的单位，它是“在整个言语环境中完成的全部言语行为，是我们归根结底所阐述的唯一现实的对象”。这句话表明，奥斯汀站在哲学的立场，提出了语言哲学的研究对象：不是用语言所表达的陈述，而是通过运用语言完成的各种言语行为[①]。言语行为过程中“某一陈述的真实性与谬误性，不仅仅决定于词的意义，也决定于你在什么环境下所为何事”[②]。即言语行为的言语意义，不仅取决于所运用的词本身的意义，还取决于陈述者对其所陈述的内容具备多少知识，语境是什么，说话的目的是什么，以及听话者具有什么特质等。根据言语行为理论，对某种事情、状态所作的陈述，只是言语行为中的一种以言行事的行为，言语行为理论还包含其他内容。

奥斯汀认为，语言研究的目的在于澄清言语交际场景中的所有言语行为，据此，他讲言语行为分为不同的层次，认为我们在说一句话的时候，同时实施了3个次行为：以言指事行为（Locutionary Act）、以言行事行为（Illocutionary Act）和以言成事行为（Perlocutionary Act）[③]。

以言指事行为指的是“言之发”（the Act of Saying Something），即话语的表述，指说话人说出的有特定意义（Sense）和指称（Reference），能让人理解的话语的行为。如“It is cold in here”。如果听话人理解这句话当中的“it”“is”“cold”“in”和“here”，并且知道“here”指称的对象，那么通过这句话，说话人成功完成了一个以言指事的行为。由此，我们可以将以言指事行为简单地理解为表述行为（Statement）。

以言行事行为有人译为施为行为，表示“言外之力”（Theactin Saying Something），指说话人通过说话实施某个交际目的或执行某个特定功能的行为。奥

---

① 涂纪亮. 1988. 英美语言哲学概论. 北京：人民出版社.

② 奥斯汀. 1979. 论言有所为. 许国璋摘译. 北京：中国社会科学出版社.

③ Austin. 1962. *How to Do Things with Words*.Oxford：OUP.

斯汀将其表示为：In saying X，I was doing Y。要完成以言行事行为，就得依赖语境。如“It is cold in here”，如果说这句话时处于冬季，房间窗户开着，那说话人说这句话的意图很可能是请求听话人关窗户，该话语就执行了“请求”功能。在以言行事行为过程中，可以采用直接手段，也可采用间接手段，究竟使用何种手段，要根据具体情况来决定。

以言成事行为表示“收言后之果”，指某句话说出之后在听话人身上产生的效果或结果。以言成事也就是 By saying X I did Y，或 By saying X and doing Y，I did Z[①]。结合上面的例子，如果听话人在听到并理解了“It is cold in here”这句话之后，关上了窗户，则这一行为就是该言语行为产生的效果。

后来，塞尔认为第一和第三两个层次的区分没有多大价值。他认为言语行为就是施为行为，都是指说话人通过话语传达意图、目的，因而他只注重对施为行为的分析。塞尔认为言语行为，即施为行为有两类意义：命题意义和施为用意。命题意义是语句本身表达的、脱离语言使用环境的抽象意义；施为用意是说话人旨在通过说出的话语对听话人实施特定的影响。这种区分对语言学研究具有更强的操作性和实用性。

（二）塞尔的“间接言语行为理论”

塞尔在奥斯汀“言语行为三分说”的基础上，对言语行为做了更为全面地考察，他把施为性言语行为（以言行事）分成五类，即断言类（Assertives）或表述类（Representatives）、指令类（Directives）、承诺类（Commisives）、表情类（Expressives）和宣告类（Declarations）。

断言类或表述类施为性言语行为一般对话语表达的命题内容作出或真或假的判断，英语中常用来执行此类施为意图的动词有 assert、claim、affirm 等；指令类施为性言语行为是指说话人对听话人作出的某种命令、指使、吩咐等使役性行为，英语中常见的指令类施为行为动词包括 advise、ask、command 等；承诺类施为性言语行为是指说话人对将来某个行为作出承诺的行为，英语中常用来执行此类施为意图的动词有 commit、consent、guarantee 等；表情类施为性言语行为是指说话人在表达特定命题内容的同时还表达某种心态的

---

① 何自然. 1988. 语用学概论. 长沙：湖南教育出版社.

行为，英语中常用来执行此类施为意图的动词有 apologize、boast、dongratulate 等；宣告类施为性言语是指说话人通过话语直接改变事物状况或条件的行为，英语中常用来执行此类施为意图的动词有 appoint、bless，declare，christen，name，nominate，resign 等。

塞尔将间接言语行为定义为："间接言语行为是通过实施另一种施事行为的方式来间接地实施某一种施事行为。"[①]我们要理解"间接言语行为"这个概念，首先要了解句子的"字面语力"（Literal Force），在"字面语力"基础上推导出"间接语力"，即句子间接表达的"施事语力"（Illocutionary Force）。下面这个例子可以帮助我们理解"间接言语行为"这个概念。例如：

Could you please pass the sugar?
（你能把糖递给我吗？）

说这句话，说话人表面上看是在实施"询问"行为，间接地却是在实施"请求"这一施事行为。"询问"是说话人采用的手段，"请求"才是说话人想要达到的真正目的。所以，实际上 Could you do please pass the sugar?等于 I request that you pass the sugar to me（我请求你把糖递给我）。塞尔将表达说话人真正目的的施事行为叫"首要施事行为"（Primary Illocutionary Act），将说话人为了实施首要施事行为所实施的另一种施事行为叫"次要施事行为"（Secondary Illocutionary Act）。次要施事行为和话语的字面语力相吻合，首要施事行为不是字面上的，其间接语力则是由字面语力推导出来的。

间接言语行为理论要解决的问题是：说话人怎么通过话语的"字面语力"表达话语的间接的"施事语力"，或者听话人怎么由话语的"字面语力"推导出话语的"施事语力"，即当听话人听到特定的话语时他如何能理解特定的间接言语行为是指别的某种东西。

塞尔的间接言语行为假设是：

（1）显性施为句可通过句子中的施为动词看出说话人的语力。

（2）多数句子实际上是隐性施为句，其中的陈述句表达"陈述"，疑问句表达"疑问"，祈使句表达"命令"等言语行为。

（3）句子本身表达的这些言语行为称为"字面语力"，在"字面语力"的

---

① Searle. 1979. *Expression and Meaning：Studies in the Theory of Speech Acts*. London：Cambridge University Press.

基础上推导出来的语力称为“施事语力”，即间接语力。

（4）间接言语行为分为规约性（Conventional）间接言语行为和非规约性（Non-conventional）间接言语行为。

规约性间接言语行为是指对“字面语力”做一般性推导得出的间接言语行为。通过社会或文化的规约，某些言语行为已固化为另一种言语行为，某些语言结构上的特征可以帮助我们推导出间接的“施事语力”。例如，由于礼貌规约，听话人在听到下面的话语时，不会单纯地从字面意义上理解为“询问”，而是直接理解为“请求”：

（1）Will you pass the sugar?

（2）Why don’t you pass the sugar?

（3）Could you pass the sugar?

实施间接言语行为，说话人要考虑的因素很多，如说话人的意愿、听话人做某事的能力和愿望等。

非规约性间接言语行为较为复杂，较为不稳定。因为非规约性间接言语行为没有固化为另一种言语行为，听话人无法从语言形式推断说话人想要表达的意义，话语的意义要依靠语境和说话双方的共知语言信息来推导。例如：

A：Would you like to have tea?

B：Tea would make me awake.

B 的话语的暗含意义无法从字面意义中直接推导出来，这句话的语言形式也没有特别明显的特征，听话人只能结合语境进行推理，才能确定该话语的真正含义。结合上例，我们可通过 A 如何从 B 的话语中推导出“拒绝”意义来描述一下这个推理过程。

第一步：A 询问 B，B 做出“陈述”，说喝茶睡不着（会话内容）。

第二步：A 设想 B 在会话中愿意与他合作的，因此 A 设想 B 的话语是关联的（会话合作原则）。

第三步：如果 B 的回答是相关的，这一回答或者是“接受”“拒绝”“另行建议”，或者是“进一步讨论”（言语行为理论）。

第四步：但是 B 的话语在字面上不属于上述其中任何一个回答，因此，B 的话语并不是一个相关的回答（从第一步和第三步推导而出）。

第五步：因此，B 要表达的意义可能比话语字面意义多。现假定 B 的话语是相关的，那他话语所传达的首要施为用意应该与话语的字面意义不同（从第二步和第四步推导而出）。

第六步：A 知道，喝茶睡不着，在这样的情况下，人一般不会喝茶（背景信息）。

第七步：因此，B 可能不想喝茶（从第六步推论）。

第八步：接受建议或做出其他承诺的预备条件是，有能力实施符合命题内容条件的行为（言语行为理论）。

第九步：因此，A 知道 B 说这句话的后果可能是无法接受 A 的建议（从第一、七、八步推论）。

第十步：因此，B 话语的首要施为用意可能是拒绝建议（从第五、九步推论）。

这个推理过程不仅适用于非规约性间接言语行为，也适用于规约性间接言语行为，从这个推理过程，我们可以看出背景信息（语言的和非语言的）对间接言语行为的产生和理解起重要作用。

第二节　人际传播与沟通的言语交际模式与原则

在人际传播与沟通过程中，说话人和听话人之间的言语行为是有一定的模式和原则的，不同学科的学者曾从不同角度、不同侧面对言语交际作了精辟地阐述，提出了言语交际中的不同模式，在此，我们主要介绍对言语交际理论产生重要影响、在言语交际中起主导作用的两种交际模式——语码模式（Code Model）和推理模式（Inferential Model），以及言语交际中的两个主要原则——合作原则和礼貌原则。在人际传播与沟通过程中，我们实施言语行为一般都是按照上述模式和原则进行交际的。

一、言语交际的模式

语码模式和推理模式体现了言语交际中的两种不同方式，二者各有侧重，互为补充。

（一）语码模式

语码模式，又称信息模式（Message Model），该模式把语言交际视为一个用语言符号对交际信息进行编码和解码的过程，当信息的编码者（即说话人）发出的信息与解码者（即听话人）所理解的信息一致时，交际就成功了，否则就失败了。

早在17世纪末（1690年），英国经验论哲学家约翰·洛克（John Locke）就提出了人类语言理解的转译理论，可以说这是言语交际中的语码模式的雏形。洛克认为，理解我们所听到的话语在我们心中就是一种“镜像”（mirror image），因此理解的过程可以解释为表达的逆过程，即把表达中已转译成语音的观念再由语音转译成观念。20成纪初瑞士语言学家素绪尔（F.Saussure）提出的语言交际的“言语线”（Circuit Dela Parole）学说和20世纪30年代美国语言学家布龙菲尔德（L.Bloomfield）提出的语言交际的“刺激—反应”说为语码模式提供了直接的理论基础。1949年，香农（Shannon）和韦弗（Weaver）提出通讯的数学理论，对语码传递模式进行了定型化的概括，如图6.1所示。

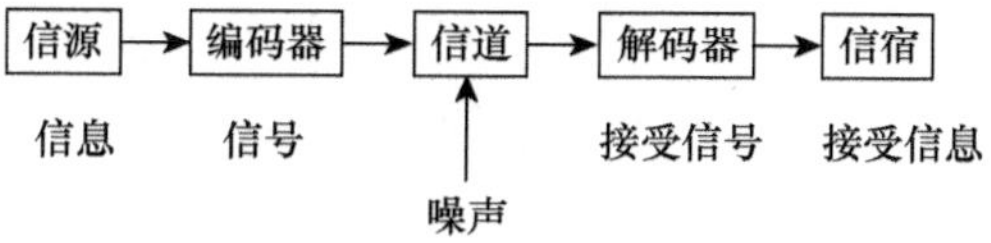

图6.1　语码传递模式

在此模式的基础上，语言学家结合言语交际过程中信息处理特点进一步研究，例如，斯珀伯（Sperber）和威尔逊（Wilson）按照语码模式，建构了一个言语交际模式，如图6.2所示。

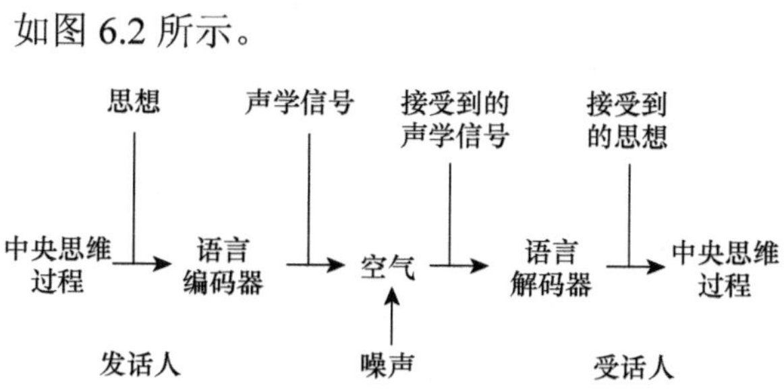

图6.2　言语交际语码模式

转换语法派语言学家卡茨（J.Katz）对言语交际中的这种语码传递思想作

了概括，即“言者……选择了他想转达给听者的某种信息……这种信息由言者利用其掌握的语言规则编成话语的语音表达……由言者发出的语音信号被听者的听觉器官接受后……听者可以得到与言者进行编码时相同的语音表达，该语音表达最后被听者利用相同的语言规则解码成与言者所表达的一致的信息[①]。

为了保证言语交际的正常进行，语码模式所描述的交际过程应满足3个条件：第一，发话人所使用的语言符号必须是表达思想的工具。更重要的是，发话人欲表达的用意与语言符号的语义表达应一致；否则，听话人无法从语言符号中解译出发话人的用意。第二，“编码—解码”交际过程中的发话人和听话人必须同时拥有关于语言符号的语言规则的知识。第三，交际者必须同时具有关于语言符号所代表的外部世界知识。这三个因素是语码模式的言语行为得以成功的条件。

虽然言语交际中理解说话人的用意主要是基于对其使用的语言形式的理解，但大多数情况下，语言表达形式只是理解说话人用意的必要条件，在言语交际中，很多语外因素，如说话人的心理状态和交际情景会影响对说话人用意的理解。比如同一个语言形式“茶不好”，说话人可表示不满、愤怒、道歉或者要求换茶、赔钱等。这种随心理状态而变的意图内容并不是由语言形式所规约的语义内容决定的，也不能按照某一符号规则将其编在语码里。

另外，言语交际可能是语言因素与非语言因素的统一，语言与语境密不可分。例如，伸出一个手指，说“怎么样？”或者用手一指，说“喏。”这些言语行为在使用语言手段的同时，还使用了非语言手段，两者相互配合，才完成这一交际意图。这种语言手段和非语言手段相互配合的复杂情形，语码模式无法充分描写。

（二）推理模式

在人际传播与沟通的言语交际中，非码化信息、语境的重要作用，以及纯意图推理交际的存在削弱了语码模式作为人类言语交际的一般性理论的基础，语码模式不能成为充分描写人类交际行为的完善理论。二十世纪五六十年代，

---

① Katz. 1966. *The Philosophy of Language*.N.Y：Harperand Row.

语言哲学家格赖斯（H.P.Grice）等人开始研究人类交际行为的推理模式。格赖斯在 1957 年发表《意义》（Meaning）一文，该文没有采用传统意义研究的形式主义方法，而是开始从人的心理意图上探讨意义的本质，提出非自然意义理论，认为“意义即意图”。例如：

A：Those spots mean measles.

B：The comment that Smith can't live without his wife means that he can't do without his wife.

根据格赖斯的观点，A 句中的动词“意味”表达的是自然意义，B 句中的动词“意味”表达的是非自然意义。自然意义和非自然意义的区别与人们一般所说的自然迹象和规约符号类似。即自然意义反映的是事物的内在特征，它自然地显示出某事；非自然意义没有自然地反映事物的本质属性，带有人为意图的特点。人们在传播与沟通的言语交际行为中，不是在自然意义层面上直接传递信息的，大多是在非自然意义层面上表达意图。直接的信息传递只是给要传递的信息提供直接的带有内在联系的依据。在非自然意义条件下，说话人不是给要传递的信息提供直接证据，而是给其所要传递该信息的意图提供直接证据。比如我们说“上个周末我们去爬了岳麓山。”这句话不是对上个周末爬了岳麓山提供直接证据，而是对目前我们想传递这个信息的意图提供直接的证据。

1967 年格赖斯又提出指导交际和推导会话含意的合作原则，即根据目前交际的目的或方向，使谈话始终符合交际的需要，交际双方只有相互配合，朝着共同的目标努力，才可以促进交际的顺利进行，这种对正确辨识和理解说话人意图的推理条件和推理过程所作的创新性的论述，发展了他的“意义—意图”论，奠定了言语交际的推理条件和推理基础。后经别人的修正和发展，格赖斯的意义理论和会话含义理论被发展为一种较为完善的、流行于现代语言交际理论界和话语分析理论界的交际模式——推理模式。这一模式认为，交际是说话人给自己所要表达的意图提供证据，听话人通过结合语境分析证据，从而推断出说话人的交际意图。

推理模式试图利用一系列交际假设，通过一些推理策略和推理步骤（Inferential Strategies and Steps）描述听话人理解说话人用意的思维过程，将不同语境中的说话人语言表达同其欲表达的用意联系起来。这种推理机制实质上是我们所说的语用推理。语用推理中，语言符号的语义表达不是说话人交际意图的唯一表象，一些语外因素，如语言符号和使用者的关系、与交际情景的关系等，是听话人推导说话人交际意图的依据。在推理模式中，听话人理解说话人的交际意图时的语用推理就是以一些对语外因素的交际假设为推理基础、经过一系列步骤或程序而进行的。如贝奇（Kent Bach）和哈尼斯（Robert M. Harnish）的言语行为模式（1979）就揭示了这样的推理步骤和推理基础[①]：

推理步骤推理基础

Ll: S 在讲一句话 听 s 讲这句话

L2: s 以此句表示…　　LI，语言前提，语境相互知信

……

L7: s 在表达某种言外之力（交际意图）　L6: 语境相互知信

在实际交际中，听话人的推理不一定严格地按照推理步骤一步步地进行，听话人也会未必意识到其推理的确切步骤；在绝大多数的语言交际之中，语用推理都是跳跃式地、简单化地、不知不觉地进行的，但对推理的程序化、步骤化的描述能反映听话人在话语理解中的思维规律。正因为以一系列语外因素作为推理依据，语用推理更有利于解释歧义句和语境约束句中发话人的交际意图等。例如：

A: 去逛街还是去爬山?

B: 随便。

根据 B 句的语言形式所表达的语义无法断定 B 是想去逛街还是想去爬山，此语码模式及其语义推理无能为力。根据推理模式，只要弄清与 A 相关的交际背景，A 就能推导出 B 的真正用意。为此，A 必须对 B 发话时的背景做出种种假设，如在平常相处时对 B 的爱好的了解程度，以及此时 B 的心情等，然后再找出最相关的假设来推导出 B 的真正用意。可见，语用推理是极其复杂的，但也证明了推理模式有助于解释实际语言交际中语码模式所不能

① Bach & Harnish. 1979. *Linguistic Communicationand SpeechActs*. Cambridge：Mass. MIT Press.

解释的会话含义。

二、言语交际的原则

（一）合作原则

人们在进行沟通与传播时，如何使交际得以顺利进行？说话人如何发话？听话人如何根据说话人在特定环境下的言语行为来推断其表明的意图？人们在进行言语交际时，首要遵循的原则就是合作原则。关于这点，1967 年格赖斯在威廉·詹姆斯讲座中提出了制约交际和理解话语意图的合作原则（Cooperative Priciple，简称 CP）。格赖斯认为合作原则是人们进行交际活动时必须遵循的一般标准。交际双方只有合作才能促使交际顺利进行，这一原则能指导人际传播与沟通的顺利推进。

康德（Immanuel Kant）在“范畴表”中构筑范畴体系时，认为范畴体系由“量”“质”“关系”和“方式”4 个次范畴构成。格赖斯受其启发，也划分出 4 个范畴：“量”“质”“关系”和“方式”，提出 4 个相应的准则，他认为遵守了这 4 条准则就是遵守了合作原则。这 4 个准则的内容大致如下：

第一，量的准则（The maxim of quantity），指所提供的信息的量。具体包括：

（1）所说的话应包含为当前交谈目的所需要的信息。

（2）所说的话不应包含多于需要的信息。

第二，质的准则（The maxim of quality），指所说的话力求真实，尤其是：

（1）不要说自知是虚假的话。

（2）不要说缺乏足够证据的话。

第三，相关准则（The maxim of Relevance），在关系范畴下，只提出一个准则，即所说的话是相关的。

第四，方式准则（The maxim of Manner），指清楚明白地说出要说的话，尤其要：

（1）避免晦涩。

（2）避免歧义。

（3）简练。

（4）有条理。

格赖斯认为，在遵守这些准则的前提下，不同的说话人在不同的情境下，在实施言语行为时会有不同的侧重。这些准则在推进言语交际的顺利进行无疑具有重大作用，我们应该遵守，但在具体情境之下，为了传达特定的交际意图，有可能违背这些准则。格赖斯总结了可能不遵守这些准则的四种情况，分别是：

第一，说话人宣布不遵守合作原则及有关准则，如“无可奉告”，“我不能说更多内容了”。

第二，说话人不加声张地违反某一准则，这样就有可能把听话人引入歧途，使听话人误解或上当，如说谎。

第三，说话人在面对冲突时，即遵守了其中一条准则不得不违反另一准则。例如：

小李：小马住哪儿？

小王：长沙的某个地方。

如果小王知道小李想去看小马，那他的回答就违反了“量”的准则，即他提供的不是对方所需要的信息，但也不能说明他没有遵守合作原则。因为小王如果提供更多的信息，就可能违反“质”的准则，即所说的话要有足够的证据。所以小王说“住长沙的某个地方”的含义是：他也不知道小马住的具体位置。

第四，故意违反或利用某一准则传递会话含义。这种情况是说话人故意不遵守某一准则，听话人同时也意识到说话人违反了这一准则，其目的不是不合作或中断交际，而是为了向听话人传递新信息——会话含义。当说话人违反了某一准则，听话人要超越话语的表面意义去领悟说话人所说话语的隐含意义，这种隐含意义就是会话含义（Conversational Implicature）。在人际传播与沟通过程中，要领会其中的会话含义，交际双方必须依据语境来理解对方话语的真正含义，明白话语的言外之意。例如：

A：烤鱼怎么样了？

B：那猫看上去很高兴。

A 本来问“烤鱼怎么样了”，B 的回答却是“那猫看上去很高兴”，从话语的表面形式上看，B 的回答没有遵守合作原则，但 B 在此的回答却有特殊的会话含义，即烤鱼可能被那猫吃了。

（二）礼貌原则

每个民族都重视礼貌，提倡礼貌，但“礼貌”的具体内容具有民族性，同一言语行为，不同民族对其礼貌的认定可能截然不同。中华民族作为“礼仪之邦”，更是重视礼貌，所以，在人际传播与沟通中，一般情况下，除了要遵守合作原则外，还要遵守礼貌原则。

格赖斯谈及合作原则时，提到了为了传达自己的交际意图，有时会违反合作原则，但没有说明为何说话人要违反合作原则的一些准则进行交际，以及听话人该怎么推导说话人特殊的会话含义，利奇（Geoffrey Leech）（1983）提出的礼貌原则正好弥补了其不足。他认为说话人违反合作原则，把话说得间接是处于礼貌的考虑。例如：

A：我们都很想念小王和小李，是吧？

B：是的，我们都很想念小王。

该例中，A 说的话里提到的想念对象包括小王和小李，而 B 只回答了我们想念小王，也没有说我们不想念小李，很明显这个言语行为违反了合作原则中的“量”的准则，为什么 B 违反“量”的准则而让 A 去推导自己话中不想念小李的那层意思？利奇认为 B 这样说是出于礼貌的考虑，以免让第三方感到难堪。在此基础上，利奇提出了有关礼貌原则的六条准则，分别是：

第一，得体准则（Tact Maxim）。

（1）尽量少让别人吃亏。

（2）尽量多使别人受益。

第二，慷慨准则（Generosity Maxim）。

（1）尽量少让自己受益。

（2）尽量多使自己吃亏。

第三，赞誉准则（Approbation Maxim）。

（1）尽量少贬低别人。

（2）尽量多赞誉别人。

第四，谦逊准则（Modesty Maxim）。

（1）尽量少赞誉自己。

（2）尽量多贬低自己。

第五，一致准则（Agreement Maxim）。

（1）尽量减少双方的分歧。

（2）尽量增加双方的一致。

第六，同情准则（Sympathy Maxim）。

（1）尽量减少双方的反感。

（2）尽量增加双方的同情。

利奇提出的礼貌原则的六条准则，可以指导人际传播与沟通过程中的汉语的礼貌表达。因为在名利的分配方面，汉文化要求约己利他，多给对方好处，少给自己好处。在涉及个体的评誉方面时，汉文化崇尚褒人贬己，尽量褒扬他人、贬抑自己，对待他人应尽可能表示赞同与同情。我们可以通过声称交际双方具有共同点来维护听话人的面子，即遵守了礼貌原则里的一致准则。例如：

（1）你一定饿了，吃完早饭已经很长一段时间了，我们去吃中饭吧？

（2）你的这支钢笔好漂亮啊！

（3）A：在回家的路上，我的轮胎没气了。

B：天啊，轮胎没气了。

例 1 体现了说话人通过关注听话人的愿望、需要，寻求与对方的一致性；例 2 体现了说话人对听话人的赞同，拉近与听话人的距离；例 3 中，A 寻求听话人 B 能同意的话题，通过重复对方的话语寻求与对方的一致。该三例都是通过寻求与听话人的共同点来接近对方，体现了礼貌原则中的一致准则。

根据汉文化特点，在人际传播与沟通中，为了遵循礼貌原则，特别要注意以下几点内容：

1. 尊敬

在人际传播与沟通中，要坚持礼貌原则，必须做到尊敬。尊敬包括恭敬、商量、友善等内容。在指令类言语行为中，说话人首先要对听话人表示恭敬，这个可以通过使用恭请性字眼来体现，如“麻烦您”“劳驾”“请”等；语气上要和蔼、友好，切忌态度粗暴；可以采用商量甚至央求的方式，征求听话人的意见，以示对听话人的尊重。

2. 体谅

要坚持礼貌原则，“体谅”不可或缺，其具体表现为：在进行言语交际时，要多为对方考虑，多体谅对方的难处，少给对方添麻烦等。说话人发话时，要为对方设想和考虑，避免给对方造成麻烦，考虑听话人在特殊场合的面子要求等。

3. 热情

中国人的人际关系比较亲近，在亲朋、好友、邻里、同事等关系中，人际距离和个人的独立性比较小，因此，在人际传播与沟通中，中国人的言语行为要求待人热情、忌讳冷淡随意。热情不仅体现在对听话人有利的言语行为中，如提供好处等，要反复劝敬、多表殷勤，在表建议、提醒等言语行为中需多做友好的提示，热情还要体现在对说话人有利的言语行为中，如采用请求和央求的方式等，说话人要态度热情、反复请求，如果过于克制或委婉，听话人可能会认为说话人态度不诚恳。如果说话人语气冷淡，所提要求显得不急迫、不强烈，听话人则极有可能置说话人的要求于不顾。

第三节　人际传播与沟通的言语会话结构

言语行为中，话语是其重要要素之一。话语从表层上看就是一个线性的序列组合，事实上，人际传播与沟通中的话语组合，不仅是线性的，它还能形成一定的结构。形成一个会话，至少需要两个交际者，这两个交际者各说一句话就形成了最简单的会话，更复杂点的话语可由更多的句子组成。根据交际者在形成话语结构中的贡献方式，话语结构可分为两类：篇章结构和会话结构。篇章结构由一个交际者有计划地通过增加或修改句子构成，有时一个篇章可能经由几个人修改，但这修改不能破坏篇章结构的计划性，篇章结构基本上是书面形式的；会话结构由两个或两个以上的交际者交替活动合作形成，主要是通过口头对话形成。我们探讨的人际的传播与沟通，更多地强调人与人在交流时的互动，所以在此介绍的主要是有关会话结构的内容。

一、会话局部结构

“语用结构的各个方面都是以运营中的会话为中心组织起来的。”①虽然话语不限于会话，但会话却是人类最原始的语言运用形式，会话也是话语最基本、最重要的形式。我们学会分析会话结构，可以帮助我们揭示言谈应对机制和其中的奥妙之处，明白自然会话的连贯性，也有助于准确理解话语的意义。

会话结构可以分为局部结构和总体结构两大类。局部结构则指交际者交替发话这一合作活动所形成的轮番说话的功能组合方式；总体结构指一个完整的会话活动在其展开过程中依照交际要求所形成的功能模式。

细心的人可能会发现：会话中很少出现两个或更多的几个人同时说话的情况。研究者指出，会话的特点是轮流说话：一次会话至少由两轮话组成，A 先说，停下后，B 接着说，两人对话的分布是 A-B-A-B-A-B。

话轮（turn）是说话者在会话过程中从开始说话起直到停止说话或者被别人打断、替代为止所说出的一席话。一个短的话轮可以只有一个独词句，如“谁”，长的话轮可以是一个乃至几个句群。

话轮对是由不同的交际者各自所说的两个或多个话轮交替组合构成的一个引答结构。最典型的话轮对是相邻对，它是会话局部结构的基本单位。例如：

甲：祝你考取了重点大学。

乙：谢谢。

刘虹认为会话结构中大致有 16 种较典型的相邻对类型②，分别是：致意—致意、告别—告别、呼唤—回答、询问—回答、道歉—宽慰/责备、祝愿—感谢/祝愿、介绍—致意/介绍、建议—同意/搪塞/拒绝、评论—同意/反驳/质疑、感谢—谦虚/感谢、邀请—接受/谢绝/搪塞、提供—接受/谢绝/感谢、指责—道歉否认/借口/承认/争辩挑衅、赞扬—谦虚/感谢/赞同/赞扬、要求—接受/推迟/拒绝/搪塞/质问、祝贺—感谢/谦虚/祝贺。

比较常见的话轮对延续形式是一个个相邻对按时间顺序衔接，可称之为顺

---

① Levinson. 1983. *Pragmatics*. London：Cambridge University Press.

② 刘虹. 2004. 会话结构分析. 北京：北京大学出版社.

接。例如：

甲：大白菜怎么卖呀？

乙：两块一斤。

甲：一块五卖不卖？

乙：不卖。

甲：一块八呢？

乙：行吧，那下次再来做生意啊。

另外一种比较常见的话轮对延续形式是答话者在回答对方问题之后转而成为主动的发话者，使原来的主动方成为被动方，这可称之为转接。例如：

甲：大白菜怎么卖呀？

乙：两块一斤。你要多少？

甲：两块太贵了，一块五卖不卖？

乙：不卖。

转接的基本形式可以概括为：

甲：引发语

乙：应答语+引发语

甲：应答语

需要注意的是，话轮不一定都是由一个陈述句和疑问句构成的，有可能由陈述句单独构成，这时，应答语和引发语可能由一个句子承担，即身兼数任，构成以下这种形式：

甲：引发语

第一相邻对

乙：第二话轮（应答语兼引发语）

第二相邻对

甲：第三话轮（应答语兼引发语）

例如：

甲：这个挎包很漂亮。

乙：我不觉得。

甲：那是你不懂欣赏。

会话中，不一定严格按照上述的话轮对进行，因为话轮对本身可以复杂化，即在原本可以相邻的话轮对中间插入一个系列，使原话轮对成为两个遥相呼应的部分。例如：

甲：阿姨，我想买一包烟。

乙：你多大了？

甲：15岁。

乙：那不能卖给你，因为你还未成年。

乙为了进一步了解甲的情况，没有就甲的请求作出回答，而是另外引出一个话题要甲回答，最后才对甲提出的要求作答，中间这个话轮对插入在原本是“要求—拒绝”的相邻对中间。这种形式的话轮对组合可以称为递加。

由上可知，会话局部结构主要由话轮对、话轮对的顺接、转接或递加等构成。

二、会话总体结构

会话总体结构一般由开头、主体和结尾三部分组成。其中的开头和结尾部分比较有特点，我们主要就此做些介绍。

会话开头有何特点，与会话者是否面对面、是否熟识有关。根据会话者是否面对面，可将会话分为直面会话和分隔会话，这两类会话根据会话者是否熟识呈现出不同的特点。陌生人之间的直面会话主要有四种类型：求助型、询问型、自荐型、搭讪型。

求助型的始发语往往以疑问句形式出现，如“能不能帮个忙？”，或者以祈使句形式出现，如“请帮个忙。”

询问型的始发语基本上是疑问句形式，如“哎，你是文学院的吗？”“你们也去爬岳麓山？”

自荐型的始发语常常是自我介绍的陈述句，如“我是刘可的同学。”

以上三种类型的开头往往前加一个应酬性的礼貌用语或者称呼语，如“你好”“劳驾”“早”“先生”等。

搭讪型的始发语常是一个看起来像是自言自语的陈述句或感叹句，事实上它是讲给别人听的，以求得到别人的应答，如“这个挎包太漂亮了！”“今儿天气不错。”

陌生人之间的直面会话主要是以上四种类型，熟人之间的直面会话主要有以下五种类型：招呼、询问、报告、指令、自荐。

招呼型的始发语往往使用应酬性礼貌用语或称呼语，如“你好！”“老李！”

询问型的始发语往往是询问对方的情况，前面可以加招呼语，如“近来忙吗？”“老李啊，最近身体怎样？”

报告型的始发语往往是陈述句，前面也常加招呼语，如“小李，刚才经理来视察过了。”“听说明年要涨津贴。”

指令型的始发语往往是祈使句，前面常加招呼语，后面接着说出理由。如“小李，你来我办公室一趟，有点事要跟你商量。”

自荐型的始发语是自告奋勇式的陈述句，如“我来帮你。”或是先责怪后自告奋勇，如“看你这慢吞吞的样子，还是让我来吧。”

在上述这些始发语后如果有别人的应答语，那会话的开头部分就形成了。接着可以立即或逐步过渡到会话的主体部分。如果听话人不打算合作，那会话到此结束，也就谈不上开头、主体、结尾的区分了。

打电话是分隔会话的典型形式。现代社会里，打电话是人际传播与沟通中最普遍，也是较为便捷的一种交际方式。打电话不难，但打好电话却大有学问。它要求在一定时间里科学合理地安排谈话内容，说话得体，效率高，并且能取得预期的交际效果。下面以一个想应聘某单位某职位的毕业生和该单位人事部李经理的一次电话交谈为例，说明分隔会话总体结构的具体表现。

（一）开头

听到电话铃响，接电话的人拿起话筒先说话：有礼貌地打招呼，询问对方是谁、何事。例如：

学生：（拨通人事部经理的电话：铃响）（召唤）

经理：喂，你好！哪位？（应答）

学生：李经理，您好！我是刘XX，XX大学中文系汉语言文学专业的应届毕业生，上次我到贵单位给您投了份我的简历，不知您还记不记得？（先致问候）（表示已认出李经理）

学生：哦，小刘！你好！（回致问候）（表示已认出该学生）

在电话交谈中，铃声可以视为始发语，接电话人的第一句话可视为对铃声的应答语，它们构成交谈开头部分的特殊相邻对。

（二）主体

打电话的人切入主题：说明打电话的原因，想办什么事情，对要谈的事情做好安排。

学生：李经理，我想应聘您单位办公室文员一职，您上次说单位领导要开会讨论，不知情况怎么样了？（开头之后，切入第一个或主要话题）

经理：领导已经开会讨论了，经过初选，你获得了复试资格。

学生：谢谢！请问复试主要考些什么内容呢？我好准备一下。（提出第二个话题）

经理：主要是想看看你们的写作能力。

学生：哦，那请问是什么时候参加复试啊？（提出第三个话题）

经理：下周一。

学生：我知道了，谢谢李经理！

（三）结尾

交谈的主体内容结束了，交谈的结尾部分处理是否得当也很重要。从技巧上讲，一方不能强使交谈的另一方在对方还有重要的话未说完之前终止对话；从社交上讲，终止交谈过急或过缓都会让对方产生不好的感觉。因此，在结尾部分应使用一些预示结束的话，让对方有一个思想准备，然后再道别。

经理：还有什么要问的吗？

学生：暂时没有了。

经理：那你认真准备吧，预祝你成功，期待我们能成为同事！

学生：谢谢李经理！

经理：再见，刘XX

学生：再见，李经理！

不论是直面会话还是分隔会话，结尾形式没有很大区别（态势语言暂不考虑）。一般情况是互道“再见”或再次感谢对方的帮助等。通常在主体和结尾之间有一个过渡，处于过渡阶段的话语具有预示系列（pre-sequences）的特征，其作用是使结尾不显得唐突。预示系列中的始发语根据其功用，可分为八类：评价型、结束型、感谢型、道歉型、邀请型、询问型、重申型、推遁型。

评价型：对交谈表示满意，如“今天谈话很愉快。”

结束型：直接给交谈结尾，如“这次就聊到这儿吧。”

感谢型：感谢对方的帮助或合作，如“谢谢你听我唠叨了这么久。”

道歉型：对占有对方时间表示歉意，如“今天打扰你了。”

邀请型：邀请对方以后再来交谈，如“有空去我家玩啊！”

询问型：询问对方是否还有其他事情要做，如“你快要下班了吧？”

重申型：重申刚才交谈中彼此商定的事情或其他重要信息，如“一定要记得我刚才拜托您的事啊！”

推遁型：提出种种理由，为自己或对方停止交谈设置条件，如“不好意思，我得开会去了。”

这些预示序列可以叠加使用，是否叠加、如何叠加，取决于会话双方的关系。比如“道歉型+感谢型”的方式具有很浓的礼貌色彩，如果会话双方不怎么熟悉或亲密则倾向于使用这种预示序列。如果直接使用结束型，则说明会话双方关系相当亲密。

值得一提的是，并非所有会话的总体结构都由开头、主体和结尾三部分构成，有时可以省略开头，有时可以省略结尾，有时两者都可省，在具体会话当中，总体结构由哪些部分构成，由会话双方的关系以及具体的情境决定。

第四节　人际传播与沟通的言语意义

一、言语意义的内涵

“意义”一词在《现代汉语词典》（第 5 版，第 1618 页）的释义为：①语言文字或其他信号所表示的内容。②价值；作用：积极的意义/探讨人生的意义/一部富有教育意义的影片。我们这里探讨的意义指的是第一义项，“表示的内容”可从两个方面来看：一是从符号本身来看；二是从人们运用语言的行为来看。相应地，意义包含两个层面的内容：符号意义和语用意义。

符号意义指的是符号以一定的声或形，代替经人们约定俗成的相当固定的内容。符号意义主要有两个特点：一是符号意义是以“概念”的方式在词语中固定下来的静态意义，它是客观的，可以写入词典；二是符号意义是对客观事物的概括反映，事物的变化会引起符号意义的变化。

语言的符号意义可叫做语言意义。语言意义不受语境的影响，不会因语境的变化而发生意义的变异。比如“你真坏”中的“坏”的语言意义在《现代汉语词典》（第 5 版）中有 6 个义项，都是指不好的方面，至于它在特定语境中表现的褒义感情色彩义，“坏”的语言意义就不包括。这句话如果是在恋人间彼此撒娇的时候使用，则带有“亲昵”意义。可见，符号意义是固定下来的意义，不会随语境的变化而变化。

在人际传播与沟通过程中，人们运用符号（包括语言符号和非语言符号）时所显现的内容叫做语用意义，又可称为言语意义。言语意义是在理解上述的语言意义的基础之上，结合当时的语境理解到的附加意义。

言语意义的传递不像接力赛似的那么简单，一方传递出去，另一方就能接住。要使意义，或者说说话人的交际意图能够让对方理解，一方面，说话人要能正确表达自己的意图；另一方面，要通过恰当的方式表达，最后听话人要能正确理解说话人的意图，只有这样，言语行为中的意义才能正确传递，取得预期的交际目的。

由上可知，言语意义的传递一方面，受语言形式本身的制约，即说话人采取何种方式来传递；另一方面，受说话人和听话人的影响，分别受其话语表达和话语理解能力的制约。比如，听话人个人因素的介入，使意义的把握成了一个开放的系统，使其对言语行为意义的理解既受其对所涉及事物固有属性的认识和理解的制约，也受其对关于该现象所得到的经验的制约。不同的人对同一符号所传递的意义理解有别。鲁迅曾说过，同是一部《红楼梦》，单是命意，就因为读者的眼光而有种种：经学家看见《易》，道学家看见淫，才子看见缠绵，革命家看见排满，流言家看见宫闱秘事……[①]出现这种差异，主要原因在于听话人各自的人生经验不同，听话人在理解话语时，自己的人生感受与体验都会参与其中，然后结合当时的语境去组合信息，最终得到自己所认为的言语意义。

二、言语意义的特点

言语意义是在人际传播与沟通过程中获得的，在整个过程中，它是变动的，与语境有很大关系，所以它与静态的语言意义不同，具有如下几个特点：

（一）情境性

言语行为意义不是从语言符号本身，如语言符号的语音、语法等方面获得，而是从运用语言符号时所处的语境中获得，它与语境关系密切。比如“她看了书”这句话的言语行为意义和具体的人、具体的书联系在一起。“她”不仅有“第三人称代词”的含义，而且还具体指称了某个人；“书”也不是抽象的一般的书，而是指明了具有具体内容的书：或是文科方面的书，或是理科方面的书，或是其他方面的书，不管是哪一方面的书，都有具体所指。因此，言语行为当中的言语意义与语境相关，总是与特定语境中的某一具体的事物事件联系在一起。

（二）不确定性

因为言语意义与语境密切相关，语境发生变化，言语意义有可能随之变化，体现了言语意义的不确定性。例如：

---

① 鲁迅. 2005. 鲁迅全集（第八集）. 北京：人民出版社.

甲：肚子好饿啊。

乙 1：顺着这个街道，第一个分叉路口往左拐就有餐馆。

乙 2：顺着这个街道，第一个分叉路口往左拐就有餐馆，但估计现在已经关门了。

如果乙是用乙 1 这句话来回应甲的话，那么这句话传递的言语意义是“甲可以去那家餐馆用餐”，如果乙是用乙 2 这句话来回应甲的话，那么这句话传递的言语意义是“很可惜，早一点的话也许可以去那餐馆用餐”，乙原来传递的言语意义是甲可以去那餐馆用餐，而现在不用去了，当初的言语意义消失了。

由上例可知，在言语行为中，同样的语言形式，其所传递的言语意义可能因语境的变化而变化。言语意义的不确定性还可能表现在具有单一意义的表达形式在一些场合下所传递的意义不能确定。例如：

甲：今天你打算干什么？

乙：我有点感冒。

乙所说的话其隐含的意思是什么，乙今天是什么也不做，还是尽量少做点事，还是能做多少就做多少，还是还没打算今天要做什么，等等。甲只能作个大体的猜测，究竟乙要表达的是什么意思，非得要乙明说。

（三）可推导性

听话人根据对方提供的语言形式所表达的语言意义，结合会话原则及其准则，以及当时的语境，推导出说话人所说话语的言语意义，因此，言语行为中传递的言语意义具有可推导性。Grice（1975）曾提出过言语意义的推导模式，内容如下[①]：

（1）说话人说出 p。

（2）没有理由假定他不遵守（合作原则下的）各项准则，至少假定他会遵守合作原则。

（3）除非他认为 q，否则他就不会违背准则。

（4）他知道（而且知道我知道他知道）我能看出他有必要认为 q 否则他就

① Grice. 1975. Logic and conversation. In P.Cole & J.L.Morgan（eds.），*Syntax and Semantics 3：Speech Acts.*（pp41—58）New York：Academic Press.

会被我视为不合作。

（5）他未做任何努力来阻止我认为 q。

（6）他意欲我认为 q，或至少愿意允许我认为 q。

（7）所以，他表达的含意是 q。

格赖斯提出的推导模式说明言语意义具有可推导性。

三、影响言语意义接受（传播与沟通）的因素

说话人要传递的交际意图，通过一定的语言形式表达，不一定能被听话人完全接受，因为话语在传播与沟通过程中受一些因素的影响。

（一）说话人的语言表达能力

在人际传播与沟通中，说话人要传递一定的交际意图，说话人必须具备一定的语言表达能力，主要表现在就意图组织语言，采用恰当的语言表达形式。不同的语言形式传递的意义不一样，所以要根据交际意图选取相应的语言形式；即使是同样的语言形式，在不同的语境下，也可能表达不同的意义。一般情况下，要正确传递自己的交际意图，说话人必须具备一定的语言表达能力，这个是我们探讨影响言语意义接受因素的前提。

（二）听话人对话语的理解

影响听话人是理解话语中言语意义的因素很多，如听话人对语言形式所表达的语言意义的理解程度、对与交际相关的政治、经济和文化等大语境的了解、交际目的、听话人的人生阅历，已经听话人的心理状态和价值观等。现举其中几个因素来谈谈。

1. 经历

社会属性是人的本质属性。人是群居动物，他的成长离不开社会活动，经历记载了一个人在成长过程中所从事过的社会活动，这些活动对人的思想、情感等各方面的形成和发展有着十分重要的影响。在人际传播与沟通过程中，听话人在理解言语意义时，受其个人经历的制约。

有着不同经历的人，对语言符号所传递的言语意义的理解有着不同的预期。曾有人作过这样一个测试：

请不同行业的三位文艺工作者作为被试，请一位 7 岁女孩作为参照被试。在速示器上展现“真理”一词，三秒钟后，让他们各自说出自己脑海中，对这一词语在刹那间产生的真实和具体感受。测试是在互不知晓的情况下分别进行的。结果是：

一位美术家回答说：先是一种“肃穆”的感觉，接着眼前朦胧地出现一种像“纪念碑”模样高大稳固的形体，甚至还想到“献花圈”。

一位音乐家说：她感到“激动”，耳畔恍若响起了大海的涛声——不，那是《国际歌》的旋律，对了！“要为真理而斗争”！

一位诗人说：他感到了自下而上腾起的一片光明，是什么一下子说不清楚，但有一种圣洁的感觉。

女孩，只是迷茫地摇了摇头。

这个实验说明，同样的语言形式所表达的语义存在明显的个体差异。以上 3 位文艺工作者，他们各自的经历、参与的社会活动各不同，各自的心理积淀也不同，所以他们对“真理”一词的理解也不同，都与各自的生活有联系：画家脑中涌现的是“形象”纪念碑；音乐家脑中涌现的是“旋律”，《国际歌》“要为真理而斗争”；诗人脑中“腾起”的是情感“圣洁”的感觉。而小女孩，由于阅历短，生活的心理积淀薄，所以，“真理”这个较为抽象的词，无法激起她的任何联想，她无法理解到“真理”的言语意义。

2. 目的

在人际传播与沟通过程中，不同的交际目的会影响听话人对话语的理解。同一个语言形式，怀有不同交际目的的听话人会根据自己的需求和动机作相应的理解。例如，看一段电视散文，如果带着消遣休闲目的来看，那他感受到的可能就只是其中的优美画面和动听的音乐；如果带着欣赏性的目的来看，那他除了感受其中的优美画面和动听的音乐之外，还会看出许多“门道”，既能体验散文的形散神不散的结构特色，还能感受语言艺术的魅力。

3. 文化

不同的民族有着自己独特的历史传统和风俗习惯，有不同的生态环境及社会制度，从而形成了不同的文化。词义具有民族性，表达同一概念的词，在不同民族或区域氛围的影响下不断使用，就会获得独特的言语意义。如在中华民族中，表示“表姐、堂姐、表哥、堂哥、表妹、堂妹、表弟、堂弟”等概念的词，在英文中就一词“cousin”概括之。为什么中华民族用这么多词概括指称英文中一词指称的对象，这就与中华重视伦理的文化有关。又如中华民族的“梅、兰、竹、菊”4种植物，被称为“四君子”，看到相应的词，能引起中国人的许多联想和情趣，而西方人却会感到茫然。与此相近的有关说法还有许多例子，如“吃醋”“和稀泥”和“打肿脸来充胖子”等。这些词的意义都是人们头脑里储存的社会文化生活等知识所赋予的，只有听话人理解这些语言形式的语言意义以及它们所蕴含的文化，才能理解说话人想传递的言语意义，否则，可能只理解语言形式所表达的语言意义，而没法真正了解其言语意义。

四、言语意义的获得

在人际传播与沟通中，交际要顺利进行，对话语所表达的语义有一个正确的理解十分重要，“人生得一知己足矣”就是这方面的感叹。可见，在言语交际中把握好说话人的交际意图，理解其所表达的言语意义并非易事。因此，交际双方不能只是机械地理解话语的字面意义，而是需要结合认知语境，运用语言知识和能力解读话语及其隐含的意义。

第七章　人际传播与沟通中的非言语传播

第一节　非言语传播概述

在人际传播过程中，我们虽用发声器官讲话，却在用整个身体交谈。人们在面对面进行传播的过程中，不仅用语言符号来传情达意，同时还调动了大量的非言语符号来传播信息，如表情、姿态、服饰以及音调、音量、语气等，这些非言语符号都在无意间传递和透露了一些重要的信息，如在与心爱的人交往的过程中，表现出欢快、愉悦等表情；在与陌生人交谈的过程中，表现出冷静、谨慎等表情；在与讨厌的人交往的过程中，表现出厌烦、冷漠等表情。这些在不同场合与不同的人交往过程中所传递出来的非言语符号，能够透露出传播者内心真实的想法以及表达传播者的真情实感。另外，在人际传播的过程中，非言语符号还可以传递出对方的兴趣、爱好及性格等方面的信息，如通过对方的衣着打扮、行为举止等方面进行判断[①]。研究姿态交流的著名学者雷伯德惠斯托估计，在两人面对面交流时，65%的“社会含义”是由非言语符号传播的。这表明在人际传播过程中，人们通过大量的非言语符号来传递信息和表达感情。体育记者翠西・多斯在采访一位刚从大手术中痊愈的赛车手丹尼・昂盖斯时，这位赛车手因对新闻记者抱有成见，对记者的问话仅以摇头、耸肩、扬眉、微笑等方式来回答，翠西・多斯通过对这些非言语符号的解码，读出了他对赛车事业的热爱，写出了一篇极具人情味的报道。

在人际传播过程中，双方要想充分了解和理解对方，达到一个比较理想的传播效果，在用言语进行表达的同时，还需要抓住传播过程中非言语符号所透露的信息和传递的情感。在人际传播过程中，非言语传播有着自己独特的内涵和表现形式，正确认识和解读人际传播中的非言语传播符号，掌握传播过程中

---

① 施拉姆. 2010. 传播学概论. 何道宽译. 北京：中国人民大学出版社.

非言语传播的技巧和规律，能强化人际传播过程中双方信息沟通的效果。下面我们将探讨人际传播与沟通过程中的非言语传播。

一、非言语传播的定义

人类传播活动是伴随着人类的诞生而出现的。在语言出现之前，人类是通过非言语符号来传递信息，表达情感的[①]。摩尔根指出："人类必然是先有思想而后才有语言；同样，必然是先用姿势或手势表达语意而后才有音节分明的言语。"在远古时期，人类主要是通过手势、面部表情、类语言、器物等方式来传播信息和沟通情感的。随着语言的出现，非言语符号成为人类传播过程中重要的补充手段。伴随着社会的进步，非言语符号也不断得到丰富和发展。

对非言语的研究，我国最早可以追溯到先秦诸子，在《论语·乡党》中有两段话，描绘孔子在不同的场合的不同的行为方式和态度。文中写道："孔子于乡党，恂恂如也，似不能言者。其在宗廟朝廷，便便言，唯谨尔。""朝，与下大夫言，侃侃如也；与上大夫言，誾誾如也。君在，踧踖如也，与与如也。"意思是说，孔子和家乡父老在一起时，显得很温和恭敬，像是不会说话的样子。但他在宗庙里、朝廷上，却很善于言辞，只是说得比较谨慎而已。孔子在朝上，同与自己职位低的人说话，表现的理直气壮，不慌不忙；同比自己职位高的人说话，表现正直而恭敬的样子；而面对国君时，又表现得小心谨慎，极度恭敬而又得体。孔子通过言行举止来表现自己对人的态度，讲究在各种不同场合中的礼仪问题。西方对非言语的研究可以追溯到古希腊时期，亚里士多德在他的著作《诗学》中谈到艺术通过非言语符号来表现，如舞蹈，通过糅合在舞姿中的节奏表现人的性格、情感和行动。而对非言语的正式研究始于 1872 年，达尔文的《人类与动物的表情》一书是对人类和动物表情研究的开山之作。他在书中指出，灵长类动物的情感是与生俱来的，并且可以通过体态和面部表情表达出来。此书对人类与动物的种种心理活动和表达情感的方式进行了系统的研究和详细的描写。

在英语中，非言语传播称为"Nonverbal Communication"，关于此词的翻译有很多不同的说法，有译作"非语文传播"的，有译作"非言语交流"的，

---

① 摩尔根. 1981. 古代社会. 杨东莼，马雍，马巨译. 北京：商务印书馆.

有译作“非语词传播”的等，我们这里将其译作“非言语传播”，指的是除口头语言和书面语言之外的一切信息传播。关于非言语传播的定义，目前学界对其众说纷纭，有很多种说法，这里我们选出一些有代表性的定义，以供参考[1]。

第一，非言语传播就是一个人有意或无意地用面部表情、音调、气味、手势、身体接触、空间行为、服饰等渠道影响他人（阿盖尔）。

第二，非言语传播是一种不见诸文字、没有人知道、但大家全都理解的精心设计的代码（爱德华·萨皮尔（Edward Sapir））。

第三，非言语传播是不以自然语言为工具和手段，而是以人的身体动作等多种非言语方式为信息载体发生的传播行为（范东生、张雅宾）。

第四，凡是运用语言符号以外的所有传播行为都被称为非言语传播（李茂政）。

第五，非言语传播指用手势、表情、姿态等传递思想感情，还包括讲话时运用非言语的腔调、语速等变化传意（《英汉大辞典》上海译文出版社）。

尽管关于非言语传播的定义有很多种，但是万变不离其宗，各位学者对非言语传播的认识是一致的，认为非言语传播是一种除言语行为之外的一种符号传播，它可以通过各种形式表现出来，如语音、语调、面部表情、手势、身体接触、服饰、颜色、时间、空间等多种要素来传播信息和表达情感。他们从不同的角度，用不同表述方式来对非言语传播进行界定。综合各位学者对非言语传播的定义，我们可以得出非言语传播是指除言语行为之外的一切行为传播。

二、非言语传播的分类

非言语传播种类繁多，涵盖面较广，学界出现了多种划分法并存的现象，目前还没有一个统一的划分标准。下面介绍和分析几种有代表性的划分法。

中国台湾学者李茂政在《人类传播行为大系通论》一书中，把非言语传播分为六种形式[2]：①拟似符号，即副语言；②身体动作，如面部表情、头部动作、四肢姿态、躯干的动作、全身的姿态等；③体态语言学，包括先导体态语言学、显微体态语言学、社会体态语言学等三种；④领域传播，指人们社交时

---

① 宋昭勋. 2008. 非言语传播学. 上海：复旦大学出版社.

② 李茂政. 1987. 人类传播行为大系通论. 中国台北：台北美国教育出版社.

相互作用的距离及其所负载的信息；⑤触角，如触摸、抚爱、轻拍等；⑥其他，包括服饰、音乐、眼睛、颜色、气味、时间、传媒中的非语言信息等。

该分类法把非言语传播的外延都涵盖在内了，对非言语传播的划分比较细和全面，但没有一个统一的划分标准，各种类之间存在着重叠交叉的现象，给人有一种比较混乱的感觉，如第二类身体动作、第五类触角和第三类体态语言学存在着包含的关系，体态语言学就是研究关于身体动作等传播符号的理论，身体动作和触角应该包含在体态语言学之中，而不应该独立出来成为一种类型。

卢斯契（Lusiqi）和基斯（Kent M. Keith）把非言语传播分为三类[①]：①标记语言，用手势、代号等代替文字语言的特殊标记系统，如手语、旗语以及一般人惯用的一些表意形式，如食指和拇指围成一个圆圈、其他三指伸开的"OK"记号，表示"可以""不错"之意；②行为语言，包括那些不特别用于代表某种信号的所有身体运动，不但显示身体的移动或完成某种动作状态，而且泄露与此动作有关的某种讯息，如吃喝、挥手、跺脚等，都具有功能上和传播上的双重意义；③物体语言，指人们有意无意地摆设的一些物体，其特定的形态也能十分准确地表达某种含意，如衣着打扮、环境布置、房间设计等，都具有表意的作用。

该分类法比较简单明了，但对一些比较重要的事项，如时间、空间、副语言等非言语符号没有涵盖在内，存在不全面的问题。

我国学者张国良从受者接收的方式[②]，把非言语符号分为视觉符号和听觉符号两大类。视觉符号又分为具象和抽象两大类。具象符号是指一种具体可感的各种实物，如商品的陈列、居室的布置、人体的服饰等，是大量的、初级的传播符号，用简洁明白、形象直观的形式，表达某种特定场合中的特殊意义。如欧洲国家不少啤酒馆门口悬置的大橡木啤酒桶、橱窗的实物广告等，这些代表物实际上代表着一类事物整体的某种特性。抽象视觉符号是指以高度概括的形式在一般的层次上综合地反映某种事物的特征，往往是一定文化积淀的结果，如基督教的十字、伊斯兰教的新月以及许多现代企业的标识，由于长期而

---

① 张国良. 1995. 传播学原理. 上海：复旦大学出版社.

② 同①。

广泛的传播，使它们特指的含义被广为知晓。听觉符号指作用于人们听觉器官的非言语刺激，包括原始的听觉符号和高级的听觉符号两种。原始的听觉符号指一种自然声及其直接的模拟，如风雨声、雷声、鸟啼虫鸣以及现代生活中的机器轰鸣、电话铃声等；高级的听觉符号指一种高度抽象化的复杂的听觉符号系统，由一系列要素如节奏、速度、力度、音色、音区等组合而成的旋律，为表意手段，如音乐等。

该分类法较有特色，从作用于接受者感官器官的角度来对非言语传播进行分类。这种划分法思路较清晰，突出了抽象符号的非言语传播的作用，这一方面经常被人们所忽视，这种划分法给我们带来耳目一新的感觉，给人以启迪，但该分类对触角类的非言语传播以及对时间、空间等非言语传播没有涉及，此外，对原始的听觉符号属于非言语传播这一点还值得商榷。

本书讨论的是人际传播过程中的非言语传播，人际传播是人与人之间在特定的场合或情景中面对面的交流和沟通的一种信息传播活动。这种传播是一种真正意义上的“多媒体”传播，它不仅要充分地调动语言来进行自我表达，还要运用语音、语调、表情、眼神、动作、衣着打扮、空间距离等多种手段或渠道来传播信息和传递情感。在人际传播过程中，非言语传播主要是通过人的传播行为表现出来，这里我们把音乐、绘画、建筑等艺术性的非言语符号以及通用标识性符号如交通标识等排除在外。根据人际传播的特征以及在人际传播过程中所运用的非言语符号情况，我们将非言语传播主要划分为两大类：第一类为附带在语言之上的非言语符号，即我们所说的副语言或类语言，可以分为两种类型：一种是功能性的发生，如笑声、哭声、叹息声、叫喊声等；另一种是伴随着有声语言出现的语音特征，如语调、语速、音高、音量、停顿等。第二类是行为语言，指的是一种除言语行为之外的一切传播行为。它是一种广义上的社会行为，涵盖面较广，可以分为两大主要类型：一种是无声的动态行为语言，如面部表情、身体动作、触摸等；一种是无声的静态行为语言，如姿态、服饰、颜色、气味、时间、空间等。

当然，非言语传播研究的范围非常广[①]，“有人已经提出，我们能够发出多达 700000 个不同的身体信号。因此，任何将它们分类的企图都是令人失望和

① 宋昭勋. 2008. 非言语传播学. 上海：复旦大学出版社.

毫无结果的”。本书主要是从人际传播的角度对非言语传播进行划分的。

三、非言语传播的特性

非言语传播是借助非言语符号进行传递信息和表情达意的，与言语符号相比，非言语符号有一套属于自己独特的表意系统，呈现出不同于言语符号的特有的传播特点。通过与言语传播的对比，非言语传播主要有以下几个方面的特性：

（一）多样性

在人际传播过程中，非言语传播使用的符号呈现出多样性的特点，它涉及了传播者说话的方式、面部表情、姿态、身体动作、服饰等多种符号，它是多种非言语符号共同作用的结果。如应聘者在参加工作面试的过程中，给面试官的第一印象是决定你成败的一个很重要的因素。人们的第一印象的90%是在见面后的4分钟内形成的，而其中60%～80%的信息是通过非言语符号传达的。第一印象的形成是通过一个人的衣着、姿态、身体动作、面部表情以及谈吐等方面的身体语言来作出判断的。如果应聘者是一个自信的人，他会通过面部表情、姿态、身体动作等多方面来表现出很自信的样子。如应聘者在得到允许后，会毫不犹豫地立即走进办公室，以此来证明他是个珍惜时间的人。反之，如果步伐缓慢，给别人会造成一种漫不经心、懒散的感觉，别人会认为他没有时间概念，或对这次面试满不在乎，即使在其他各方面都表现得出类拔萃，都会因为这一点而被拒之门外。在进入后，自信的应聘者会与面试官亲切握手表示问候，在握手时手掌伸直，并与对方保持相同的力度，把握手的主动权交给对方，以此表示对面试官的尊重；在就座后，他会选择一个看起来自信且舒适的坐姿，如挺直腰背，坐在椅子边缘，双手交叉放在大腿上，并且交叉双腿，与面试者保持一个恰当的空间距离；在面试过程中，保持沉重冷静，适当地保持微笑，避免过多的动作，在倾听的时候保持与对方持续的视觉交流，谈话的时候间接地变换一下眼神等；在面试结束后，以礼貌的方式离开。在人际传播过程中，非言语传播是通过充分调动各种感觉器官来表现的，有视觉的、嗅觉的、触觉的、听觉的等，它所传递的信息与言语传播一样丰富多彩，如心爱的人对你说“我爱你”的同时，会面带笑容把你拥抱在怀中，用吻的方式传递爱意。在这个短暂的交流过程中，人们借助了几种不同的非言语传播符号来传递爱的信息。

（二）语境性

爱德华·萨丕尔说，非言语传播是“一套精致的代码，未见诸文字，无人通晓，但人人都能意会”。[①]这句话暗示着对非言语传播不像言语传播一样可以编成一套人人都知晓的代码或词典，它对语境的依附性很强，需要放在具体的语境中进行理解，离开具体的语境，非言语传播符号也变得毫无意义可言。这是由非言语符号的不确定性和多义性的特征决定的。语言具有系统性，有一套严格的语法规则，具有独立表意的功能，而非言语符号没有规则制约，不能明确地表达复杂具体的思想，传递的是一种比较模糊的情意，因此，要理解非言语符号传播的含义只能放在具体的语境中进行。如同一种表情在不同的语境中代表不同的含义，哭可以表示伤心难过，也可以表示气愤，还可以表示激动兴奋。微笑表示的情绪可以是幸福、快乐、友爱、礼貌等，如在家里对孩子、妻子及亲友的微笑代表的是一种幸福、快乐的含义；在工作中与同事、上司的微笑是一种友爱、礼貌的含义；瞪眼可表示诧异，也可表示好奇，还可以表示愤怒，甚至是仇恨等。语境可以消除由非言语符号的不确定性和多义性引起的曲解和误读，正确的理解非言语符号传递的信息，帮助非言语信息实现有效的传递和交流。

另外，民族文化语境的不同，也会对非言语符号的理解出现不同的含义。同一种非言语符号在不同的国度、不同的文化背景下，所表达的含意不尽相同。在不同的文化中，人们对个人空间的要求不同，如意大利人说话喜欢靠近，而英国人喜欢保持较大的距离，当一个英国人和一个意大利人进行交谈时，经常会出现前者不断后退，以保持自认为应有的距离，而后者则步步紧逼，维持他们自认为适当的说话距离，结果出现了意大利人把英国人逼到无路可退的局面。同样，目光接触在不同的文化背景下表现出相当明显的差异。在英国，直接的目光接触代表一种绅士风度，在法国代表对别人的欣赏，尤其是见到心仪的女性会如此；在美国，长时间的目光接触则为认为是同性恋

① 施拉姆. 2010. 传播学概论. 何道宽译. 北京：中国人民大学出版社.

之间的语言，在日本则认为是对别人的鄙视。再如，摇头在绝大多数国家表示否定或拒绝的含义，但在印度、尼泊尔等国则表示肯定，他们是一边面带微笑，一边摇头表示赞成、肯定之意。如果不了解其文化语境，对方一边对你赞不绝口，一边不停地摇头，我想你肯定是百思不得其解，无法摸清对方的真正想法。

尽管非言语符号传播的民族性决定了非言语传播符号在不同的文化语境下具有不同的含义，但一些基本的非言语符号其含义还是大致相同的，如喜、怒、哀、乐、俱、恨等基本表情为全人类所共有，并能够被全人类所理解。如在 2008 年的奥运会上，我国人民通过非言语符号向各国的运动员传递中国人民的友好情谊。

（三）组合性

非言语传播在传递信息的时候通常以一种组合的方式表现出来。首先，总是与言语传播相伴而行。人们在说话的时候，总是会伴随着一定的行为语言，如说话的语调、语速、音量以及所表现出来的身体语言等。如在奥运会的赛场上，我们经常看到这样的画面，获胜的运动员一边高呼“我胜利了”，一边又蹦又跳，脸上露出不同的表情，有大笑的，有流泪的，还有扮鬼脸的等。其次，在传播过程中，非言语符号之间表现出一种组合性的特点。雷蒙德·罗斯（Raymond Rose）曾说到，各种非言语符号在传播中“是相互关联、互为依托、协同一致的。如果它们不是这样，你的意图就要受到怀疑”①。实验表明，人们的情绪几乎都是由整个身体表达的，要身体的不同部位表达各不相同或矛盾的情绪，非常困难。非言语传播通常是用一系列的非言语符号来传递的，即一个非言语行为会伴随着其他的非言语符号，共同构成一个复杂的符号系统来表情达意。如一个人很生气的时候，可能会紧握双拳，嘴唇紧闭，面带怒容，还一边跺脚等；一个人高兴的时候，会面带笑容，手舞足蹈，说话的语调是明快爽朗的，语速会加快，音量也会增大。因而，在解码某一非言语传播行为时，要尽可能地掌握与之相关的所有非言语符号，这样才能准确地解读非言语符号传递的意思。

---

① 张国良. 1995. 传播学原理. 上海：复旦大学出版社.

（四）真实性

非言语传播的信息比言语更加真实可信。当言语信息与非言语信息发生矛盾时，我们总是宁愿相信非言语传播的信息，而不太相信言语传播的信息。因为对言语传播的可控性会使言语出现“言不由衷”的现象，但非言语信息却常常是“真情流露”。弗洛伊德（Sigmund Freud）认为，人类语言所传达的意识大多是经过理性加工后表达出来的，这往往不能表露一个人真实的意向或想法，也就说，人们可以通过言语的控制来掩盖人内心真实的想法和感情。而很大一部分非言语传播是发自内心深处的，是一种无意识的表现，我们是难以控制的，它能够透露出传播者真实的想法和感情。比如，嘴上说不怕，可身体却不停地在发抖，嘴上说欢迎，却表现得非常冷淡，非言语传播所承载的“情”常常会在不经意间流露出。1969 年，埃克曼（Paul Ekman）和弗里森（Friesen）在实验中发现，受试者在面对摄影机时，比较容易控制脸部表情，却难以控制躯体的动作，可以通过受试者的双脚和双腿，而不只是头部和面孔，比较好地判断其情绪。这项研究表明，人们在说谎的时候，肢体语言总在不知不觉间泄密。如人在说谎时，总喜欢摸鼻子，这是因为当谎话要说出口时，人们为了要掩饰遮嘴的动作，摸鼻子是最方便不过了。另外，瞳孔是传递内心情感很好的部位，它会随着情绪的变化而变化。芝加哥大学心理学系埃克哈特·赫斯（Eckhard Hess）是一位研究瞳孔运动的先锋。他发现瞳孔的大小是由人们情绪的整体状态决定的，在相同的灯光条件下，随着态度和情绪从积极转向消极，瞳孔就会由扩张转向收缩。如当人们看到令人心情愉快或感兴趣的事物，瞳孔会比平时扩大；看到让人痛苦或厌恶的东西，瞳孔会比平时缩小；当人们攻克了一个长久以来无法解决的难题是，瞳孔就会扩张到极限的尺寸。瞳孔的扩张与收缩是直接与大脑相关联的，属于自发反应，不受人的主观意识所控制，人的意志是无法改变瞳孔的变化。通过瞳孔的变化，它可以帮助我们了解人内心真实的情感。此外，人们在接收非言语符号传播的信息时，通常是以一种直觉的方式感知，如在与人交谈的时候，当对方对你的话题不感兴趣时，你能够感觉到，并且赶快中断此话题转向其他话题。在人际交流的过程中，我们可以通过仔细观察说话者的面部表情、眼神、身体动作以及说话的语调、音高、停顿等方面来洞察对方的内心世界和真实想法。

（五）隐喻性

非言语传播带有很强的隐喻性，它不会把信息直接明说出来，它通过一系列非言语符号如身体动作、姿态、服饰、颜色、语调、时间、空间等把所要传播的信息暗示出来。如不同的坐姿传递出不同的信息，男性常选择“4字腿”的坐姿，即一条腿的脚脖子放在另一腿的大腿上，摆出数字“4”的形状，这种坐姿体现男性的雄性特征，是一种支配性姿势，呈现一种占有上风的感觉，表现出很有自信的样子。在交流的过程中，如果有人用手抱着翘起的腿，这暗示着此人是一个非常有主见、不会轻易被人说服的人，如果想改变此人的态度或想法，恐怕很难达到目的。而脚踝相扣的姿势常是人们控制情绪的一种方式，你可以通过这个坐姿读出对方的情绪[①]。据调查，当人们做出这个姿态时，会产生紧闭嘴唇、保持缄默的意识，所以人在冲动时，常会通过这个姿态抑制自己的消极情绪，使自己不至于说出冒犯别人的话。有人统计过，在法庭上等待宣判结果时，被告做出这个动作的几率是原告的3倍。被告是通过这样的姿态控制自己在听到宣判结果时的情绪。同样，空间语言也能够传播特定的信息，距离的远近暗示着双方关系的亲疏。距离远产生一种疏远感，一般与陌生人或上级对话时，会保持一个比较远的空间距离；距离近产生一种亲切感，与朋友或爱人对话时，会采用一个较近的空间距离，特别是恋爱中的男女，他们之间的空间距离更近，以表示与对方的亲密程度。在人际交往的过程中，我们常通过非言语符号的传播来判断对方的身份、个性、爱好、品位等。如通过对方的服饰来判断对方的身份，身穿军装的人是军人，身穿白大褂的人是医生，身穿警服的人是警察等，当然，在人际交往过程中，人们也常借助非言语符号的隐喻性来掩盖自己身份。如大学生在应聘工作时，常用职业装的打扮来隐藏自己身上的学生气，给对方一种成熟、稳重的印象。在人际传播的过程中，我们一方面，要掌握非言语符号传达的信息；另一方面，要善用非言语符号来传递信息，从而达到良好的沟通效果。

---

① 彬子. 2010. 身体语言读心术. 哈尔滨：哈尔滨出版社.

四、非言语传播的功能

在人际传播过程中，非言语传播起到了重要的作用[①]，美国社会学家戈夫曼指出："在若干人相聚的场合，人的身体并不仅仅是物理意义上的工具，而是能够作为传播媒介发挥作用。"人们获得的大量信息是通过非言语传播的。美国心理学家艾伯特·梅瑞宾曾提出一个公式：信息的全部表达=7%词语+38%语音+55%面部表情。

这个公式表明在人际传播过程中，人们获得的信息只有 7%是通过语言传播的，剩下的 93%的信息是通过非言语符号传递的。美国学者 L.伯德惠斯特尔估计，人们平均每天实际使用语言的时间大约是 10～11 分钟，平均每句话只用 2.5 秒钟。也就是说在两个人传播的场合中，有 65%的社会含义是通过非言语符号传递的。在人际传播与沟通的过程中，非言语传主要有以下几种功能：

（一）强化或补充功能

言和行总是相伴而行的，并对言语信息起到强调或补充的作用。我国古代《乐记》中曾写道："说之故言之，言之不足故长言之，长言之不足故嗟叹之，嗟叹之不足，故不如手之舞之，足之蹈之也。"非言语符号比言语符号能更好地表现人类复杂而又细腻的情感。如一个人在表示愤怒的情感时，言语符号是有限的，不能很好地描述愤怒的程度，这时可以通过非言语符号来对言语符号起到补充或强调的作用，可以用身体动作、面部表情、副语言等来强调，如通过挥起拳头、咬牙切齿、大声嘶喊等非言语符号来强化这种愤怒的情绪。在给别人指路的时候，一方面，你往往会告诉别人怎么走；另一方面，用手比划和指点以补充你的言语信息。在课堂中，当老师对某一内容进行强调的时候，常会加重语气或提高音量，并适当停顿，以强调此内容的重要性。在演讲中，演讲者会通过手势、语音、语调、面部表情等非言语传播方式来增加演讲的感染力。有人曾做了一个实验，不允许演讲者使用手势，结果发现，演讲的形象性、表现力和感染力被大大削弱了。在人际传播的过程中，人们常会采用语调、语音、音量、身体动作、面部表情、距离等非言语传播方式来补充言语信息的不

① 郭庆光. 1999. 传播学概论. 北京：中国人民大学出版社.

足或强化言语的内容，使之更加鲜明突出。

（二）否定或弱化功能

在人际传播过程中，“言行不一”的现象屡见不鲜，即是指非言语符号所传递的信息与言语内容相对立或矛盾，这时非言语符号传播起到了否定或弱化言语信息的功能。比如，在与一个人交谈的过程，你对他的话题不感兴趣，或没有跟他进行深谈的想法，尽管你嘴上说这个话题你很感兴趣，但在交流过程中，你表现出来的心不在焉的样子，以及对对方所说的内容毫不知情，这使对方能够感知你的真实想法，并及时转换话题或中止谈话。你送给朋友孩子一个礼物，孩子一边嘴上说不要，一边盯着礼物，两眼发光。在面试过程中，尽管你说不紧张，却表现出双手发抖、脸红心跳等。在人际交流过程中，我们要通过察言观色来判断言语信息的真伪，当言语信息与非言语信息发生矛盾时，我们更倾向于相信非言语符号传递的信息。

另外，非言语传播还可以通过副语言来否定言语信息，即用语调、语气、音量等语音特征来传递信息，有时起到否定或弱化言语符号信息的作用。如“真的”这个词，不同的语调、语气所表达的含义有所不同，用疑问的语调表示怀疑，用肯定的语调表示确认，用高兴的语调表示兴奋。在人际传播的过程中，交谈者有时为了挖苦或讽刺对方，常用言语的语调、语气以及音量来达到“正话反说”的目的。

（三）替代功能

替代是指人们运用非言语符号替代言语符号所要传播的信息。在某些特定的信息传播环境下，言语符号不便传播信息和表意，这时非言语符号可以替代言语符号来传递信息，表达情感。欧文·戈夫曼说：“一个人可能停止说话，但他不能停止用身体的习惯动作进行交流。”在客观环境噪音很大、不利于言语交流的情况下，非言语符号可以替代言语符号传递信息。在火车站售票厅买票时，购票大厅人声嘈杂，我们用手指来表示购票的数量，伸出两个指头表示“我要两张票”。在某件事不便于用言语表达时，为避免尴尬也会用非言语符号替代来传递信息，如在公众场合，对方裤子的拉链或衣服的扣子开了，为避免对方尴尬，可以用身体语言来提醒对方注意，如用手指着某处。或有些话不好直说时，常用耸肩摊手来表示无可奈何等。在某些不宜用言语表情达意的特殊环境中，非言语传播的应用还可收到无声胜有声之效。如在对方受到很大的打击，正处于悲痛和伤心的情绪中，这时任何言语都显得苍白无力，我们常用拍拍对方的肩或拥抱对方表示安慰，或紧握对方双手表示鼓励等。

（四）调控功能

非言语传播还可以调节和控制人际传播过程中的现场氛围以及双方之间的言语交流状态。如双方在交谈过程中，交谈者可以通过他的语气、身体动作、距离、停顿等非言语符号来调节现场的气氛和控制双方的关系。比如，记者会在采访过程中，通过观察被访者的身体语言来调整现场的气氛和双方的关系，如被访者在采访过程中声音发颤，额头不停地冒汗，双手不停地搓来搓去等，这些非言语符号都在传递一种紧张的情绪，记者为使被访者放松心情，通常会与被访者保持一个比较近的距离，给人一种亲切感，以一种轻松的语调来与被访者交谈，以达到营造一个轻松氛围的目的。在采访过程中，记者还常用非言语符号来调控双方之间的言语交流状态。沃伦•贝蒂曾讽刺平庸记者用言谈举止来控制被访者的谈话内容，他讲道："记者就像演员一样，他会向你提一个陈腐的问题，但从他的语调里，你可以知道他听得进什么，到底要什么。你也几乎可以从他的表情、体态和动作中看出他对你的实在意图。大多数记者在见到你之前早已把文章写好了，他们不过是要你说几句证明他们写对了或者为他们作点补充而已。"①

第二节　人际传播与沟通中副语言的传播

副言语中的功能发声，如"嗯""啊"之类的也起到调控双方言语交流的功能。如双方在交谈过程中，倾听者不时地会用"嗯""啊"之类的发声回应对方，以表示自己在认真地听对方讲话。

"你很了不起""你真善良"，当我们在说这些话的时候，用不同的语调、语气、语音时，它所代表的含义会不同。如"你很了不起"以一种赞赏的语气

① 约翰•布雷迪. 1986. 采访技巧. 范东生，王志兴译. 北京：新华出版社.

来说是表示肯定和佩服之意，以一种讽刺的语气来说表示否定和挖苦之意，“你真善良”也可以表示“你一点都不善良”。同样像笑声、哭声、叫喊声等这些无固定语义的功能性发声也蕴含着丰富的信息。比如可以从不同的笑声中分辨出对方的真情实感，如笑有很多种类，有大笑、冷笑、嘲笑、苦笑、窃笑等，它们表示不同的含义，大笑表示兴奋或高兴，冷笑表示不屑一顾的情感，嘲笑表示挖苦，苦笑表示无奈等，这些不同特质的笑声所传递的情感是言语难以表达的。副语言在人际传播过程中有自己的特征和功能，并扮演重要的角色，对解码言语信息有重要的作用。一般而言，言语传播的是具体的信息内容，而副语言传递的是传播者对该信息持有态度和情感。本节将对副语言的传播进行具体探讨，掌握人际传播中副语言的种类和功能，以便更好地运用副语言传播达到沟通的目的。

一、副语言的特征及分类

副语言是一种有声而没有固定语义的“语言”。人类对副语言的掌握是先天具备的，婴儿在一落地时，就会哇哇大哭，并在学会语言之前，会用不同的哭声来传递信息。研究表明，婴儿不同的哭声代表不同的含义，有不同的需求。宝宝通过哭声主要传递三种信号：第一种是生理性发育和运动信号，这种哭的声音响亮而不刺耳，富有节奏感，并且时间很短，是一种出自于本能的特殊运动方式，也是身心发育的需要。第二种是身体的正常需求信号，如饿了、渴了、热了等，通过哭声并伴随身体动作和面部表情来传递信息。第三种是由疾患引起的病理性信号，这种哭声一般比较尖利而且持续的时间比较长。副语言是一种很重要的非言语符号，在人类传播实践中有着举足轻重的作用，可以独立表意传递信息或对正确理解言语信息的传递有着重要的作用。在传统的语言学中经常把副语言作为言语的附加或补充角色看待，对其研究还停留在一个零星的、局部的阶段，缺乏一个整体的、系统的研究。随着副语言在人际传播中所突显的重要作用，越来越多学者开始关注和重视副语言。下面我们对副语言的特征和分类作一个简要的介绍。

（一）定义

一些语言学家对副语言的内涵有不同的理解，他们把在传播过程中，对言语交际起到加强或赋予某种感情色彩作用的非言语现象，都统称为副语言，包括面部表情、姿态、身体动作以及所说话的语调、语气、音量等。我们这里研究的副语言是指后者。马兰德罗在《非言语交流》一书中对副语言学作了以下定义，研究所说口语中各种暗示而不是所说言辞内容的就是副语言学，这个定义对我们理解什么是副语言是有帮助的①。副语言又称类语言，是指超出言语交际和分析范围的各种不同性质或种类的伴随言语语言的声音，包括伴随着有声语言出现的语音特征，如语调、语速、音高、音长、音色、音量等，和有声而没有固定语义的功能性发声，如笑声、哭声、叫喊声、咳嗽声等。

（二）特点

副语言虽然有声，通过声音来进行传递信息，但不同于语言，是附带在语言之上的一种声音。它有两个最显著的特点：一是有声，这同无声的体态语言区分开来，如面部表情、姿态、身体动作等都是无声的。二是没有固定的语义，这同与语言区分开来。语言是分音节的，它有确定的语义，交谈双方对言语中语汇的含义绝大多数是共知的。而副语言的语义是不固定的，随交谈的场景而变化。如“你真了不起”，这句话单从语言的角度来理解，语义是比较确定的，表示对别人的赞赏和羡慕，但在实际交谈中，这句话有不同的含义，有表示对别人的赞赏，有表示对别人的妒忌，还有表示对别人的嘲讽。这是因为说话者所用的语调、语气、语音等出现了不同。对副语言语义的判断，往往要依据说话者的语气、语调、语速、音量、音质、停顿等因素。在人际传播过程中，副语言常改变语言中语汇的常规语义，使其在不同的语境中传递出不同的含义，在人际传播的过程中，如果我们仅根据语言的语汇意思来确定说话者的意图和态度，会出现交流的障碍或误解，导致无法沟通的局面。

（三）分类

副语言的形态虽然繁多，但可以将其分为三大类：第一类为言语的造型元素，包括音色、音高、音长、音调、音量、音强等；第二类为功能性发声，包括特征音和隔断音，前者如笑声、哭声、叹息声、嘘声等，后者如“嗯”“哦”

---

① 宋昭勋. 2008. 非言语传播学. 上海：复旦大学出版社.

“啊”等；第三类为语空，指在运用言语进行交流时所出现的话语停顿和沉默。沉默和停顿是副言语中的特例，副语言是无固定语义的有声语言，而它们是一种无固定语义且无声的语言。从副语言的音量元素来看，沉默和停顿的音量值是零。在人际传播过程中，沉默和停顿能起到很重要的作用，传递出特定的含义和情感。

除了上面的分类法外，还有其他的分类标准。马兰德罗在《非言语交流》一书中提到了麦凯的“四分法”，其按照言语者是否故意和听者是否会意为标准，将副语言分为四类：一为言语者有目的且听者能会意，二为言者无心而听者有意；三为言者有心而听着无意；四为言者无意且听者也无意。

二、人际传播与沟通中副语言的传播

在人际传播过程中，人们运用副语言表情达意，通过对副语言各种元素的组合传递出不同含义的信息和情感。掌握人际传播过程中的副语言，能够更好地理解传播者的情感和态度。著名电影理论家巴拉兹（Balzs Bla）在《电影美学》中讲道：“人物在说话的声调，包括声音的高低、强弱、音色、回音等都是言语的一种伴奏，是一种可以听见的手势。”下面我们将逐一对副语言的各种元素进行介绍，了解副语言是怎样传递信息和情感的，以及如何给言语信息注入不同含义和情感色彩的。

（一）言语的造型元素

音色、音长、音高、音调、音量、音强等言语的造型元素通过有机的组合构成了有声语言极为复杂的声，给声音涂上了丰富的颜色，使声音更富形象感，使言语信息更加复杂，包含了大量言语所不能表达的语义和情感。说话方式同样可以传达重要的信息，其重要性不亚于说话的内容。

1. 音色

音色也叫音质，指声音的特色，是一个声音区别于其他声音的根本标志。每个人都有自己独特的音色，这是由每个人的发声器官的构造特征决定的，人们可以根据对方说话的音色，判断出对方的性别、年龄、性格、职业等信息[①]。

---

① 马兰德罗，拉里•巴克. 1991. 非言语交流. 孟小平等译. 北京：北京语言大学出版社.

拉斯（Lars）和哈维（Henry）在实验中发现，通过音色能够辨别说话者的身份，他们找来一些身高、体重不同的人，给他们照了全身像，同时录下他们说话的声音，然后让另一群人来把这些照片同所听到的声音匹配起来。结果发现，人们大都能正确地将声音与相片匹配起来。不同的性别、年龄和性格的人说话的声音，有粗犷的、柔和的、甜美的、深厚的、稚嫩的等。男性的发音器宽厚，共鸣腔大，发出的声音厚重而洪亮，而女性的发音器窄小，共鸣腔较小，发出的声音圆润而尖利。发音器会随着年龄的变化而改变。在现实生活中也存在音色的性别和年龄错位的现象，如一些男性的音色尖细，表现出“娘娘腔”的味道，一些女性的音色沙哑、厚重，表现出男性化的特点。这些都属于音色的性别错位。另外，一些人年少而声音苍老，或年长而声音稚嫩，这被认为是音色的年龄错位。

个人的生活环境也决定了人的音色会呈现出地方性特色，带有浓厚的地方口音，如湖南人、广东人、福建人带有浓厚的地方口音等，贺知章的《回乡偶书》中的“少小离家老大回，乡音未改鬓毛衰”就体现了个人的音色是由他所生活的环境决定的这一特点。

在人际传播过程中，传播者的身心特征和背景特征在音色中传播出来。与不同地方的人交流，我们可以判断对方的生活背景，以此来判断对方的性格特点，如北方人的音色粗犷、豪迈，性格比较直爽，而南方人的音色圆润、柔和，性格温柔、内敛等。不同经历的人的音色也会存在较大差异，一个经历风雨坎坷的人与一个一帆风顺的人在音色方面必然存在较大不同，前者的音色较深沉、厚重，而后者的音色较柔和。在人际传播与沟通过程中，把握好音色这一元素有利于更好的言语交流。

2. 音长

音长[①]指声音持续的时值大小，即词语语音的长度。人们有意识地改变某一词语的音长，可以传递出特别的含义和情感。据统计，在演讲时，正常的速度是每分钟约 180 字，而平时说话的正常速度是每分钟约 140 字。也就是说，演讲时每个字的时值大约是 0.333 秒，而日常说话每个字的时值大约是 0.429 秒。在人际传播过程中，人们为突出或强调某一信息或表达某一特定的情感，

---

① 李杰群. 2002. 非言语交际概论. 北京：北京大学出版社.

说话者会故意把某些音拖长，而对其他不太重要的信息会缩短音长快速带过。如当一位男士向他心爱的女人示爱时，说："我爱你"，会故意把"你"这个字拖得很长，以表示他对这位女士的爱。再如，当你正在沉溺于某事的时候，有人喊你去帮忙，你回答："来——啦！"，你把"来"字的音拖得很长，表示无奈和不满。在人际传播过程中，人们可以通过音长来判断传播者的主观态度和情感方面等信息。

另外，音长的变化还可以调节谈话的氛围，引起谈话者的兴趣，缺乏音长变化的讲话是单调乏味的，听者容易失去兴趣，而富于变化的音长有利于激发谈话者的兴致。如演讲者会充分调动音长这一元素，使他的演讲更富于感染力。有时他会故意拖长某一字音表示强调或制造悬念，有时会加快语速，缩短音长，制造一种气势磅礴的氛围。

3. 音高

音高指声音的高低。人际传播过程中，音高扮演重要的角色，通过音高的不同来传递不同的情感和信息。音高的变化可以反映一个人情绪的变化。如当人们因焦虑而变得心烦意乱时，音高会升高。同样，如果人们撒谎被质疑时，由于担心被识破而变得烦躁不安，音高也可能会随之升高。在与人关于某一问题或观点进行探讨时，由于意见相左，谈话者的音高也会随着观点分歧的增大而不断提高。

另外，人们的社会地位还可以通过音高反映出来。研究表明，低沉的声音更具有威慑力，给人一种威严感。在人际传播过程中，社会地位较高的人一般会采用低沉的声音讲话，以表示他支配性的地位，而社会地位较低的人往往采用尖利的音高表现出来。有人发现，在南非种族隔离期，有色人种由于是黑白混血儿，社会地位很低，属于社会的边缘人群，他们形成了一种尖利的语言风格，以显示自己的屈从性。

4. 音调

音调指语句的语调。常用的音调有两种：升调和降调。升调表示疑问，降调表示陈述或肯定。澳大利亚人说话喜欢用升调结尾，这给人一种不确信的感觉。在人际传播过程中，音调的高低包含丰富的信息和情感，一个词、一句话升调或降调的不同，所表达的信息和情感也不同。如"他工作很出色"这句话，用降调和升调两种不同的语调来表达，意思会完全不同。降调表示陈述这一事实以及对他工作的肯定的态度，而升调则表示怀疑这一事实以及对他工作表示质疑的态度。同样，升调还可以表示其他复杂的情感，如妒忌、羡慕、兴奋等。

另外，在与不同社会地位的人交谈所采用的音调也不同，与社会地位比自己高的人交谈，多采用升调，而与社会地位比自己低或相当的人交谈，多采用降调。如在与领导探讨某一问题时，下属会用升调来征求领导的意见。这时的升调带有商榷、请示的意味，让领导有一种被尊重的感觉，而用降调则显得缺乏礼貌。

5. 音量

音量指声音的大小，它能够反映出说话者的年龄、性格等，也能够传递出说话者的情感和态度。如性格开朗者说话音量较大，而性格内向者说话音量较小；情绪激动或亢奋时，说话音量较大，而情绪低落或沮丧时，说话音量较小。音量是可以人为的调节的，它包含着丰富的非言语信息。如在对特定对象传递信息或传递比较重要或需要保密的信息时，一般会用小音量说出。如在与朋友交谈时，当你说到一个较隐秘的问题时，这时你会降低自己说话的音量。同样，两个人在进行感情交流时，也会采用小音量，这显得更加真诚，如情侣之间的交谈都是“窃窃私语”般的。小音量也可以表示自信心不足，如谈到某一不熟悉的领域时，音量一般会降低，有时也会提高音量来掩盖自信心的不足。

6. 音强

音强又称音重，指声音的强弱。在人际传播过程中，为了强调或突出某一信息或情感，会格外加重某一词来暗示我们所希望表达的非言语信息。在一句话中对不同词的强调代表不同的意义和情感。如“你今晚干什么”这句话，对不同词的重读，所传递的信息和情感有所不同，如对“你”这个词的重读，表示对你的关心，对“干什么”这个词的重读，表示对事情的关心。再如，“我不喜欢去爬山”这句话，对“不”字的重读，表示强调自己不喜欢或讨厌某一事情的程度，突出自己的态度和情感。

（二）功能性发声

功能性发声是指有声但无固定语义的非言语符号系统。它包括两大类：一类为特征音，如哭声、笑声、叹息声、咳嗽声等；另一类为隔断音，如“嗯”“啊”“哦”之类以及一些口头禅，如“对，不……不过”“你知道……”等。

功能性发声一定是有声音的，无声的不属于功能性发声的范畴，如各种各样的笑只有发声的笑才属于副语言，像微笑属于面部表情的语言，不属于副语言的范畴。功能性发声不仅是一种特殊声音的刻画，而且还是一种表情达意的重要手段，还能用于调节和控制言语交际的过程，是继续倾听还是中断或结束。下面我们来看一下功能性发声在人际传播与沟通过程中的传播与运用。

1. 特征音

笑声、哭声、呻吟声、叹息声、尖叫声、咳嗽声等都属于特征音。特征音在人际传播的过程中，主要用来传递说话者的情绪，如人们高兴时就会哈哈大笑，悲伤时就会放声大哭，痛苦时就会不断呻吟，失望时就会唉声叹气，惊讶时就会尖叫等。叹息声是一种典型的情绪表现形式，当人们感到失望、压抑、无奈、困惑或郁闷的时候，常常会长吁一口气，以释放心中的苦闷或压抑的情绪。如某人在事业上屡受挫折，当朋友在问起他的事业时，他长长地叹一口气，以表示内心的失望和郁闷之情。即使他什么都不说，朋友通过他的叹息声已明白他目前处境之艰难。咳嗽声能起到镇定心神、缓解紧张情绪之用。如在演讲时，为使自己镇定下来，在正式开口之前会先咳嗽一两声。在人际传播的过程中，即使是同一种特征音，在不同的情境，所表达的情绪也是有所差异的。如笑声有很多种，不同的笑声反映人不同的情感，有咯咯的欢笑、嗤嗤的窃笑、嘻嘻的媚笑等；哭声有极度悲伤的号啕大哭，有悲伤无奈的呜呜啼哭，还有虚情假意的哭而无泪等。

另外，特征音还可以表达不宜用言语表达的意思。如咳嗽声可以替代言语来表意以暗示对方。如在人际传播过程中，某人正准备把某个不该说的秘密说出口时，对方用咳嗽声来提示不要说。再如，当对方向你提出一个要求，你碍于情面不方便直接拒绝他，可以用咳嗽声来表示搪塞。

此外，特征音还可以起到调节气氛的作用。如在人际传播过程中，双方的交谈陷入一个比较尴尬的境地，这时可以用笑声来调节比较僵硬的局面，因为笑声具有很强的感染性，可以改善人际传播与沟通的环境。如在一期《面对面》栏目中，王志采访易中天时，提出了一些比较尖锐的问题，显出咄咄逼人的气势，在问到易中天如何看待批评者对他的批评问题，易中天用几声笑声缓解了紧张的气氛。

2. 隔断音

隔断音在人际传播过程中，主要是用来调节和控制言语交流过程的，是继续、中断还是结束谈话。如在交谈过程中，我们用“啊”“哦”“嗯”之类的声音回应和向对方发出反馈信息，表示我们在认真地倾听对方的谈话，并期待对方继续讲下去。约翰·布雷迪（John Brady）谈到，在与采访对象谈话时不要打断对方，不管对方说些什么，最好不要表露赞赏或否定之意，而是用不含褒贬的语言来表示，例如，“嗬，嘿”或者只是点头，就足以促使对方谈下去。一位研究者甚至发现，以“嗯嗯”应对访谈者的记者比不用“嗯嗯”的记者得到多于两倍的回应。在人际传播过程中，还可以用“嗯”“啊”等声音表示正在思考，自己的讲话还没有结束。另外，还可以用“啊”“哦”“嗯”之类的声音打断对方的谈话，并插入自己的观点。如在与某一朋友讨论一个观点时，你不同意他所说的观点，准备打断他表明自己的观点，这时你可以用“嗯，不过……”之类的隔断音来赢得发言权。

（三）语空

语空是指在运用言语进行交流时所出现的话语停顿和沉默，是一种无声的副语言。在人际传播过程中，语空也是一种传递特定的信息和情感的重要方式，主要有两种方式：语顿和沉默。

1. 语顿

语顿指谈话过程中的停顿。在人际传播过程中，停顿的恰如其分的运用能产生意想不到的传播效果，传递出特定的信息和情感。在人际传播过程中，停顿能起到调节谈话节奏、凸显谈话内容的重点以及语气转换等方面的作用。它可以表示思维的临时中断，如在谈话中，遇到突然记不起的情况，就会常常出现言语的暂时中断，以便自己进行回忆；或碰到犹豫不决的事情，就会采用语顿来为自己赢得认真思考、仔细斟酌的时间。语顿也可以表示谈话角色的转换，如在交谈过程中，某人准备结束自己的谈话，听一听对方的意见，就会停顿下来，暗示对方：“该你说了。”语顿还可以表示语气的转换，如领导在对你工作进行评价时，说：“总的说来，你的工作能力比较强，但是（停顿），还需要在以下方面进行改进。”停顿是记者在采访中常用的一种非言语符号，通过停顿向被访者传递出这样的信息，内容不够充分或完整，内容的真实性问题以及对所说的话存在不明白之处，被访者一旦领悟到记者停顿的含义时，便会调整自己的谈话。

另外，在不需要或不允许的情况下停顿，这称为超常语顿，能起到制造悬念的作用。如在颁奖典礼上宣布得奖人的名单时，主持人常用超常语顿："获得某某奖的是"，在"是"字后面停顿一段时间以制造悬念，引人注意。

2. 沉默

沉默是与言语相对的静默无语或超过一定时间限制的言语中断。在人际传播过程中，沉默的巧妙运用能传递特定的信息和情感，起到无声胜有声的作用。沉默可以表示很多信息和情感，如表示陷入思考的境地，表示拒绝，表示强调，也可以表示反对等。如在交谈中，对方侃侃而谈，而你一言不发，这表示你对他的谈话内容毫无兴趣，用沉默来表示拒绝。再如，在课堂上，老师为了提醒学生保持安静，会站在讲台上，大声说："同学们，请安静！"然后保持沉默，这时沉默起到了强调信息的作用，等待学生对他发出信息的反馈，即停止喧哗。记者在采访中也可以通过被访者的沉默来得到重要的信息，如为求证某一重要事件的真实性采访有关对象，如被访者因某种原因不便直说，会选择沉默的方式回答，记者可以通过这一方式来判断事件的真实性。[①]"积极的和消极的情绪都引起沉默，而静默往往是最强烈的感情——爱、怒、惊、惧的语言。"

另外，沉默在人际传播过程中也可以体现出一种社会地位。如上级与下级交谈时，下级经常保持一种沉默以表示对领导的尊重。

三、人际传播与沟通中副语言的解码与运用

副语言是人际传播过程中的重要手段，仅把握言语传播的信息是不够的，只有听懂了伴随言语信息的副语言所承载的特殊含义，才能真正掌握言语信息所传递的含义和情感，才能获得完整的传播信息。

（一）副语言的解码

人际传播过程中，我们常常通过一个人声音中的音色、音质、语调、语气来判断他的性别、年龄、性格等方面的信息。下面我们将对副语言进行解码，

---

① 马兰德罗，拉里·巴克. 1991. 非言语交流. 孟小平等译. 北京：北京语言大学出版社.

在人际传播过程中副语言传递的信息主要有以下几个方面：

1. 言语者的社会地位

有人研究了声音与社会经济地位之间的关系，发现能够通过声音来判断言语者的社会经济地位、受教育的程度和从事的职业。观察发现，社会经济地位悬殊的两个人进行交谈时，地位较高者常会采用降调，停顿较少，音量较大，语速变化较少，给人一种支配性的感觉；而地位较低者喜欢用升调，停顿较多，音量较小，语速变化较大，给人一种谨慎小心、讨好性的感觉。每一角色的说话方式都暗示着他们各自所处的社会地位。如上级与下级的谈话，我们能够从言语者的说话方式上判断出对方的身份，上级说话从容不迫、果断干脆、毫不拘束；而下级说话谨慎小心、语速较快，常以升调来征询对方的意见。

2. 言语者的情绪

副语言能够很好地传递言语者的情绪方面的信息。[①]费尔班克斯在实验中发现，让演员朗诵台词时通过音调、音量或节奏的细微变化，就能给听众留下许多不同的情感印象，如让不同的演员朗诵同一段话，表达出愤怒、恐惧、悲伤、轻蔑和冷漠的感情，听这些朗诵录音的学生很容易分辨出了这些情感。即使在把录音放得很快，使人无法听懂字句的情况下，许多人还是可以分辨出不同的情感。研究发现，语调、语气、语速等副语言主要影响对情绪好坏的判断，而音量则影响对情绪强度的感知。在交谈中，我们可以通过副语言来感受对方的情绪是悲伤还是高兴、是兴奋还是愤怒、是抑郁还有忧愁等。不同的情绪都会通过不同副语言符号表现出来，如表示气愤时，声音呈现出声大、音高、音质粗哑，音调上下不规则、变化快，并伴随着大叫的特点。

3. 言语者的性格

声音中副语言的特征还能反映和显露言语者性格方面的信息。音色与性格有紧密的联系，性格温柔内向的人音色较为柔和，而性格直爽外向的人音色较为粗犷。另外，音量、语速等也能反映一个人的性格，如性格开朗乐观者，音量加大，语速极快，而性格内向者，音量较小，语速较慢等。[②]艾丁顿

---

① 施拉姆. 2010. 传播学概论. 何道宽译. 北京：中国人民大学出版社.

② 李杰群. 2002. 非言语交际概论. 北京：北京大学出版社.

（Eddington）在研究中发现，副语言与性格和能力之间存在对应的关系。如说话带呼吸声的男性一般是年轻并富有艺术感，女性则是长相漂亮，有女人味，但较为浅薄；声音喉音较重的男性一般是年龄较大、成熟老练，女性则是粗心、丑陋；声调富于变化的男性一般是充满活力，富有同情心和爱美之心，而女性是能体贴人，善于与人沟通等。

此外，副语言也具备了一般非言语符号的功能，能够补充或强调言语信息，如通过音强、语顿等方式来强调言语信息；能够否定或弱化言语信息，如在一对恋人之间，姑娘面带笑容，温柔地对小伙子说："我恨你"，这时副语言所传递的信息和表达的情感与言语信息完全相反；能够替代言语，如在某种特殊的场合或特定的情境中，不适宜用言语表达，这时人们通常会采用某种特殊的副言语方式来传递信息，如用咳嗽声暗示对方。

（二）副语言的运用

在人际传播中，我们要善于运用和熟练掌握副言语，通过副语言来有效的传递信息和情感，同样也通过副语言来解读对方以及他们所传递的信息和情感，达到有效沟通的目的。在运用副语言时，我们要注意以下几个问题：

第一，注意自己的说话方式。"声音是影响人们形象的重要因素之一。一旦你开口说话，你说话的形象就压倒了你的视觉形象，成为最主要的了。"①声音的运用是决定一个人能否有效传播的重要因素。在人际传播的过程中，常见的毛病有语速过快、语调过平、鼻音较重等。我们要有意识地改进自己的发声方式，使自己的声音更加悦耳动听，富有吸引力。

第二，把握好功能性发声的时机。功能性发声具有多义性，如笑声有很多含义，有表示高兴欢快的、有表示嘲笑讽刺的，有表示无奈的，还有表示绝望的。在不同的场合、针对不同的对象、谈论不同的主题时，要恰当地运用功能性发声，把握好其发声的时机。

第三，巧妙运用语空。语顿和沉默是一种特殊的副语言类型，在人际传播过程中巧妙运用能起到较好的效果。②马克・吐温曾说过："恰如其分的停顿经

---

① 宋昭勋. 2008. 非言语传播学. 上海：复旦大学出版社.

② 同①。

常产生非凡的效果，这是语言本身难以达到的。”我们要善于运用语空来调节谈话的氛围，突显谈话的内容和把握好谈话的节奏等。

第四，注意副语言的跨文化性。不同的国家由于文化因素的原因对副言语的运用会出现不同。如音量和音高方面，中国人在近距离交谈时，音量和音高一般比英美国家的人要高，这使英美国家的人很纳闷、“为什么距离这么近还要大喊大叫呢？”在对待沉默方面，英美国家的人和中国人不同，中国人在被问到棘手或敏感的问题时一般会采取沉默的方式来回应，这在英美国家的人看来是一种缺乏修养的行为，他们认为无论怎样都应该说点什么。在人际传播的过程中，我们要注意副语言的跨文化性，避免产生不必要的误读。

第三节　人际传播与沟通中行为语言的传播

美国心理学家艾伯特·梅瑞宾认为在人际传播过程中，55%的信息是通过行为语言传播的。行为语言是指除言语之外的一切传播行为，是一种广义上的社会行为，涵盖面较广，我们根据动作的运动状态，把它分为两大类型：一类为无声的动态行为语言，如面部表情、身体动作、触摸等；另一类为无声的静态行为语言，如姿态、服饰、颜色、气味、时间、空间等。关于行为语言早期研究的代表作是 1644 年约翰·布尔沃（John Bulwer）的《手势研究：手部的自然语言》一书，此书针对手部动作表达的意义展开了开创性的研究；到了 19 世纪，人们开始研究演员在戏剧中如何运用面部表情和身体动作来表达情绪和感受。1872 年达尔文（Charles Robert Darwin）的《人类与动物的表情》一书的面世标志着非言语传播领域的创建，此书论证灵长类动物的情感是与生俱来的，并通过体态和面部表情表达出来[①]，认为“我们的情感表达在相当程度上是由我们的进化论决定的”。后来人们发现，身体语言是受外界条件影响的产物。弗洛伊德认为身体语言与人们幼年所受的教育和文化背景有关。20 世纪中期开始大规模的展开对行为语言的研究。美国人类学家雷·L·伯德惠斯特尔通过慢镜头回放分析电影中的对话场景来研究人们在交谈中的行为动作；美国心理学家保罗·埃克曼发现人类表情有无世界性，发现有七种情感，

① 罗杰斯. 2005. 传播学史——一种传记式的方法. 殷晓蓉译. 上海：上海译文出版社.

在世界各国的外在表现方式基本相同；60 年代，美国人类学家爱德华 • T.霍尔（Edward Twitchell Hall Jr.）对人类如何利用空间和距离传达信息展开了研究，提出了“人类距离学”。

下面我们将对这两大类型的行为语言作具体的介绍，了解和掌握各种不同行为语言以及它们在人际传播过程中是如何传递信息和表达情感的。

一、无声的动态行为语言

卓别林（Charlie Chaplin）作为 20 世纪的电影艺术家，他的无声电影给人们留下了不可磨灭的印象。他用丰富的表情、滑稽的动作以及灵动的眼神，表达了丰富的情感。卓别林通过完美的肢体语言，把电影演绎到了极致，可以说是身体语言运用方面的先驱。在人际传播与沟通中，人们也常用丰富的无声动态行为语言来表情达意，即通过人体各个部位的动作来传递特定的信息和情感，包括面部表情、身体动作、触摸等。下面我们来具体了解一下这些动态行为语言是如何传递信息和交流情感的。

（一）面部表情

面部表情指人们面部表现出来的能反映内心变化的动作、状态和生理变化，是感情或情绪的外在表现形式，如喜、怒、哀、乐都可以在面部表情反映出来。面部表情既是先天的，又是后天习得的。有研究发现，那些天生既聋又哑又盲的婴儿，虽没有见过微笑，也没有听到过哭声，但他们也会用微笑和哭泣表达情感，这证实一部分面部表情是先天的。埃克曼在研究中发现，与某些情感有联系的面部肌肉运动的特殊模式起源于遗传的作用，而不是后天学习来的。但是一些面部表情是后天学习得来的，受到文化约束的，“特定的文化标准会不同地要求如何及时地表达情绪”[①]。例如，表示害怕的意思，一种文化可能是出现在眉毛或前额部位上，另一文化可能是出现在嘴唇上。

在所有的动态行为语言中，面部表情是最丰富的，也是最能够表达情绪的非言语性符号。约翰 • 冈特（John Gaunt）在《回忆罗斯福》一书中这样描写富兰克林 • 罗斯福总统的表情：“在 20 分钟的时间里，罗斯福先生的脸上表现

① 李杰群. 2002. 非言语交际概论. 北京：北京大学出版社.

出诧异、好奇、假装震惊、真诚的兴趣、焦急不安、胜似妙语的悬疑、同情、决断、嬉戏、庄重和超凡的魅力，但在整个过程中，他几乎没有说一句话。”[①]伯德惠斯戴尔指出，在人类 70 万种身体语言中，我们的脸部可做出大约 25 万种不同的表情，占身体语言的 35.7%。面部表情语言主要运用眉、眼、鼻、嘴等面部器官来表现我们各种复杂变化的内心世界。埃克曼把面部分为三个编码区：眉毛和前额、眼皮和下半个脸，认为人的表情是通过不同部位的组合来表现的，如悲伤和恐惧是通过眼部表现，高兴和惊讶是由眼部和脸的下半部来表现，而生气则是由眼、眉、额和脸的下半部一起配合来表现的。我们把面部分为眼睛、眉毛、鼻子、嘴唇、面颊和下巴等几个主要部位，分别来看一下它们是如何传递信息和情感的。

1. 眼睛

眼睛是最具表现力的，人们常说“眼睛是心灵的窗户”，透过眼睛可以洞察到人们复杂的内心世界和微妙的情感变化。泰戈尔曾说过：“当我们用言语表达思想时，言辞并不容易找到，必须经过一个翻译过程，这往往是不准确的，于是我们就会发生错误。但是这一双黑眼睛却不需要翻译；思想本身就反映在这眼睛里。”眼睛主要是通过目光注视的时间、范围、方式以及瞳孔的大小等来传递信息和表达情感的。

在人际传播过程中，双方目光注视时间的长短能够传递出不同的含义。一般情况下，人们目光接触的时间占总接触时间的 30%～60%，如果超过 60%，表明双方对彼此的兴趣大于谈论的话题，低于 30%表明对对方及话题都不感兴趣。在谈话过程中，长时间的注视对方会被视为对对方私人界域的侵犯，给对方带来不安感。目光注视范围也蕴含着丰富的信息，如目光落在两眼和嘴唇之间的区域，会给人一种轻松愉悦的感觉，落在两眼和额头的区域会给人一种严肃感。同样，不同的注视方式传递信息的含义也不同。眼睛注视的方式有很多种，如正视、凝视、斜视、眯视、盯视、俯视、扫视等。眼睛正视是庄重的象征，斜视表示轻蔑的含义，俯视是一种不自信的表现，凝视给人一种威严感，扫视给人一种不尊重感等。瞳孔的大小也能很好地反映人的情绪状态。当人的情绪处于一种兴奋状态时，瞳孔就会扩大，相反，人的情绪处于一种低落或生

① 施拉姆. 2010. 传播学概论. 何道宽译. 北京：中国人民大学出版社.

气的状态，瞳孔就会缩小。

2. 眉毛

眉毛一般通过各种形状的变化来表现人的内心情感和心理活动，如皱眉表示讨厌、为难；横眉表示轻蔑，“横眉冷对千夫指”，其横眉就出表示对敌人的轻蔑以及自己无畏的情态；低眉表示腼腆、羞涩；锁眉表示忧愁；竖眉表示愤怒或不满；双眉上扬表示兴奋、愉悦；眉毛完全抬高表示一种不可思议或怀疑。除了眉毛的动作之外，我们还可以根据眉形来判断一个人的性格。如眉平直的人，一般较实在；眉弯曲的人，一般较敏感；眉尾下垂的人，一般较懦弱、悲观；眉尾朝上的人一般较豪放、开朗等。

眉毛作为人面部的一个组成部分，充分地配合面部其他部位的各种动作来传情表意，如配合眼的动作来传情，即我们通常所说的“眉目传情”。在人际传播过程中，认真观察对方眉毛的各种变化，通过其洞察对方内心情绪的微妙变化，根据眉毛所反馈的信息来调整谈话的内容、时间等以便达到更好的人际沟通效果。

3. 鼻子

鼻子在人际传播过程中也会说话，通过各种不同的动作来传播非言语信息。在人际传播过程中，当你对某件事或某人表示厌恶时，你的鼻子会皱起来；当对其表示轻蔑时，你会“嗤之以鼻”；当对其表示愤怒时，你的鼻孔将张大、鼻翼扇；当对其表示怀疑，你会摸鼻子等[①]。现代心理学的研究成果表明，在谈话中对方的鼻子稍微胀大，多半表示对你有所不满，或情感有所抑制；鼻头冒汗珠，表明一个人的内心焦躁或紧张；鼻子的颜色整个泛白，表明一个人的心情畏缩不前等。同样，鼻子的形状也能反映一个人的性格，如鹰钩鼻者一般较阴险凶暴，朝天鼻一般较傲慢清高，挺鼻一般较固执坚强等。

4. 嘴唇

嘴唇是人面部最为敏感的部位，是最具表现力的器官之一，通过嘴唇可以传达人内心细微的变化，它主要通过各种不同的表情来传递信息和情感的。嘴唇通过伸缩、开合等来表达丰富的情感。当你对所谈的事或人感到惊讶时，嘴唇会不由自主地张开；当你表示善意、礼貌时，嘴角会向上；当你痛苦悲伤时，

① 刘慧. 2008. 身体语言的魅力. 北京：中国三峡出版社.

嘴角会向下；当你表示愤怒不满或决定已定时，嘴唇会紧绷。同样，嘴唇的形状、厚薄、颜色也能反映一个人的性格，如厚嘴唇的人多为性格开朗、为人随和者；薄嘴唇的人多为性格固执、为人小气者；嘴唇短小者一般为富有理想但缺乏果断力的人；嘴唇较长者一般较现实，竞争心较强；

5. 面颊和下巴

面颊主要通过颜色改变来表现情绪变化，如感到紧张、兴奋、生气时，面颊会变红，对脸红的真正含义要结合具体的语境及传播者的个性特征来分析。除了脸红，面颊所表现出来的表情还有脸色发青、发紫、发白等，如在受惊或愤怒的情况下，脸色会发青，在过于激动的情况下，面色会发白等。

下巴也是反映人心理活动的一个重要指示器。下巴的动作通常有三种：紧收或垂落、灵活与僵硬、抖动。在交谈中，当谈话者较紧张时，下巴会自然收紧，比较僵硬；当较放松时，下巴会垂落、灵活自如；当情绪激动时，下巴会抖动。翘下巴是一种表达优越感的信号，而缩下巴是一种防御性的动作，表示懦弱、渺小，当在处于不利的情况下，缩下巴表示屈服、没有反抗的意思。

面部表情语言通过眉、眼、鼻、嘴、下巴等面部器官来交流信息和表达情感，人的喜、乐、忧、愁、哀、俱、羞、怒、愤、思等都会在面部表现出来。古人云："情，动之与中，形之于外，传之于声。"面部表情在人际传播过程中起到重要的作用，不仅能够强化言语信息，使言语的内容更加鲜明突出，还能够弥补言语信息的不足，暗示传播者内心的思想感情。在人际传播过程中，我们一方面，要善于控制和调节好自己神态；另一方面，要善于察言观色，观察对方的面部表情，敏锐地察觉出对方的心理活动和内心情绪，通过一些细微的表情变化来捕捉对方的情绪，及时地调整谈话内容、语气等。另外，可通过表情来推断对方的性格特征以及了解谈话者真实的想法。人们通过言语信息隐藏真实意图的同时，表情会暴露出人内心的真实想法，因为多数表情是生理性的，不受意志支配。但有时人们也会使用表情来掩盖真实的想法或感受，如人们用笑容来掩盖内心的痛苦或悲伤等。

（二）身体动作

身体动作是指除面部表情之外的身体部位的运动，这些部位的运动也具有非言语传播的功能，通过身体各部位的动作来传递信息和表达情感。身体动作与人的情绪状态有紧密的关系，是人内心情绪的晴雨表。人们不同的情绪所表现出来的身体动作有很大的差异，如得意时，人们会昂头挺胸，失意时，人们会垂头丧气，弯腰弓背等。美国人类学家法斯特认为身势是由一系列的逐点动作组成的，主要可以分为头部、肩部、手部、腹背、腿部和脚部等动作。下面我们分别了解一下身体各个部位的非言语传播特征。

1. 头部动作

头部是人体各部位和各器官的总指挥部，是人体最重要的部位，它在传递信息和表达情感方面的作用是十分突出的。头部的运动表达说话者的情感和态度。如点头一般表示赞成、肯定等，摇头一般表示否定、拒绝等。头部运动的动作一般有三种：点头和摇头、低头和抬头、歪头和垂头。它们所表达的思想内容和情感较复杂，要根据具体的语境来判断。

点头一般表示肯定的含义，在谈话过程中，认真而有节奏的点头表示“我正听着呢”，鼓励对方继续往下讲；机械地随意点头表示对谈话的内容不感兴趣；不停地点头并伴随着“嗯”“呃”声音的发出，表示并没有真正明白对方所说的意思或为了某种原因不好表示反对等。摇头一般表示否定的含义，在某些特别的情况下，还可以表示得意或陶醉，如我们经常所说的“摇头晃脑”，是指得意的含义。

低头一般表示思考的象征，表示人在思考的心理状态。在谈话过程中，低头的动作还有避让、臣服等含义，如上级对下级的工作进行批评时，下级一般会低头表示对意见的接收。在谈话过程中，人们一般会保持抬头的姿态来进行交流，但当人们刻意把头抬得高高的时，这表示一种无畏或傲慢的态度。

歪头也称侧头，将头部歪向一侧，这一动作有多层含义，有表示倾听的含义，表明对谈话的内容感兴趣；有疑问的含义，表示“你说的话什么意思”；还有表示不服气或反抗的含义等。垂头一般是郁闷或苦恼情绪的表现，一般遇到不愉快的事情或遭受打击和挫折，人们都会垂头丧气。

2. 肩部动作

“铁肩担道义，妙手著文章”，肩部动作一般是威严和责任的象征。古代武将穿戴的盔甲、现代军人佩戴的肩章，即强调肩部所担负的责任，以示其威严。

肩部是人体活动较自由的部位，其语言是十分丰富的。美国的身体语言专家劳温博士对肩部动作做过分析，认为当一个人感到极度愤怒时，会把双肩往后缩；耸肩则表示不安、遗憾或恐怖；展肩表示展示自我的存在、威慑对方等。[①]在人际传播过程中，如想避开对方犀利的言语，不与其发生冲突，又不想畏缩逃避，常采用斜着一侧肩膀来面对对方，这是一种将防御和进攻合为一体的姿态，处于一种静观其变的警戒状态。同样也可以通过两人肩部的距离来判断两者的关系，如肩并肩被认为是一种友好合作的象征，表示两人关系平等、友好；互相拍拍肩部，也是一种友好的表示；用手搂住对方的肩，表示两者关系亲密。

3. 手部动作

在人际传播过程中，人们常借助手的动作来表达某种情感，传递某种特定的信息，尤其当人急于表达某种想法，但又无法用言语进行表达时，这时通常用手的动作来代替，即人们所说的手势语言。手势语言所表达出来的信息丰富多彩，不仅能辅助言语传播，还能代替言语进行传播，因此有“第二语言”之称。如二战期间，丘吉尔用“V”型手势来鼓舞士气，号召英国民众团结一致，与法西斯决战到底。在人际传播过程中，人们用手势语言来传递信息，如跷起大拇指表示“棒极了”，用“O”型手势来表示“没问题”，用手指表示数字，向上伸小指表示“微不足道”“最差”“倒数第一”等。在社会生活中，手势语的表意功能充分发展，在一些领域已发展出一套系统的手势语言符号来替代言语表意，如交警用手势来指挥交通，聋哑人用手势语来传播信息和情感。同样，人们还可以通过手势语言来洞察一个人内心的情感，如双手相搓表示人内心正处于焦急和烦躁不安的状态；手臂交叉表示情绪紧张；握拳表示决心、愤怒；用手搔头表示尴尬、难为情；双手叉腰表示挑战、示威等。

在运用手势语传递信息和情感时，要注意手语的速度和范围。不同速度和范围的手语所表达的情感有强弱之分。一般手语速度越快，范围越大，所表达的情感就越强烈，反之，就越弱。另外，在人际传播过程中，要注意手势语的文化差异，不同的国度或民族对同一手势所表达的含义有所差异，如“O”型手势在美国表示赞同，在日本表示金钱，在法国表示微不足道，在马耳他则是

① 刘慧. 2008. 身体语言的魅力. 北京：中国三峡出版社.

一句恶毒的骂人语。

4. 腹背动作

腰是腹部的重要部位，腰部的动作有表意的功能。一位著名的舞蹈家曾说过："腰部的作用不仅仅限于肉体上，也担负着支持精神的角色。"这意味着腰部运动能够传递出特定的信息和情感。如弯腰一般表示鞠躬，表示对他人的尊敬；把腰的位置放得很低，表示屈从、服从；点头哈腰表示谄媚和讨好；伸懒腰表明对话题不感兴趣；叉腰表示内心的愤怒；腰板挺直表明自信、占有优势等。

腹部的状态，也能反映人的情绪状态。如收腹给人一种精神饱满、向上、自信的感觉；腹部松弛给人一种精神萎靡不振、神情呆滞的感觉。当人处于一种情绪激动的状态，如兴奋或愤怒时，腹部会随之起伏。

背部因在身体的后面，其动作经常被人们所忽略。背部和人体的其他部位一样，也具有表意的功能。如一个向隅而泣的人，我们虽看不到他悲伤的表情，但通过颤动的背部动作能感知他伤心的程度。我们可以从两个方面来解读背部的非言语信息：一是从背部的形态上解读，如弓背给人一种缺乏活力的感觉，人处于悲伤或沮丧情绪中一般会弓背。二是从背转的方向来揣测其含义，如转背去干某事，一般是较私密或不想为人知的事情。

5. 腿部、脚部动作

英国心理学家莫里斯发现人体中越是远离大脑的部位，所流露的信息可信度越高。腿、脚部虽然是身体的下半部，但它们能够透露出一些潜意识的情感和真实信息。如一个人在紧张时可以装出一副神情自若的表情，但他颤动的腿部动作能够反映出其真实的情感。不同的腿部动作能传递出丰富的含义。如跷起二郎腿表示悠然自得、不拘小节的心理状态；双腿叉开是一个传达支配性的动作；双腿交叉表现一种怀疑和戒备状态；脚踝相扣是一种尽量压制紧张或恐惧心理的动作，表示警惕、防范或克制等；腿部的小幅度抖动意味着焦躁不安或紧张惶恐的心理状态。另外，腿、脚部动作能够反映一个人的性格和情绪，如豁达的人坐的时候会张开双腿，内向的人则偏向于把自己的手脚靠拢身体，情绪激动的时候会跺脚等。

在人际传播过程中，人们很少单独用一种身体动作来表情达意，而是多个身体部位动作的综合表现。人们充分调动身体的各个部位来传递非言语信息，对言语信息起到补充、强调、协调或替代的作用，如手舞足蹈、目瞪口呆就是多个身体部位共同作用的结果。在运用身体动作传递信息的同时，我们还要了解对方的个性特征、文化背景等以便更好的理解身体语言符号，达到较好的沟通效果。

（三）触摸

触摸是一个互动性的动态行为语言，它是交谈双方的身体各部位之间或人与人之间通过触摸性动作来表达情感和传递信息的一种行为语言。在人际传播过程中，朋友相见会亲切握手，恋人相见会深情相拥等。触摸是借助身体接触来传递情感的，它可以分为自我触摸和社交性触摸两大类，下面我们分别来看一下这两大类触摸方式的传播特征。

1. 自我触摸

自我触摸是指个人身体各部位之间接触，在多数情况下，自我触摸是人们不自觉的一种表现，这种下意识的行为能够透露出一个人真实的情感和态度。自我触摸有很多种类型，在人际传播中，按在个人行为中所表现的作用，可以分为自慰性触摸、掩盖性触摸和保护性触摸三大类。

自慰性触摸指为缓解某种情绪，在不自觉中做出的触摸性行为，如摸嘴是一种缓解焦虑的方法，人们试图通过摸嘴这种自我触摸方式来转移焦虑，达到缓解压力的目的。掩盖性触摸是指人们为隐藏自己的真实意图，在自觉和不自觉中所表现的触摸性行为，如人们在内心焦虑不安或说谎时，会做出摸鼻子的动作，以掩盖内心的慌张。布什在 2007 年年底召开的新闻发布会上，回顾本年度国内国际的重大事件，尽管布什竭力保持微笑，但由于面对国内的次贷危机以及美俄关系恶化等一系列棘手问题时，布什无法掩盖内心的焦虑，总是不断做出摸鼻子等动作。保护性触摸是指为了抵挡外界强烈的刺激而做出的自我触摸行为。如当听到刺激的声响或听到反感的话时，会用手捂住耳朵以消除这种不适的感觉。

自我触摸的方式有很多，根据触摸身体不同的部位来划分，如触摸头发、触摸额头、触摸眼睛、触摸嘴、触摸鼻子、触摸耳朵、触摸下巴等。人们通过触摸身体不同部位来表达不同的含义，如当人用手指轻拍自己的额头时，表明正在思考问题，当用拳头轻敲自己的额头时，表明困惑不解或悔恨的情绪。

研究发现用手触摸下巴反映多种行为信息：或表示一种犹豫迟疑的心态；或表明对对方的讲话内容失去兴趣而做出的不耐烦的动作；或表示其正在思考做出判断等。[①]

2. 社交性触摸

自我触摸在人际传播过程中仅是某种情绪或态度的暗示，而社交性触摸是一种鲜明的态度和情感的表达，它通过触摸对方的身体部位来传递信息和情感。社交性触摸是一种人与人之间相互接触的社会性行为，从社会功能方面来分，社交性触摸可以分为职业性触摸、礼节性触摸、情爱性触摸、冲撞性触摸及侵犯性触摸等五种。[②]职业性触摸是指一种在职业范围内发生的触摸行为，它是不带任何感情的、公事公办的触摸，如医生对病人的触摸。礼节性触摸是指根据社交礼仪的原则发生的触摸行为，如人们在见面时会出于礼貌和友好进行一些身体接触行为，像握手、拥抱及亲吻等。情爱性触摸是指以交流情感为目的触摸行为，如恋人之间的拥抱、亲吻等。冲撞性触摸是指会造成伤害的触摸行为，如拉、扯踢、撞等。侵犯性触摸是指有意侮辱他人的触摸行为。

在人际传播过程中，礼节性和情爱性的触摸运用得较为广泛。握手是礼节性触摸最常用的一种方式，不同的握手方式传递出不同的含义，如手心向左、手掌垂直的握手是一种友好、礼节性的握手方式，表示双方地位相当；掌心向上或左上的握手，表示对对方的尊敬和敬仰；双手握住对方的手，表示热情欢迎或感激等。拥抱是情爱性触摸常见的方式，如当你处以于痛苦忧伤之时，朋友会用拥抱的方式来安慰你。

首先，社交性触摸能够传递强烈的情感信息，史密斯研究发现，触摸能够传送五种不同的情绪：漠不关心、母亲般的照顾、害怕、生气和闹着玩。如朋友之间分别会用拥抱来传递情感，分别的时间越长，拥抱的强度就越大。其次，社交性触摸能够体现出具体的人际关系，反映出双方的社会地位，如当长辈和晚辈或上级和下级在一起时，长辈或上级通过拍肩或背部的方式来激励或安慰晚辈或下级。再次，社交性触摸能传递安全信息，通过触摸来慰藉对方，如对方受到伤害，通过触摸来抚平对方心灵所受的伤害。此外，社交性触摸是一种

① 李杰群. 2002. 非言语交际概论. 北京：北京大学出版社.

② 同①。

社会性行为，要受到社会规范和文化的制约，即对触摸的部位和程度有严格的规定，我们的身体分为公开区域和隐私区域，在人际传播过程中，社交性触摸一般局限在身体的公开区域，恋人之间的触摸除外。

二、无声的静态行为语言

在人际传播过程中，传播双方所呈现的行为状态，即我们所说的无声静态行为语言，它涵盖面较广，包括传播者的姿态、服饰、颜色、气味、时空等。下面我们分别来了解一下这些静态行为语言的传播特性。

（一）姿态

姿态是指身体呈现的样子，它分为坐姿、站姿、蹲姿和卧姿等几种基本姿态。在人际传播过程中，姿态能够传递丰富的非言语信息。梅瑞宾（Mehrabian）说过："我们的身体在说话时越是倾向于对方则越表示对他有好感，我们说话时姿态若十分自在，可能表示不大喜欢对方，但也不怕他。若怕他，可能很紧张；若喜欢他，身体放松的程度就会增加。我们面对地位低过自己的人是最自在的，与平辈说话便不太自在，与地位高的人会晤时最不自在。身体放松与否，可以相当精确地度量出人际传播行为，在躺椅上向后倾斜 10 度以上的体姿表示极及放松，最不放松的表现是手部肌肉紧张，姿态呆板。不紧不宽的放松姿态是向前倾约二十度角，同时向左或向右倾斜小于 10 度角，背部微弯，是女性的话，还加上双臂平放。"①

在人际传播过程中，坐姿和站姿是传播者的两种主要姿态。传播者通过各种不同的坐姿和站姿来传递不同的信息和情感。如懒洋洋地坐在椅子上，表明此人相当自信，且有些傲慢的情绪；坐在椅子边上，表明此人不自信，且有些紧张。弯腰曲背的站姿表现人消极的情绪状态，而抬头挺胸的站姿给人一种自信优越的感觉。当人处于欢快的情绪时，会采用平稳的坐姿，坐的位置比较深；当人处于紧张不安时，坐的位置会比较浅，并随着谈话的进展，在坐椅上左右不同移动。不同的姿态不仅能反映一个人的情绪状态，还能很好地体现出一个人的性格。如性格稳重的人会微微张开双腿而坐，性格开朗的人会跷起二郎腿

① 施拉姆. 2010. 传播学概论. 何道宽译. 北京：中国人民大学出版社.

而坐。

此外，姿态还受传播语境的制约，如正式的场合，人们一般会采用端庄、严肃的坐姿，如工作面试或商业谈判等；非正式场合，人们的坐姿一般会比较随意，如朋友之间的交谈等。

（二）服饰

服饰指人的穿着打扮，包括服装、鞋帽、发型、化妆、饰物等。服饰是一种重要的非言语符号，它传递着丰富的信息。罗杰·布朗（Roger Brown）曾这样描述“哈佛广场的人”：“如果年轻人蓄小胡子、背绿色书包，他就是哈佛大学的学生；如果他穿的是户外短夹克衫，他就是城里人；如果姑娘穿深色时髦长筒袜，她们就是拉德克利夫学院的学生。”①

首先，服饰能传递出一个人的年龄、性别、职业等方面的信息。不同性别、年龄的服饰是不同的，服装可分为男装、女装、童装、少女青春装、成熟装、老年服饰等，不同职业也有各自的职业装，如警服的穿着者是一个警察，校服的穿着者是一个学生。其次，它能够传递出一个人的兴趣、爱好以及性格方面的信息。如喜欢运动的人，他会选择运动休闲款的服饰，脚穿休闲类的鞋子，发型一般会选择清爽式的短发，这种穿着打扮的人一般是性格开朗、好动的人；具有较强个性的人，服饰的选择一般会比较另类大胆。另外，它能够传递一个人身份地位方面的信息。身份地位较高的人，他的穿着打扮一般会比较精致、讲究、时尚，服饰选择的大多是高档品牌，着装也比较端庄、正式，而社会地位较低人，穿着打扮比较粗糙，穿着较随意等。再次，服饰还能传递出一个人素质、品味以及价值观等方面的信息。穿着打扮能够透露出一个人的审美情趣，表现出一个人的内在修养。一个善于打扮的人是能够把自己的美显示出来，并展现自己独特的个性。因此，服饰是一个人的“第二皮肤”，它无声地传播关于穿着者的职业、身份、社会地位、性格、素质修养等方面的信息。

服饰受传播语境的制约，不同的传播环境，人们对服饰的选择会不同，如在正式的场合，人们的穿着一般会比较端庄，而在参加面试时，一般会选择职业套装来显示自己的成熟和稳重。

---

① 施拉姆. 2010. 传播学概论. 何道宽译. 北京：中国人民大学出版社.

（三）穿着颜色

颜色，即色彩，我们把其分为冷暖两种色调，暖色调包括红、橙、黄，它能够带来热烈、温暖、灿烂、活泼的感觉；黑、白、灰、蓝、绿等颜色为冷色调，它给人带来冷静、理智、文静、纯洁等感觉。颜色作为一种非言语符号，它同样也能传递出丰富的信息和情感。

穿着颜色能够传递出一个人性格方面的信息，喜欢红色的人，性格是开朗、热情、奔放的；喜欢蓝色的人，性格是文静、理智的；喜欢黑色的人，性格是稳重的；喜欢白色的人，性格是纯净、浪漫的。如荷兰足球队的队服颜色是橙色的，这与他们热情、勇往直前的性格有关，而意大利的球服是蓝色的，这与他们浪漫的性格有关。

在人际传播过程中，穿着颜色还可以传达出人的情绪和感受，影响谈话者的情绪。瑞士艺术家约翰内斯·伊顿说："不论我们意识到与否，颜色都以其独有的魅力，对我们产生着积极或消极的影响。"红色可以激发人的情绪，白色和蓝色可以使人的情绪冷静，黑色会使人的情绪陷入低落消极的状态。所以在暖色调的环境下，有利于人进行创造性的思维，它可以使谈话更加积极；而在冷色调的环境下，有利于进行思考，这可能会使谈话的情绪受挫。

（四）气味

在人际传播过程中，人们常用嗅觉来获取信息，气味是嗅觉获取和传播信息的主要渠道。①气味在使人回忆过去方面具有强大的作用，如食物的气味使我们想起母亲的烹调，鲜花的香味使我们想起早年的春光、美好的爱情等。

在人际传播过程中，气味可以传达一个人性格、品味等方面的信息。如不同的香水味道传递的信息不同，一般成熟女性会选择浓郁香味的香水，而青春少女一般会使用淡雅的、花香型的香水。不同国籍的人对香水的喜好也不一样，如日本人喜欢雅致的气味，法国人喜欢花香，而南美人喜欢浓烈的香味。②诚如美国香味研究人员胡安尼塔·奎因所说："香味不仅有自身的功能，它也是

---

① 施拉姆. 2010. 传播学概论. 何道宽译. 北京：中国人民大学出版社.

② 宋昭勋. 2008. 非言语传播学. 上海：复旦大学出版社.

一种信息媒介，这些信息可以将产品的情况告知使用者，也可以用在产品中让别人知道使用者具有什么样的个性或形象。”另外，人类有很强的体味，因生活方式或个体体质差异，而散发出不同的体味。研究发现，每个人都有自己独特的体味，就像每个人的指纹一样，是独特无二。男女之间的吸引很大一部分是归结于各自身上所散发的体味。17 世纪英国民间有一种男女约会的习俗：少女约会之前，会把苹果放在腋窝下，让苹果吸取人的体味，再与情郎去约会，如果男友喜欢闻这种味道，便会产生爱的火花。

另外，气味能影响人们对事物的判断和评价，有实验表明着装随便而洒了香水的女性更具魅力，更加能够吸引男性的注意，而衣冠楚楚并洒了香水的女性则被认为是冷漠、傲气的。

（五）时空

时空也是一种重要的无声静态行为语言，人们通过时间和空间要素来传递信息和表达情感。

时间有自己特定的含义，如人们花多长时间、何时花以及怎样花都传递着人们对事物的态度。如你与某人约会，早到、准时或迟到都反映你对这次约会的态度以及你的生活价值观等，早到。表示你很重视这次约会，而且是一个有较强时间观、生活计划性较强、谨慎，并尊重别人的人；准时，表示你比较重视这次约会，而且是一个生活有条不紊、严格按照计划行事的人；迟到，表明你对此次约会不在意，而且生活中你是一个性格懒散、缺乏责任感的人。

另外，文化背景不同、社会地位不同的人的时间观念也有所不同。如德国人讲究准时、守时；拉丁美洲人时间观念很模糊，晚 1 个小时根本谈不上不感兴趣或不喜欢。正如费班（Febian）所言：“我们每一个人，每一种文化，都有自己独特的文化钟，它本身就在传递有关我们的信息，例如，我们起得早，勤奋，是否守时等。”[①]爱德华·T.霍尔在《无声的语言》一书中讲述了一件事，有位驻非洲某国的美国外交官应约准时前往该国外交部。美国外交官到了之后，等了 10 分钟毫无动静，他要求秘书再次通报，但又过了半个小时仍没人理会他。这位外交官认为是有意怠慢和侮辱他，一怒之下拂袖而去。后来他才

① 施拉姆. 2010. 传播学概论. 何道宽译. 北京：中国人民大学出版社.

知道问题出在该国人的时间观念与美国人不同，并非有意漠视自己。

空间也有自己独特的含义，在人际传播过程中，通过人际距离、空间布置等非言语符号来传达信息。1959年，美国人类学家爱德华·T.霍尔在《无声的语言》一书中描述了人类的空间关系，揭示了交往过程中空间的组合规则，后来又提出了著名的社交空间距离理论，即“空间能说话”，他把人际距离分为亲密距离（Intimatedistance）、个人距离（Personaldistance）、社交距离（Socialdistance）和公共距离（Publicdistance）四种，并对四种距离的具体适用范围进行了解析。亲密距离表示关系密切，距离在0—45厘米，一般发生在父母子女、恋人之间；个人距离表示友好关系，距离在45厘米—1.2米，多发生在同事、同学、朋友之间；社交距离所表示出来的关系比前两者要疏远一些，是出于社交原因而形成的空间距离，距离在1.2米—3.6米，这个距离内活动和交往的人们彼此之间不一定认识和熟悉。大于3.6米的距离都被认为是公共距离，表示疏远的关系，如与陌生人交谈时一般会保持这个距离。

在人际传播过程中，空间传播着丰富的非言语信息。首先，空间距离的大小，代表着双方之间的亲疏关系，距离越近，代表双方的关系越亲密，如恋人之间的交谈空间距离可以缩小到零。其次，空间能传递出传播者的社会地位。一个人所占据的空间以及他在空间所处的位置可以反映出他的社会地位。如座位的布局暗示着社会地位的高低，我国在宴请宾客时，首席坐的往往是最尊贵的、社会地位最高的客人。再者，空间关系能够传达传播者的社会态度。在会谈中，我们可以通过空间的布置和选择来看出别人对自己的态度。如被安排在对面的空间位置，对方把你视为对手，并对你保持防御的心理；被安排在背对窗户的位置，表明对方很尊重你；被安排在对方的侧上方，则表明对方对你有好感，是一种友好的态度；被安排与对方并肩而坐，表明对方视你为知己，并十分信任你。

每个人都有自己的界域，在与人交往时会保持一定的空间距离，不同的地域、不同的文化背景的人对空间距离的要求有很大的差别。华特生在《人类空间行为：跨文化研究》一书中谈到，阿拉伯人、拉丁美洲人和南欧人等，他们在交往中个人空间和社会空间的距离很小；而亚洲人、印度人、北美人等，他们在交往中个人空间和社会空间的距离较大。美国人正常的交往距离是1.5米，在南美人看来，是一种“冷冰冰的”“疏远的”的距离。如果不熟悉对方的文化，在交往过程中常会出现误会，如一位拉丁美洲人与人问候时，可能会给他一个拥抱，如果对方是来自北美，可能会惊慌失措。

在人际传播与沟通过程中，通过对面部表情、身体动作、触摸以及姿态、颜色、时空等非言语符号的解码，可以读到以下几个方面的信息：

1. 言谈者的性格

言谈者通过行为语言，如面部表情、身体动作以及服饰等方面无意向对方透露了其性格、个性等方面的信息。一个性格开朗、不拘小节的人会大笑，面部表情会比较丰富和放松，身体动作幅度较大，姿态比较随意，服饰选择的颜色会比较活泼，以暖色调为主；而性格较内向的人多是抿嘴而笑或微笑，在交谈过程中，行为语言会比较拘谨，身体动作的幅度也较小，对服饰颜色的选择会偏冷色调等。

2. 言谈者的情绪

大多数研究者已经证实了这样一个事实：话语的主要作用是传递信息，而身体语言则通常用来进行人与人之间的思想沟通与谈判，它在传递情感方面更加有效。行为语言在表达情绪和情感方面较突出，尤其面部表情是一种最能表达言谈者情绪的一种非言语符号，人们的喜、怒、哀、乐、悲等各种情绪都可以通过面部表情来呈现。另外，像触摸也是一种表达情绪强有力的符号，人们通过触摸来传递情感，如相拥而泣就是通过拥抱的触摸方式来传递情绪的。

3. 言谈的社会地位

行为语言可以体现言谈者的社会地位，如服饰、姿态、空间距离等都透露了一个人的社会地位的高低。社会地位较高的人穿着打扮较为讲究、精致，在交谈过程中会采用一些支配性的姿态和身体动作，并与对方保持一个较远的空间距离或占据一个重要的空间位置等。

4. 言谈者的社会态度

通过行为语言，我们可以判定言谈者的对人对事的态度，是积极还是消极，是赞同还是否定等。社会心理学家曾使用距离测量法来测量人们的态度，发现在交往中，双方距离较近，身体前倾，表明一种积极、肯定的态度，反之则表明否定的态度。[①]

---

① 李杰群. 2002. 非言语交际概论. 北京：北京大学出版社.

三、人际传播与沟通中行为语言的运用

在人际传播与沟通过程中，人们在运用行为语言要注意以下几个方面：

（一）注意传播的语境

根据不同的传播语境来选择相应的行为语言，以便更好地传递信息和情感。如不同的场合会有不同的行为语言，在正式的场合，人们会选择西装或礼服，采用端庄、严肃的坐姿，身体动作也会有所注意，尽量减少不必要的身体动作；在非正式的场合，人们会比较随意。在面对不同的交谈对象，人们的行为语言也不同，面对比自己社会地位高的对象，行为语言会比较拘谨、受到约束；而面对比自己社会地位低的对象，行为语言会比较放松和随意。

（二）注意行为语言的文化差异

行为语言是一种社会语言，它受到社会规范和文化的制约，不同的国度和地域，对行为语言的理解各不相同。手势语具有跨文化的差异。如竖小指，在中国表示“小”“差”等具有轻蔑的含义，在日本表示“女人”，在美国表示“懦弱的男人”，在缅甸、印度则表示想去厕所。空间距离也具有文化和地域差异性，农村人比城市人需要更大的个人空间和社交空间，一般城市长大的孩子会喜欢拥护别人，而农村的孩子不喜欢与人有过于亲密的接触。同样，不同国度的空间距离也不同，如英国、德国、美国、日本等对个人空间很重视，与人交往时保持一定的空间距离，而阿拉伯、南美、非洲等人在与人交往保持的空间距离较近。在人际传播与沟通过程中，要理解对方的文化背景，避免误解和误会现象的发生。

（三）注意行为语言的综合运用

在人际传播与沟通过程中，行为语言在传递信息和情感时，是充分调动各种要素并对其综合运用的结果。如我们在传递悲伤的情绪时，面部表情、身体动作、姿态等行为语言要素会综合起作用，即忧伤的面部表情、弯腰曲背的站姿，并伴随着颤动的腹部动作等。在运用行为语言传情表意时，要协调统一好各种要素之间的关系，以便实现传播效果的最大化。

第八章　跨文化的人际传播与沟通

第一节　跨文化人际传播与沟通的认知

随着传播技术的进步，全球如麦克卢汉（Marshall Mcluhan）所形容的已经成为一个“村落”，各国之间的跨文化交流活动越来越频繁，成为现代人的一种重要交往方式。世界越是网络化，越强调人际交流的重要性。如 2010 年的上海世博会就成为了一个巨大的跨文化人际传播与交流的平台，世界各地民众齐聚上海，面对面来交流各自的文化，这种亲身参与的直观体验远胜通过电子屏幕观看所带来的愉悦。

这样的人际传播活动其实蕴含着一个朴素道理：人类需要交流，族群需要沟通，感情需要表达。与借助其他媒介展开的传播活动相比，跨文化人际传播活动有更大的优势和吸引力，可以让人们在同一场景中分享生存的经验，在沟通中学会彼此欣赏，在表达中满足自我实现。尽管有时人们的愿望是良好的，但由于沟通的不畅，结果往往很难令人满意，带来了很多误解和麻烦，常常面临着与携带异域文化“他者”沟通的障碍。从某种意义上讲，只有提高跨文化的人际传播与沟通能力，才能真正透彻理解自己母语文化与对象文化之间差异所在，才能妥善处理已经发生或可能发生的文化冲突事件。那么到底什么是跨文化人际传播与沟通？

一、关键概念认知

要对跨文化人际传播与沟通有一个清晰的认知，必须要先弄清楚几个关键概念。

（一）文化

跨文化人际传播与沟通必须以文化作支撑，中国古籍中的“文化”是与“武功”相对的概念，是文治教化的意思，表示对人的性情的陶冶，品德的教养。西欧“文化”一词含义复杂，词源自拉丁文“colere”，原义是指农耕和作物培植。随着人类社会的发展其词和义不断演变，据雷蒙·威廉斯（Raymond Henry Williams）考证，主要包括三类含义：①独立、抽象的名词——用来描述18世纪以来思想、精神与美学发展的一般规律；②独立的名词——不管在广义或是狭义方面，用来表示一种特殊的生活方式（关于一个民族、一个时期、一个群体或全体人类）；③独立抽象的名词——用来描述关于知性的作品与活动，尤其是艺术方面[①]。现在对文化最普遍的认识就是第三类。“文化”一词在文艺复兴以后逐渐被推广使用，指称对人的教化。第一个给文化下明确定义的是英国人类学家泰勒（Taylor），他认为文化是“一个复杂的总体，它包括知识、信仰、艺术、伦理道德、法律、风俗以及作为一个社会成员的个人通过学习获得任何其他能力和习惯”[②]。在当代，一个比较有影响的文化定义由克罗伯（Kroeber）提出：“文化是由外显的和内隐的行为模式构成；这种行为模式通过象征符号而获致和传递；文化代表了人类群体的显著成就，包括它们在人造器物中的体现；文化的核心部分是传统的（即历史地获得和选择的）观念，尤其是它们所带的价值；文化体系一方面可以看作是活动的产物，另一方面则是进一步活动的决定因素。”[③]

随后，由于学者各自的学术立场和观察角度不同，产生了各种定义，人类学家克罗伯和克鲁克（Kluckhohn）在他们1951年所著的《文化：关于概念和定义的探讨》一书中做了统计，在1871年到1951年间关于文化的各种定义就有164种之多。莫尔（More）1965年统计的关于文化的说法达到250种。以后，俄罗斯的学者克尔特曼（Coltman）则发现关于文化的定义多达400种。迄今为止，文化仍没有获得一个公认的、令人满意的定义。

总的说来“文化”有广义和狭义之分。广义“文化”从人之所以为人的意义上立论，将人类社会——历史生活的全部内容统统摄入“文化”的定义域。一般来说，文化哲学、文化人类学等学科的研究工作者多持此类文化界说。狭义的“文化”排除人类社会——历史生活中关于物质创造活动及其结果的部分，

---

① 雷蒙·威廉斯. 2005. 关键词. 刘建基译. 北京：生活·读书·新知三联书店.

② 2001. 不列颠百科全书国际（中文版第5卷）. 北京：大百科全书出版社.

③ 吴克礼. 2002. 文化学教程. 上海：上海外语教育出版社.

专注于精神创造活动及其结果，所以又被称作“小文化”。现代人们在某一地区或某一事物上使用“文化”这一概念时，是就“狭义文化”而言的，跨文化人际传播与沟通中的“文化”应归属于前者。

在当今社会，跨文化传播因为涉及不同文化语境主体之间的交流和交往，源于民族、历史、地理、气候等各方面差异而形成的文化特征、文化能力、心理趋向等层面就会存在各种不同。因此，跨文化视阈下的文化，从基本的构成来说，包含了知识、精神和能力等各个方面，但“跨文化”的特质又赋予了文化特质以更高的要求：培养的对象不仅具有本文化的人文素质，更具有两种甚至是多种文化语境下的人文素质。

（二）跨文化

人际传播中的“跨文化”并不是简单地单向度的西方文化输送到东方，或东方文化输入到西方，而是双向度的，应为东西方文化以一种平等、和谐、理性的姿态展开人际传播与交流活动，规避二元对立的思维方式。我们所欣赏的“跨文化”，既非西方文化的简单位移，更非中国文化的原生态延伸，而是古今演绎、中西对接的产物，属于全球文化的有机组成部分，这也是中国千年来文化传播的基本脉络。

在这点上正好与大众所追求的传播的理想状态相一致，“传播”一词本身带有共享的意义内涵，指信息和知识在时间或空间中的双向流动和变化，理性和感性动态平衡的传播应该是人与自然、社会亲密无间、协调共存的伟大和谐，才能对社会发展发挥出巨大的影响力。只是人的传播行为在政治、经济、文化的综合作用下，常常偏离自由解放人性的追求，受制于这样或那样的欲望、目的，因而在跨文化传播中，存在着不少干扰因素，造成传播与沟通的不畅。

漫步在历史的长廊，我们看到的是千百年来中国与他国交往的历史，看到有的帝王以开放、包容的姿态统御一个伟大的国度，万国来朝，国力强大，华夏文明由一个角落传至世界；也看到了闭关锁国的“天朝”一步步陷落在外来文化的侵略之下，有识之士放眼看世界，将中西文化由冲突走向涵化，实现二者的合理对接。这些在历史的长流里不曾被遗忘和掩埋的跨文化人际传播的智慧，就像一则则传奇，穿梭在时空的旋涡里却不会被摧毁，不断进步，不断地在时间与空间的转换中沉淀，引导我们在跨文化传播中去消弭误会、达成共识。

现在中国经济腾飞，越来越多的外国人来到中国，在中国体验生活，并与中国人交流。对走向世界的中国来说，这些跨文化的人际传播活动成为中国与外界沟通的重要媒介“拥有不同文化感知和符号系统的人们之间进行的交流，他们的这些不同足以改变交流事件”[①]。他们对中国的文化开始有逐步地认识和涉入，个个都可以成为现代的马可波罗，他们会将自己对中国的想象与实际经验传达给母国，成为跨文化传播与交流的使者。

（三）跨文化人际传播与沟通

不同文化的人一经见面，无论他们愿意与否，或是否意识到，都会用各种各样的言行举止来传递交流某种信息，即他们都在运用自身文化时时刻刻接受和发出信息。跨文化人际传播就是指不同文化背景下人与人之间的传播活动，既可以通过口头语言传播，也可以使用非语言交流。大致包括身势语（Body Language）、空间与时间安排（Spatial and Temporal Arrangements）等方面。身势语又包括目视表情（Facial Expression）、姿态（Posture）、手势（Gesture）、眼神（Eyes）、接触（Contact）等。

跨文化人际传播面对面展开交流，远胜人们凭借其他媒介为中介的交流，由于自始至终伴随着信息反馈活动，跨文化双方都能在第一时间得到积极的反馈，并能同时根据其他非语言来辅助交流，易于绕开障碍，畅顺沟通。在信息传播上既可以是通过语言、口头传播出来的，也可以是通过肢体语言、穿着打扮、举止表情来表现的。像刘备三顾茅庐请诸葛亮出山，虽未与诸葛亮直接对话，其“三顾”行为本身已经充分传递出求贤若渴的信息，之后关于“隆中对”的谈话，则让双方的交流清楚明晰。刘备与诸葛亮初次见面，就能相谈甚欢，在于二者都在同一文化语境下进行交流，双方能够准确理解对方传递过来的语言和非语言信息。

在非语言的人际传播中，同一动作在不同文化中具有不同的含义，有时甚至是截然相反或相对的。如一位西方商人和日本商人谈判结束之后，在签订合同时向对方作了 OK 手势后，却发现日本商人的态度突然变了。在西方人看来，OK 表示“很高兴我们谈成了这笔交易”，但日本人却理解为“他在向我们提出

---

① 拉里·A.萨默瓦，理查德·E.波特. 2004. 跨文化传播. 闵惠泉等译. 北京：中国人民大学出版社.

要钱的暗示”；因为在日本，OK 手势就像硬币形状一样，表示“钱”的意思。法国人理解 OK 手势为“零”或“不值钱”，在德国和巴西等国，这一手势是非常粗鲁的，甚至是侮辱性的。

传播情境对跨文化人际传播有着重要的影响，良好的传播环境会让沟通与交流通畅，反之则很难顺利进行下去。传播情境主要考虑三个层面因素：一是情感因素，要选择让跨文化双方都觉得舒适、安全、放松的交流环境，如鸡尾酒会、舞会、郊游、运动，这些场景都容易拉近双方文化距离，比较容易进行沟通。二是认知因素，交流一方要努力对对方的价值观、兴趣、需求、思维方式有准确理解，投其所好才能顺利展开交流活动。如在宴请穆斯林客人时，就一定要弄清楚对方的饮食禁忌，选择清真餐馆，否则容易造成误会。三是行为因素，指一个人运用语言和非语言手段明确、清晰地进行表意，以达到某种交际目的的能力。若甲乙双方交流，甲比较木讷，甚至一言不发，乙就会做出“你对我没有兴趣”的判断。反之若甲积极引导话题，风趣幽默，乙势必对甲大有好感。

在跨文化人际传播中，沟通既是一个传播过程，也可视为一个传播效果。在传播学上，有效的跨文化人际传播表现为一个积极互动的双向过程，信息能够准确传达到对方，在编码和解码上没有意义的误读或增减，在同情理解的语境中表情达意。好的沟通应该在表达理解、人际融合、解决问题这些层面都有不错的表现。

二、跨文化传播学科的发展历程

跨文化传播主要是指“来自于不同文化背景的人们相互交流的一种情景”①。其目的是旨在回避由于不同文化价值体系间的差异引发的各种冲突，或通过对不同文化差异的认知消除彼此间的交流障碍。其重要和独特之处在于，基于不同的文化背景、经历，都会使交流异常艰难，有时甚至根本无法实现。传播活动中所包括的人际传播、组织传播与大众传播，这三种类型都可以在跨文化传播活动中，其中跨文化传播的人际传播与沟通作为一种传播活动，早已横跨世界人类文化发展与交流的历史，因为古代的跨文化传播依靠的是“人的

① 拉里·A.萨默瓦，理查德·E.波特. 2004. 跨文化传播. 闵惠泉等译. 北京：中国人民大学出版社.

旅行”，主要通过商人、僧人、征服者，以贸易、战争、宗教等为媒介来传播。

在传播技术尚不发达的过去，人际传播占据了跨文化传播的主导地位。昔日诸如丝绸之路等商业活动、成吉思汗的征战、玄奘法师西行取经、鉴真东渡日本、郑和下西洋、盛唐万国使者齐聚长安、马可波罗的东方旅程，这些都是中西方重要的跨文化人际传播。

及至近代，自诩“老大帝国”的晚清政府也被迫“睁眼看世界”，派出外交使节，如郭嵩焘、黎庶昌、曾纪泽、薛福成、戴鸿慈等，考察外国政治和法律；更有一批变法图强政治人物，如王韬、康有为、梁启超、孙中山、邓小平等都先后到了西欧、日本寻求救国之道。这些都从多个方面丰富了中国跨文化人际传播的形式和内容。而现代中国举行的多场国际性盛会，以北京奥运会、上海世博会为代表，同样演绎着异质文化间人与人之间相遇、沟通与理解。

在千年的跨文化旅程中，中国逐渐形成了自己看待世界和与异文化相处的态度，包括世界“大同”“和而不同”“中体西用”“习夷以制夷”，等等。在一些诗句中也透射着中国人的跨文化的胸襟和气魄，比如“海内存知己，天涯若比邻。”“海纳百川，有容乃大。”在中国历史上也有“华夷”之别，但这首先是有无道德礼教之别，珍视本民族的独立和文化传统，对其他民族则采取“顺俗施化”的政策。当然，中国的民族伦理和民族政策也具有明显的封建烙印，这主要表现为华夏的民族中心主义，追求以华夏为中心的“四夷宾服”的理想。但应该指出的是，它不是以征服为手段而是以道德教化为手段追求“协和万邦”，这是中国文化的特点，也是中国爱好和平的优良传统。

尽管跨文化传播活动长久以来一直存在，但真正引起学者们关注的，还是从 19 世纪的文化人类学家开始的，到 20 世纪 50 年代，由美国人类学家、跨文化研究者爱德华·霍尔创建跨文化传播学科。在其代表作《无声的语言》（The Silent Language）一书中，霍尔把正规清晰的语言交流和非正规形式的交流进行对比，指出非言语传播的不同维度（Dimensions），如时间观、空间感、面部表情、肢体动作之类，这些细小的因素都属于文化构成体中的一部分，值得细致地观察与分析，“注意观察对方的脸或其他肢体动作语言，有时会比说话得到更多的信息”。霍尔认为文化决定了人们对于时间和空间的理解，而不同的理解会导致人际间交流的困难。比如，时间对绝大部分美国人来说，是很尖锐、很敏感的。美国人对时间的价值不只体现在物质上，更体现在体验、感悟上，所以，多数美国人都有严格的个人日程安排，他们把一天的时间分成一段一段的，他们的日程表上写满了约会，尤其在商界，几乎总是一个约会紧接着一个约会。在美国，如果您想拜访某人，或者请某人商量什么事，最好的办法是与他们事先约定好，他们是不欢迎不速之客的。霍尔认为，跨文化交流，有时用语言交流，有时并不用语言交流。当传递信息不使用显性的语言时，事情就会变得困难而复杂。双方都不可能说清楚究竟正在发生什么事情，而只能说，他们觉得正在发生什么事情，自己感觉如何。霍尔声称，“是美国人学会如何有效地与外国人交流的时候了”，他的观点最终促成了美国政府和商业计划的实施。

20 世纪 70 年代跨文化传播研究在美国逐渐发展成为一门学科，之所以这项研究战后萌芽于美国，并渗透着国家权力和利益，实质上既有复杂的国际政治背景，亦有深刻的国内历史成因。事实上，“跨文化传播”这个词从诞生之日起最初动因来自军队。就国际政治背景而言，当美国参加第二次世界大战后，其军政领导面临的一个现实问题是，美国如何确保所占领岛屿上的土著居民与美军合作，许多文化人类学家被政府请来研究这些地区的文化。第二次世界大战后，该学科之所以能引起美国政府的高度关注，更多的是出自“东西冷战”的需要，更确切地说是为了推行与共产主义体制国家相抗衡的马歇尔计划，即美国试图抵御东方阵营赤色文化的入侵，确立以美国核心利益和价值体系为主导的全球文化新秩序，以及对各民族文化差异终极诠释的话语霸权。

就国内历史成因而言，在美国尽管白人始终占据统治地位，但作为一个由移民构成的多元文化社会，其种族矛盾和文化冲突却从未停歇过。特别是“二战”后，来自欧亚大陆新移民的剧增导致这种冲突摩擦更为激烈，这也就决定了要借助跨文化传播学来研究这些涉及跨文化冲突的问题。由此可见，在跨文化传播学形成之初，国家权力和利益就是最受关注的，无论是进行跨文化传播的研究者还是从事跨文化传播的实践家都受到国家权力的影响和操纵。

时至今日，跨文化传播作为一门学科，已经有近 60 年的历程。传播技术的进步大大缩减了时空的界限，增加了普通大众参与跨文化传播的机会，其中的人际传播与沟通显得越来越重要，美国跨文化传播学者拉里 •A.萨默瓦（Larry A. Samovar）在《跨文化传播》一书中强调说：“人们的相互联系影响跨文化交流最深的地方是社会领域，体现在国际商务、国际教育、旅游和文化融合等各式各样的范围内。”[①]因此，跨文化不仅仅是一种社会层面的文化交往和交流，它还涉及商业、贸易、旅游等多个领域。

对于跨文化人际传播与沟通认知，应该清楚：跨文化传播是个体遭遇不同文化信仰与价值观的一个过程，因此会产生文化冲突；在这一过程中，个体会受到诸如焦虑、偏见、文化、意识形态等的影响；跨文化传播研究可以确定人们的心理变化与传播行为之间的联系，减少焦虑的能力，消除民族优越感和一些刻板观念，达到宽容与理解。

三、跨文化视阈下大学生人际传播与沟通能力的重要性

随着不同文化间交往、交流和合作的深入，经济、科技、教育的全球化，以及新兴媒体的发展，整个世界正在创建和形成一种新的文化秩序，对人类文化交往的研究不断在广度和深度层面延伸、强化。人类正在进入一个不同文明必须学会在和平交往中共同生活的时代。每一个不同文化背景的人必须相互学习，研究彼此的历史、理想、艺术和文化，丰富彼此的生活。否则，在这个拥挤不堪的狭小世界里，便会出现误解、紧张、冲突和灾难。各个文化和组织多样性的日益增长已经成为全球化进程中的事实。诸如人们短暂在外国旅游、移民、跨文化组织间的交流、跨国企业管理、跨文化技术培训等传播行为，都需要具备好的人际传播能力，即交流者与他人能够有效进行交流活动的能力。

马克思说过：“人是一切社会的总和。”当今人际交往能力日益重要，学生势必会踏入这个社会，和形形色色的人打交道。而良好的人际传播能力有助于为他们将来的事业奠定基础，使他们获得更多的社会认可，以及自身的安全感和归属感。相反，不良的人际传播能力会阻碍他们的发展，因而使得他们心中充满挫败，激发自我的矛盾。

2005 年 12 月，美国国际教育工作者协会曾在美国进行了一项全国调查，结果显示 90%以上的美国人认为“培养具有全球意识和国际视野的下一代很重要”。为此，美国制定了 21 世纪全面的、综合的新国际教育政策：加强外国语言和国际、地区性问题研究，使国际教育逐渐成为大学本科教育的有机组成部

---

① 拉里 • A.萨默瓦，理查德 • E.波特. 2004. 跨文化传播. 闵惠泉等译. 北京：中国人民大学出版社.

分；通过研究生教育，加强国际和区域问题、国际商务和外语等方面人才的培养，以适应美国全球领导地位和国家安全的需要；鼓励学校建立国际交流伙伴关系，以促进国际化课程建设、合作研究以及教师与学生的流动；保证至少50%取得学位的美国学生具有国外学习经历，等等。美国的做法，可以给我们一些启发，那就是在全球化背景下的高等教育，培养具有国际视野和跨文化交流能力的人才是时代发展的必然要求。

2011 年 10 月 16 日，著名的《泰晤士报高等教育副刊》在 2011—2012 年另类大学排名中，给出了“人际交往能力最弱的十大院校”排名，分别为纽约市立巴鲁克大学、德克萨斯阿灵顿分校、西安大略大学、肯塔基大学、杨拉克斯大学、坎萨斯大学、怀俄明大学、哈佛大学、东北大学、马萨诸塞大学，这其中不少名校赫然在榜。

可见在现代大学人才的培养中，人际交往能力是非常重要的一环。我国普通高校的大学生正处于青年初期，他们的生理和心理发展已经达到成熟的水平。他们的认知、情感、人格的发展日渐成熟，已经开始形成稳定的人生观和价值观。然而，受中国的社会因素和家庭因素的影响，很多大学生都是独生子女，一直生活在老师和家长的羽翼之下，生活阅历比较简单，心理承受能力比较差，在人际沟通能力上缺乏策略，导致人际关系的紧张，更不用说在跨文化传播中有上佳的表现了。现在我国每年都有大量的学生留学海外，在异域遭遇众多文化冲突中，人际交往能力属于较差的一环，遇事只会打电话向父母抱怨、求助。此外，随着现在手机智能的发展，不少交际能力差的学生依赖手机为屏障，与外界沟通，变得愈加内向而不愿与人正面交流。长此以往，这些学生的人际交流会变得异化。

这些事例都在说明一件事情：在跨文化视阙下，要加强大学生人际传播与沟通能力的培养。高校的人际传播能力的培养，就是让大学生在与异质文化“他者”的直面交流中，树立起正确的世界观和方法论，尽量消弭文化误会、偏见，尤其是在文化的认同感、本民族的自豪感等方面培养起符合时代需要的素养和能力。人际传播能力的培养成为大学生的素质教育的重要一环，使教学成为一种跨文化的一部分，其重要性具体表现在如下两个方面：

（一）满足入世后我国经济发展形势的需要

自 2001 年中国“入世”后，经济融入了全球化潮流。在 130 多个 WTO 成员国和地区之间取得无歧视的贸易待遇，并赢得更多的对外贸易机会；同时，能充分地利用国际资金、技术管理和市场资源，促进外商来华投资和兴办各种企业。与国际接轨的贸易经济，迫切需要大批熟悉 WTO 规则和国际贸易、金融、财会、法律、文化等知识的外向型专业人才。这些人才不仅要精通英语以及相关的经贸业务，而且要具有全球视野、国际思维和处理国际事务能力。目前，一些大学生虽然有丰富的专业知识，但他们跨文化人际传播能力不强，很难与外商直接进行谈判或交流，也很难开拓外贸业务和引领产品走向国际市场。全球化的经济呼唤既有专业技术技能又有跨文化人际传播与沟通能力的复合型、高素质人才。

21 世纪是高科技时代、信息产业化时代和经济全球化时代。据人才市场预测，国内企业还需要 180 多万名复合型外贸人才。随着交叉学科不断涌现，自然科学和社会科学相互渗透，从而对适应这一时代的人才提出了新的要求。就业市场最需要的是既学有专长，又精通外语的高素质人才。人文素质的提高并不是指会说几句英语就走向世界了，而是要精通不同国家的文化差异。以往的大学涉外课程教学过多地注重语言知识和技能的教育，而忽视了跨文化传播技能的培养。进入 21 世纪后，国际化的经济、商业贸易、文化交流等，要求人才必须提高自身的跨文化人际传播，特别是对那些经常需要与外国人打交道的职位和部门，在人才的综合素质培养方面，提出了更高的要求。他们认为具有良好的语言交际能力和文化能力是成功地进行跨文化交流的基础。从事这一职业的人才必须提高自己的国际对话能力，即跨文化交流能力，从思维观念、行为方式、文化生活各个方面做到国际化。

（二）有益于大学生今后人际交流和工作

对于大学生来说，21 世纪是一个信息爆炸、知识日新月异、科技高度发展的时代，特别是互联网在世界各地的开通与普及，使更多的人足不出户就能与其他国家的人进行交流。目前，互联网上的信息 90%是英文，国际上最新的科技进展以及其他学科研究成果往往都是用英语来报道的，国际上思想文化等的传播也大多是用英语。因此，要在这个科学技术飞速发展的时代不落伍，需要有较强的跨文化人际交流能力来获取国际上最新的科技发展信息和了解最新的科技发展动态。

而一旦我们的学生步入社会，跨文化交流将成为一种常态，尤其进入一些国际性企业和单位，就更需要跨文化交流的技能。跨文化背景的企业和单位一般是由多种文化元素构成的一个集体，这就需要大学生有良好的跨文化视野。并且从全球文化构成来说，世界上有近 200 个国家，只有 10%是单一民族。中国有 56 个民族，不同民族的职工共事的情况也越来越多，因此国内公司、企业也有跨文化管理的问题。关于经理每天所做的工作的研究表明，他们 75%的时间用于写、讲、听，即进行交流，所以说，跨文化管理者的角色往往是个出色的人际交流者。

跨文化人际传播与交流的技能，需要长期自我锻炼，以及在社会实践中进行历练。作为大学生，由于还未进入社会，跨文化传播与交流的相关知识更多的是从课堂中获取的，这种知识与技能的培养，可以从以下几个方面着手：

第一，发挥教师的主导作用。要培养和提高学生的跨文化交流能力，关键在于教师。因为只有教师具备了较强的对文化差异的敏感性和跨文化交流的能力，才能在课堂上进行有效的跨文化交流教学。教师如果没有较高的外语和母语的文化修养，就很难进行有效的对比和分析。虽然许多教师已经认识到跨文化交流在外语教学中的重要性，但这方面的知识还是有些欠缺。培养和提高教师的跨文化交流能力最有效的办法是对他们进行短期的集中培训或派到国外进修、考察和讲学，也可以经常请一些跨文化交流方面的专家作系列讲座，或是让教师们进行自我学习、自我提高，以达到跨文化交流的教学工作对教师文化修养的要求。

同时，可以引进各类国际经济、国际政治、国际文化方向的专门人才，改善教师队伍的学科结构。最近这两年，对外经济贸易大学大规模引进了一批国内著名高校毕业或有留学背景的国际经济、国际政治、国际文化方向的高级人才充实教师队伍，为进一步完善教师队伍的结构、打造外向型和研究教育型大学奠定了较好的基础。

第二，课堂教学中融入文化教学。发扬大学外语教学的优势，加快大学英语教学改革步伐。外语教学中，应该改变传统以教师讲解为主的“填鸭式”课堂教学模式，从应试教育观念转向素质教育观念，创造轻松、愉快的语言学习环境，充分调动学生主动学习的积极性，让学生有更多的机会练习或模拟各种情景对话，参与形式多样的语言交际活动，以培养他们的跨文化交流能力。

各专业的课程设置中，也应加大跨文化交流的课程比例。鼓励教师给学生开设一些有关“语言与文化”“跨文化交流学”“国际关系学”“世界各国概况”“国际惯例与涉外礼仪”等选修课或系列讲座，使学生能够具体地了解不同国家的礼仪习俗、历史典故，善于发现世界各种不同文化的特点，以增强学生对文化差异的敏感性，加深学生对文化差异的理解，有助于培养学生的跨文化交流意识。即使一些不能使用双语教学的专业课，也应该加大与本专业相关的国际前沿理论、国外先进经验、异域文化现象的知识介绍，丰富课堂的信息量，开阔学生视野，培养学生的国际意识。

第三，培养学生主动学习的好习惯。21 世纪是信息网络时代，网络技术的发展为学生提供了上网浏览和下载的机会。目前，网上的语言材料以及英语资源极为丰富，学生可以根据需要进行浏览，筛选并下载有关跨文化交流方面的社会文化背景知识，以及许多最新的资料。教师应鼓励或组织学生观看一些原版电影、录像、教学节目等音像资料。通过观看片中的内容，可帮助学生拓宽知识面，了解和学到许多与国际文化有关的语言和非语言交际手段、交际规则和交际模式。因为各民族的文化差异不仅仅是文化的表层差异（如服饰、语言、饮食等），更多的是隐性的文化深层差异（如思维方式、心理特性、价值观念、交际规则等）。学生对不同国家的文化差异了解得越多，就越容易了解和尊重异国文化，越有利于跨文化人际交流。

同时，要引导学生养成主动学习的好习惯，掌握有效的学习方法和自学能力。让他们在阅读国外文化作品时，留心去积累有关该民族的历史、文化、风俗习惯、宗教信仰、生活方式、思维方式等方面的背景知识，以增强母语和国际文化差异意识，进行有效的跨文化交流①。

第四，培育国际、开放的校园文化氛围。校园文化对学生的影响是潜移默化的，现在我国高校留学生比例稳步上升，这些留学生来自世界各地，带来了他们各自绚丽多彩的文化。我们可以多与留学生展开文化交流活动，活跃校园

---

① 彭新良. 2009. 如何培养跨文化交际能力. http：//blog.sina.com.cn/s/blog_5f98b6490100da3a.html[2009-04-17].

文化氛围，培育国际性的、多元化的校园文化。

多元化是目前全球范围内文化发展的一个重要特点和趋势，对我国高等教育带来了不小的影响，大学校园中呈现着中外学生同校、多元文化交融、意识形态各异、价值标准多样的现象。在这种多元文化背景下，我们还要培养学生对于多元文化的鉴别和选择能力，增强学生对民族文化的认同感，学会甄别和选择差异性文化的能力，使他们能做出正确而合理的价值判断和价值选择。应当使广大学生既具有世界眼光与国际意识，又具有强烈的民族自豪感；既懂得本民族的价值规范体系，又能融入世界优秀文化之中，用战略的眼光看待国内外形势。

第二节　跨文化人际传播与沟通的障碍

2010 年 11 月 12 日，《纽约时报》以《那些赴美读本科的中国学生》为题，做了一篇版面宏大的深度报道，记录了一批正在遭遇跨文化人际传播与沟通困惑的中国学生。“一年后，弗朗西斯·刘相信，她再也不是当初穿过耶鲁大学哥特式走廊时那个沉默寡言的亚洲书呆子了。现在，她化妆，上课时举手，持有跟其中国朋友迥异的观点。在这些朋友看来，‘我已经被美国文化腐蚀了，不再是中国人了。’许多在美读本科的中国学生也听到过这类他们说自己很难视而不见的苛刻评语。在耶鲁大学为大一新生开设的文学研讨课（名为‘当外国人的体验’）上，徐露伊（音译）开始应对‘将我迅速西化，驱使我远离自身文化背景的拉力’。‘不知咋的，我被卡在了中间地带，无法对任何一方产生认同感’，徐露伊说。”①

显然，弗朗西斯·刘、徐露伊的困惑不是个案，更多的弗朗西斯·刘、徐露伊同样有着这样的困惑。这些困惑究其根源，来自于文化间的差异。不同的国家和民族之间不同的文化特性便形成了文化间的差异性，这种差异在进入国际社会交往活动中，就必然对人际间的交流与沟通产生影响。不恰当的处理人际交往活动中的文化差异，可能会影响到交流各方本来的愿望与初衷。阅历较少的中国学生进入西方国家，难免会遭遇文化冲突，甚至严重的情况下会发生

---

① 丹·莱文. 2010-11-12. 那些赴美读本科的中国学生. 纽约时报，11.

文化休克。

文化与人际传播相互关联、相互影响。一方面，文化规定了人际传播的内容、方式和方法以及传播方向和效果；另一方面，人际传播则以语言或非语言的方式呈现着文化，作为文化的活性机制而存在。在跨文化传播时，外来文化与本土文化发生碰撞，这种碰撞既会产生吸引，也会产生对抗。文化的差异会使人际传播对象产生障碍和误解，但国家之间不同的关系，以及个人在态度上的宽容性和认识体验上的共通性，都会给跨文化传播留下很大的空间。包含特定文化知识和涉及特定文化习俗的跨文化传播形式和内容都会在遭遇异地文化时产生识读障碍。但是，通过分析我们将会看到，障碍会被另一些因素抵消，当今世界范围内更为广泛的交往是增进相互理解和共同繁荣。有效的跨文化传播不仅能成为国际交往的桥梁，同时这座桥梁自身也会随着文化间的交流与合作逐渐得到巩固和加强。

一、中西方文化在人际传播上的差异

中西方文化分别产生于中国和欧洲，是分属于不同国家民族的文化，如果要选出中西方文化在人际传播上的最主要差异，就在于以儒家文化为核心的中国文化重视人与人交流与沟通中的社会关系，注重集体主义，当然这种重视并不是对任何一般群体的抽象关心，而是仅存在于受到社会关系网络制约的集体主义，这使得中国人非常重视家庭观念，以家庭为本，注意个人的职责与义务。而西方文化则不同，强调单独个体之间独立地交流，以个人为本，注重个人的自由与权利，就这一点，不少西方学者都有共识，“个人主义无情地贯穿了我们的历史”，并且“我们信仰个人尊严及个人利益神圣不可侵犯。任何事物如果侵犯了我们的如下权利：为己着想，为己下判断、自我决定以及自我选择生活方式等，不仅有违道德，而且是亵渎神圣的”①。

中西文化的差异是有其历史渊源的。首先，在原始社会向奴隶社会过渡期间，西方家庭公社的原始纯朴性质保留得比较多，公社虽然处在一个家长的最高管理之下，但是权力受到限制并且经过选举产生。家庭的最高全力集中在家

① Bellah，R. etc. 1985. *Habits of the Heart：Individualism and Commitment in American Life.* NewYork：Harper & Row.

庭会议，这就保证了个人自由和个人权利不致受到压抑和剥夺。相比之下，中国从殷周时代开始，家庭公社就处在家长的统治之下，这不仅使得同居共财的共产制严重变质，而且使个人自由受到严重压制。其次，西方家庭经历了一系列进步性的演变，虽然罗马的家庭包括奴隶在内，但是这种家内奴隶制在进入封建社会后就销声匿迹了。在中国，家长制在封建社会广泛盛行，父权、夫权变本加厉，不断强化。再次，西方从古希腊罗马开始一直实行一夫一妻制，古希腊罗马的男子们虽然常常占有女奴，但是没有发展出一夫多妻制度。在中国，一夫多妻制一直在富人和显贵人物的家庭中流行。中国家庭本位的主要表现是把家庭看得比个人重要，特别重视家庭成员之间的伦理关系，如父慈子孝、兄友弟悌、夫唱妇随之类。中国这种家庭伦理关系包括两个方面：一是互尽义务的关系，二是单向服从的关系。前者对于实行同居共财制的家庭来说是必要的，后者则属于奴隶制和封建对家庭关系的影响。西方的个人本位的主要表现是强调个人自由、个人权利、个人的独立性，而缺乏个人对家庭的责任感和义务感。

中西方在文化上的这一根本差异，深深影响了跨文化人际传播活动，具体表现为五个不同的方面。

（一）个性与共性

儒家思想是一种以环境和上下左右关系为中心的哲学。以儒家思想为指导跨文化传播活动为个性原则，主要以“仁”的温情来确定个人与他人之间的交流与沟通，根据交流对象的地位以及特定的情境，会有不同的表情达意方式，甚至发展出不用直接语言交流，单凭交流规则和情境就可以判断出交流对象社会地位和身份。如通过衣着打扮、会议位置的安排、进电梯的先后顺序等，都可以做出判断。

而在西方人看来，根据不同情境，对不同的人采用不同交流规则，可能违背了公正、平等这些构成个人价值的神圣准则。一般的人际传播活动为共性原则，只需要遵守一般的客观交往原则，不需要特别对待，人际传播活动不具有特殊性。例如，美国人喜欢在清晨散步时，向所有路人道早安，这是十分寻常的事情，而如果你在韩国，向陌生人道早安，别人会觉得你是十分怪异的人。

（二）互惠与责任

儒家哲学把人际关系看作是互补，即互惠的和非对称的责任，人情在中国是任何人都不能不管的东西，人们之间互相欠有人情债，这些人情甚至能转让和借用，所谓“不看僧面看佛面”，由此构成错综复杂的人际传播关系。如晁盖、吴用、阮家兄弟等人劫了生辰纲，犯下滔天重罪，被宋江放走，就欠下宋江天大的人情。等到宋江落难，晁盖等人就必须出手相助，来还这个人情，否则就会遭到强烈的道德谴责。宋江屡次落难和最后确定梁山的领导地位，也在于他好仗义疏财，广撒人情。

西方人也会因为一些特殊的原因聚集在一起，但个体间仍是独立和平等的，人际传播具有对等的责任性，是符合契约精神的“及时偿付”，责任构成了交流双方的核心要素，这样的人际传播关系相对简单。如聚餐时西方人喜欢AA制，少有一人买单的情况，个人负担自己的开销，视之为理所当然。

（三）群体内与群体外

中国的人际传播活动常常在某个群体内部展开，这样的群体通常规模不大、内部联系密切，要求得到人们的认同。这样的人际传播有一个假设，就在于每个群体成员都期待着与他人的交流有所回报，这就与群体外的成员有显著的区别。同时，群体内由于受到儒家文化“礼”的影响，人们展开人际交往时必须遵循恰如其分的礼仪，以此顺利进行社交活动。例如，总是喜欢这样介绍：“你们是同一个大学毕业的。”“你们都是某省人。”或用一种变通的方式来营造出同一群体内的感觉，介绍朋友认识时，可以对人说：“这是我的小学同学”，或说“这是我一个单位的同事”。在展开人际交往时，总是努力把自己归入相关的圈子，这样方便拉近关系、熟络感情，找到可聊的共同话题。

在西方国家中各种俱乐部、社交团体非常普遍，当青年人进入美国大学就读，首先要学习的就是校园社团文化。但西方人加入团体在于兴趣，对于集体的忠诚和群体间的流动完全出于自愿，长期属于并且忠于某一特定群体的现象并不多见，与群体内外成员交流时，也没有特别的亲疏之别。在处理问题时，通常的做法是邀请专业人士，如契约性的律师、谈判者、婚姻咨询师来担当。虽然也会有运用关系的情况出现，但美国人视之为裙带关系，等同对个人自由的放弃，对这样的行为十分鄙视。

（四）公私混合与公私分明

由于长期以来的重义轻利观念，中国人在日常交往中不喜欢纯粹的商务往来，倾向于把私人关系与公共关系混合在一起，即便是非常明确的公务会面，也喜欢在较私人化的层面进行，这样展开人际传播活动会比较愉悦和舒服。这种交往遵行如下原则：①长期保持经常性的联系。②建立个人的富有人情味的关系。③如有可能，共同参与一些诸如体育活动、饮酒或者旅行的活动。④建立一定层次的信任及友好关系。认为采取这些步骤可以减少私事与公务之间的显著区别，促成良好的人际关系的建立，方便公共事务的展开。这样的人际传播活动建立在相互信任与互惠的基础上，可以一直长期保持，发展成日常生活的一部分。

西方文化的一个核心就是个人获得高度的自由与自主，因此私人生活与公务活动是截然分开的，因为他们认为有“组织的人”与自立的个人相矛盾，人们对成为“组织的人”不无担心。有些人甚至视私人生活为避难所，可以逃避公众生活造成的压力，因此私人生活必须得到保护，工作时间和休息时间分得非常清楚。同样是加班，在东亚文化圈子里被视为勤奋工作的表现，值得赞赏；西方人则等同于工作效率低下，坚决抵制。

二、中西文化对人际传播的影响

基于以上的分析，中西文化在人际传播上存在巨大的不同，当这两种文化遭遇，进行跨文化传播时，就会深深影响人际传播活动。

（一）目标导向不同

在中国传统文化的影响下，中国的人际传播旨在建立和维系社会关系，因此特别强调有助于这些关系的交流方式，把其置于优于公务活动和迅速办事的地位。如人们常常在切入正题前，会进行一些简单的交谈，交流一些个人信息，有助于彼此进入恰当情境。这样的人际传播被视为一种无需特别解释的过程，无法简单分出传受双方，因为每个交流者都处在一个进行时的过程中，传播处于一个流动的状态中，特别强调过程的重要。

西方人交流的主要功能在于实现自我与自我实现，交流的结果比过程重要，由于人际关系是短期、非延续的，人际间的交流被视为一种活动，持续一段时间就结束了，然后被另一种新的交流所取代，交流就是为了获得实际的结果：结交朋友、签订合同、打败对手等。因此，若中西方公司进行商务会谈时，中方公司仍以传播过程为导向，开始时纠结于一些细小琐事，则会被西方公司认为效率低下，专业素养不够。

（二）语言编码不同

中文比较复杂，根据不同的社会地位、亲密程度、年龄、性别、正式程度等，可以编码出不同的表达方式。交际时，称呼对方要用尊称，现在常用的有："您"（您好、请您）；"贵"（贵姓、贵公司、贵方、贵校）；"大"（尊姓大名、大作）；"老"（张老、郭老、您老辛苦了）；"高"（高寿、高见）；"芳"（芳名、芳龄）。中国文化中有崇大崇老崇高的心态，如对同龄人，可称呼对方为哥、姐；对既可称"叔叔"又可称"伯伯"的长者，以称"伯伯"为宜；对有官职者，可在姓后直接加上其官职相称。由此，可以通过一个简单的称呼，就可以解码出丰富的信息，倘不遵守这些规范，则被认为没有礼貌和教养。

而现代英语，尤其是现代美式英语应用中，就亲密程度而言，称"名"和加称头衔之间区别十分微小。如英语中的代词 you 可以无区别指代老翁、少年、总统或普通人，在《走遍美国》（FamilyalbumU.S.A）中，孙子 Robbie 见到爷爷时叫了声"Grandpa"，爷爷马上纠正到"Call me Malcolm"，看似简短的对答，却把祖孙俩的距离拉近许多。这一点符合西方文化中人人平等的原则，与儒家文化要遵循的社会关系中的礼仪大不相同。这也就难怪，国人会觉得西方人不太懂得客套，凡事直来直去。与西方人讲客套，可能会适得其反，甚至引来误解。与中国人际交往尊老不同，西方人独立意识强，不愿老，不服老，特别忌讳"老"。同样是收到感谢，中国人在语言编码上附加了"让"的礼仪，凡事都要礼让三分，常显得谦逊和含蓄，常常会说"过奖了""惭愧""我还差得很远"等字眼，表示自己的谦虚；而西方人在语言编码上认为是对自己能力的肯定，往往会用"谢谢"来表示接受对方的美意。

（三）受者中心与传者中心

任何传播活动都有传受双方，中国人的人际传播主要以受者为中心，即交流的重点在于受众的倾听与阐释，而不是与传者直接交谈。如此就出现的一个有意思的情况，就是说者不必说出或者要求某些渴望的东西，而是由他人猜测来满足其需要，免去了当事人在明确表白后被拒绝的窘迫。在这样的人际交流中，沟通的重任不是落在信息发送者身上，而是落在信息接受者身上，像晚清官场的“端茶”即可被解读为“送客”之意。由于重视间接交流，接受者领会画外音的能力和理解隐含意义的能力变得重要。若达到最高的敏感阶段，理想沟通就是根本不需要语言，交流即可展开。

而西方人的交流主要以传者为中心，一直是从传者到受众的单向模式。在提高沟通效率上，大多强调传者如何表述出更好的讯息，提高信源的可信度，提高传送的技巧，等等。

三、常见人际传播与沟通的障碍

具体而言，由于中西文化差异，跨文化人际传播与沟通时出现的困惑具体表现为四个方面。

（一）文化偏见

在跨文化的人际传播过程中，若双方语言差异较大，或一方不懂另一方的文化，没有能力解析对方传递来的信息，在面对面的语言表达中也可能出现语言障碍，造成跨文化人际传播与交流中的偏见。这里的语言障碍有两层含义：一是指不同语族间因时间与空间变化而导致语意表达模糊，使原先确定的意义超出原有的含意界限，出现编码和译码障碍。二是指语言符号离开了特定的使用环境，而产生意义缺损或意义过剩，就会在人际传播中造成偏见。

在跨文化人际传播过程中出现理解错位，容易造成偏见的出现。这里的偏见主要指在跨文化传播中，基于信仰、价值、心态等文化因素交互作用，而形成的某些妨碍理解的心理定势和情感取向，属于文化传承中获得的关于某种类别的简单化、抽象化或概括化了的信念。偏见既具有某些真实的内核，也有基于错误的成见而产生的执著的情感定向。

偏见产生的土壤，就源于东西方各自不同的文化背景、社会心理结构、生产活动方式。这些反映在思维和认识方式上就表现为西方民族以逻辑分析为主，而以中国为代表的东方民族则以直观综合为基础。中西方思维和认识方式之间的巨大差异对跨文化传播带来了深刻的影响。如中国人见面，喜欢打听对方的基本情况，哪里人？婚恋否？在哪工作？而这些内容恰属于西方人的个人隐私部分，若见面贸然问起这些问题，肯定会被对方视为失礼的言行，非常生气。上述两类传播障碍对跨文化人际传播的所有领域——传者与受众、编码与译码、信息与反馈等都会产生重大影响。

在跨文化人际交流中，偏见最极端的表现就是文化中心主义，一个民族或国家把自己的文化和价值观当作是唯一合理的，认为异于自己的就是错误的，文化中心主义在现时代有两个变种，即文化专制主义和文化霸权主义。

为了排除文化中心主义，多少世纪以来，人们一直致力于铲除“偏见”的工作，认为理解的任务就是通过语言的转换达到心理的转换。理解被定义为：通过语言在心理上重现他人的心态和意境的过程。它要求理解者必须摆脱自己的认知状态，完全放弃先人之见去全面接受他人的心境。以自我否定或“自我遗忘”的方式，作为进入他人心境的先决条件，只有如此，才足以克服文化中心主义。

同时，以否定自我心态作为重现他人心境的条件，本身就隐含着全面肯定文化差异的合理性，在原则上拒绝对各种文化模式的价值进行伦理判断。其结果又会走向另一个极端——文化相对主义。历史上，文化中心主义和文化相对主义一直交互笼罩着跨文化传播的过程。

历史的经验证明：跨文化传播的条件必须建立在理解认同的基础上。所谓理解认同，并非要以否定自我来复现他人的意图，或以牺牲目的来保证手段，而是从承认“先见”开始，在理解中实现对“先见”的扬弃和超越，使理解的境界达到某种被双方认同的新定义。认同包含着四个层次的相互认可：①双方共同认可或约定某一种语言学表达。②对彼此文化模式之间的某种共同性达成认可。③在彼此认可的共同性规范的背景上使自己的意向被对方所理解。④在彼此理解中创造出新的意义境界。这四个相互认可的有效性要求得到满足时，就称为理解认同。

显而易见，理解认同，首先，意味着理解不是复制意义的过程，而是创造意义的过程；是在理解他人的理解时拓展自我理解，又在自我理解中彰显出他人的理解，在理解中重新规定双方的存在，使理解的境界升华，完成对“先见”的超越。其次，理解认同的客观标准，是存在于各种文化模式之中的某种人类共同人性。它为跨文化传播提供了伦理判断标准。理解认同构成了跨文化传播的普遍条件，为其奠定了求同存异的基础。

（二）文化焦虑

每一个个体在与他人进行交往的时候，总会受到自身文化身份的约束和规范，文化身份明确了个体在社会文化体空间中的坐标，个体因此获得关于“我是谁，我身在何处”的准确文化定位，不同的文化身份使得我们归属于不同的文化群体。

而在跨文化的人际交流中，当人们进入一个陌生语言环境，不同文化群体的人彼此之间是陌生人，失去了自己熟悉的文化符号，而且由于陌生人行为的不确定性和不可预知性，人们总是对陌生人带着疑虑，就会遭遇文化障碍，整个人容易处于一种极度焦虑的状态。在这种情况下，如果对模棱两可的信息用先入为主来解释，虽然可以减少悬念带给心理上不安的压力，但更容易作出错误的判断。如中国留学生初到国外，往往以之前的价值标准去评判对方的言行，在人际交流中，对无关国家、民族及个人尊严的问题过分敏感，可能对对方一个不经意的动作、语言做出过度阐述，如刺猬般过度保护自己，就会出现“话不投机半句多”的情况。

这种焦虑的极端后果就是仇外，这也预示出跨文化传播的核心是个人与陌生人的交往关系。其实，归属于同一个文化的个体在进行人际沟通时都难免会发生正常的误解，跨文化传播时更加难免，正常的误解就会被夸大，这不仅给处于交流之中的个体带来心理情感上的焦虑，甚至会引起文化族群关系的失谐和冲突。

跨文化人际传播中的焦虑，最常见就是担心自己工作、学习能力不佳，而威胁到集体和个人的利益，特别在面对不同的文化冲突时，如著名的卢刚事件。毕业于北京大学的高材生卢刚，在 1991 年射杀了就读博士的美国艾奥瓦大学中的 6 人，造成 5 死 1 重伤的惨案，其中包括自己的博士生导师，之后卢刚自杀。杀人的主要动机为：卢刚认为由于同学山林华的失误，让他错过毕业论文手续的截止日期，不具备毕业的资格。而山林华的毕业和荣誉的获得都是因为教授袒护。卢刚多方申诉无果，由此归罪于山林华、他的教授和校方领导。这一事件，其实就是卢刚本人无法承担学习和工作带来的双重焦虑，又没有采取正确的沟通方式，酿成了悲剧，也凸显了亚裔融入美国主流社会的问题，及美国新移民与本土人的冲突。尤其值得一提的是，在枪击事件发生后的第三天，受害人之一的安妮·克黎利女士的家人，通过媒体发表了一封给卢刚家人的公开信，信中追忆了安妮·克黎利女士的成就，并以宽容的态度希望能分担彼此的哀伤。

因此，要尽量减少焦虑，最需要破除的就是我们身处的文化之网所带给我们的观念的绝对边界，以获取对他者文化的意义解释，如果每一个个体都能意识到“任何一种文化或文明，都具有普遍性与特殊性、普遍价值与特殊价值，都是共性与个性、共同与差异、同质和异质的辩证统一”，就能积极地去了解他者的文化身份，并且找寻到对双方文化来说都普遍存在的文化特征和行为，由此产生信任，从而实现顺畅的沟通。

（三）文化休克

不少中国人初次进入异国他乡，常常会不同程度地产生一种不适的心理反应，国内每天见到的都是熙熙攘攘的人群，街面上的商店无论春夏秋冬、白天黑夜都开门迎客。而来到美国，就连像密歇根州这样的大城市，即使是最繁华的中心城区，也几乎见不到一个人，所有商店都紧闭着大门，让人感觉好像都停止营业了。这种文化上的困惑就是文化休克，是指一个人进入到不熟悉的文化环境时，因失去自己熟悉的所有社会交流的符号与手段而产生的一种迷失、疑惑、排斥甚至恐惧的感觉。文化休克 1958 年由美国人类学家奥博格（Kalvero Oberg）提出来。“休克”本来是指人体重要功能的丧失，如身体失血过多，呼吸循环功能衰竭等。但是，当一个长期生活于自己母国文化的人突然来到另一种完全相异的新的文化环境中时，其在一段时间内常常会出现这种文化休克的现象。

文化休克大体经历四个阶段：蜜月阶段、沮丧（或敌意）阶段、恢复调整阶段和适应阶段。在心理上是从兴奋和乐观开始，逐渐被失望、失落、烦躁取代，之后逐渐找到应对新环境的办法，最后外乡人的沮丧、失落感逐渐消失，逐步适应新的文化环境。

尽管文化休克会逐渐过去，但在这四个发展阶段，如果不能做好人际传播的沟通工作，一个严重后果就是直接导致恐外症的出现。恐外症（xenophobia），亦翻译成“仇外症”，简单地说就是指对外国人的恐惧与仇恨。当一个人身处异国或异文化区域，语言不通，文化生活习俗不同，周围的人在外表、衣着、行为习惯、生活方式甚至肤色和种族等各方面均与自己不同时，会导致身处异国或异文化的人为人处世不知所措，从而在心里产生一种说不出的极度恐惧感，甚至过度敏感，处处设防，并最终由恐惧而产生一种对外国人的仇恨心态。恐外症主要发生在外来文化的个体或群体身上，其主要表现为对异文化的恐惧与仇恨，但也可能发生在已身处主文化的个体或群体身上，表现为对外国人或外来文化入侵的恐惧与仇恨。

中国由于其相对封闭的地理环境特征，数千年来除了几次短暂地接触非中华文化之外，如佛教的传入、成吉思汗蒙古帝国带来的西域文化以及近代欧美强势文化的入侵，中国文化与世界文化一直被喜马拉雅山脉、西伯利亚及太平洋这三大天然屏障相对隔绝。在这种相对封闭的环境下，造就的文化及其社会经济发展后果要么是非常发达（如中国古代的唐朝前后），要么是非常落后（如中国近代清朝晚期以后），究其原因主要是缺乏与世界其他文化与社会的比较与交流，以致自己的发展程度是快还是慢全然不知。而且在社会心态上还带来一个更为严重的后果，就是对待异文化或外国人不是瞧不起、唯我独尊，就是极度恐惧、阿谀奉承、俯首称臣。这两种看似矛盾的社会现象，其实说到底都是恐外症的一种表现形式而已，在本质上它们并没有什么根本差别。

在美国，许多中国人面对日新月异、变化无穷的当地美国社会，觉得很陌生而难以适应。尤其对大多数到达美国的中国新移民来说，3P（Ph.D.，P.R.，Property）即博士学位、永久性居住权和房产，是他们实现美国梦的重要标准和目标。此外，与外国人结婚，也是新移民实现同化和归化的一条捷径。但在这一过程中，恐外症无疑成了他们的最大障碍。不少在美国的华人朋友，都承认自己不同程度地存在着这种恐外症，尤其是在到美国的初期。有一位华人，已经在美国生活了近 40 年，能够说一口流利的英语，也有极好的职业与社会地位，但他的社交圈却一直只在华人内部发展，很少在工作之余与当地美国人有交往。这位朋友告诉我，在美国的中国人大致有三种，分别称之为“CBC”

（Chinese-BornChinese）、“CBA”（Chinese-BornAmerican）和“ABC”（American-BornChinese）。前面两类人深受中国文化的影响，能够流利地说中英文，后一类更多的是受美国文化的影响，大多已不会讲中文了。但华人无论出现在哪里，他们的族群关系与文化传统的影响却是无法改变的，也许，对于许多“ABC”来说，崇洋与恐外症的程度要轻很多。

其实，许多时候，这种恐外症的产生是没有丝毫理由的，完全是个人的一种主观感觉，而这种感觉犹如文化休克一样又多半来源于自己的文化中心主义观念，即以自己的社会文化为标准去衡量其他的社会文化，劣则嗤之，优则崇之，久而久之就会患上恐外症，美国人也是如此。前几年，有一名美国白人在匹兹堡枪杀了5名少数族裔、血洗雅飞中国餐馆的案件曾引起世界媒体的广泛关注。美国第二大报业集团奈特利德新闻社曾发表评论，呼吁治疗美国人的恐外症，甚至还有美国学者指出，其实多数美国人都已患上恐外症，你可以在政治家关于加强边界和驱赶移民的讲话中看到这种症状。具有讽刺意味的是，这个在匹兹堡枪杀少数族裔的人就是一名移民事务所的律师。他一方面，为许多外国人办理移民事务；另一方面，又极度恐惧和仇恨这些外国人。这种双重性格恰恰也体现了美国的移民政策：它需要外国的劳动力，但不需要它们的人口；需要外国的技术，却对它们的食品味道或面孔嗤之以鼻。

因此，与文化休克一样，恐外症也不是天生的，而是由社会文化环境造成的，是从自我的文化标准出发来评判异类文化时的一种文化偏见与心理偏差。当用一种平视的眼光来看待异文化与他国时，会很自然地看到不同文化的优劣，即使认识到了自我文化的劣根性，人们也会清楚地意识到这只不过是大海中的一朵不很美丽的浪花而已，因为一种文化既然能够千百年地承传下去，就一定有其存在与承传的理由。

（四）文化误读

跨文化人际传播中的“文化”是个多面体，各人对同一文化现象都会有不同的理解，在沟通中就会产生预测、解释，由于文化传播者和文化受体知识储备不够而引起传播障碍和接受障碍，就容易产生曲解，对他文化望文生义而产生误解，从而导致文化误读现象的产生，造成文化误读。

这种对他民族文化中的某些生僻或普遍问题产生误解的现象，非常普遍地存在于中西方跨文化交流中，而造成文化误读的一个最主要原因就是意识形态的影响。塞缪尔·亨廷顿（Huntington Samnel. P）著名的“文明冲突论”中，把世界主要文明划分为西方（包括美国和欧洲）、拉美、伊斯兰、非洲、东正教（以俄罗斯为主）、印度、日本和“大中华”（包括中国、朝鲜和越南）。他预言在后冷战时代，暴力冲突不再是因为不同国家之间意识形态的摩擦，而是源于世界主要文明之间的文化和宗教差异，诸如基督教文明与伊斯兰教文明的冲突。这一观点在学术界引起广泛辩论和争议，特别是在“9·11”恐怖袭击发生后，美国长期以来对伊斯兰文明的文化误读，是造成“9·11”事件的一个主要原因。

中国与西方各国在国家体制上有差异，存在着社会主义与资本主义的区别，这就使得中西文化上的一些不同看法被主观放大，甚至是一些非常普通的事件也与意识形态关联到一起。如 2008 年 2 月 27 日凌晨，NBA 火箭俱乐部官方宣布，姚明因为左脚踝骨裂，需要长期休养。姚明受伤的新闻报道让隔着太平洋的中美媒体展开了一场激烈舌战。

“姚明受伤”事件有两个争论点：第一个争论点就是谁该为姚明受伤负责？中美球迷互相指责，称对方国家让姚明受伤，媒体的加入让这场跨洋争吵愈演愈烈。中国有媒体责怪火箭队让姚明运动过度[①]。而大部分美国媒体则认为受伤是由于“姚明频繁地参加中国国家队的比赛”，进而对姚明“过于爱国而忽视俱乐部利益”的行为表示不满[②]。第二个争论点是姚明在新闻发布会上那句沮丧地发言：“如果我这次不能为我的祖国参加奥运会，这将是我职业生涯到目前为止最大的损失。”[③]中国媒体显然非常认同这句话，新华网在以视频形式播放姚明受伤的新闻时，选用的题目为“姚明坦言若不参加 08 奥运是永生遗憾”。但这句话却震惊了美国篮球界，《纽约时报》称：“对于姚明，作为一个开拓者，一名大使，奥运会代表着实现职业生涯的梦想，它的强度对于我们许多人和他的 NBA 同行来说可能是难以理解的。”[④]美国 sports.com 网站也评

① 梁若冰. 2008. 姚明受伤莫雷难辞其咎　未能因人制宜铸大错. http：//news.jnnc.com/2008-03/03/cms79995 article.shtml[2008-02-28].

② HarveyAraton. 2008-03-01. *EverLoyal，Yao Risks His Career*，The New York Time，3.

③ 严子健，顾泳，梁建刚. 2008. 姚明：若缺席奥运，将是最大损失. 解放日报. [2008-02-28].

④ 同②。

论道，“一个公开的观点是，奥运会比 NBA 要重要得多，至少中国人是这么想的。”[①]不少美国网友甚至质疑姚明养伤的出发点，认为他是为了北京奥运，而不顾火箭利益。

中美媒体对同一报道理解的差距会如此之大，关键是基于不同文化背景，中美各媒体新闻思维模式的不同。中国媒体是以“国”为主、以“国”为重的文化判断，强调个体的义务和责任，提倡付出与奉献。姚明的“遗憾”在中国公众这里完全理解，都表示认同。北京奥运会召开前夕的特殊时期，更使得一个篮球运动员的受伤事件和国家期望联系在一起。而美国媒体对新闻价值的理解往往与个体联系在一起。在西方文明中发育和成长起来的美国篮球文化，尽管注重整体配合，崇尚团队协作与合作统一，但个人主义是其核心，注重个体，追求个性展现，强调个人目标，给予个人充分发展、表现的机会。球迷追捧的是类似球队老大的超级巨星，像迈克尔·乔丹就是 NBA 无法复制的英雄人物。

2012 年又发生了美国政府驱逐孔子学院教师事件，美方随后改称驱逐是针对签证问题而非孔子学院，并将“尽量不让任何人被迫离开”。这一引发轩然大波的事件，虽已得到解决，但仍难改中国文化“走出去”面临的困境。其实早在 2010 年，时任日本大阪产业大学事务局长的重里俊行曾直呼孔子学院是中国的“文化间谍机关”，而多家海外重量级媒体也都曾刊登报道，质疑孔子学院的资金来源和扩张速度。一家传播中国传统文化的教育与交流机构怎么就被贴上了“间谍论”和“阴谋论”的标签？这场发生在中美间的文化风波明显是一次文化误读。

孔子学院已多次澄清。副总干事赵国成明确表示，孔子学院所有在海外设立的学院都由国外主动申请，而总部的理事会也不是中国的独家机构，而是有着多名外籍人士参与的国际化机构。在传播主体上把汉办报道为“汉办，一个中国政府机构”，这些措辞充斥着“中国政府主导”的意味，忽略了对“非政府性”“非营利性”“公益性”“推广中国语言文化”等信息的关注，是有意识的误读。这使得对中国政府敏感的受众容易误认为孔子学院是政府直接推广

---

① *Yao to Play in Olympics? For now, The Answer is Yes*, http://sports.yahoo.com/olympics/beijing/basketball/news?slug=aw-yaoteamusa081008&prov=yhoo&type=lgns[2008-05-05].

的，所以他们担心中国政府会对孔子学院的教学施加政治干预，担心孔子学院运作的自由度会受到限制，担心中国政府的政治及其意识形态会影响到参与者的话语表达，其中也体现了外国大众媒介对中国政府存在着片面的文化定型。

此外，在传播目标上也出现了误读，孔子学院的目的是教授汉语，促进文化理解与中外友好关系，构建和谐世界。然而西方不少媒体把孔子学院设立的目的解读为提高中国文化软实力的手段与途径，将孔子学院认为是提高中国国际影响力的工具，或者是设立我国对外宣传的工具或机器[①]。总之，由于受西方意识形态和社会制度的影响，外国大众媒体并未单纯地从语言文化传播的角度审视孔子学院的海外传播，而是夹杂着政治、人权因素，给孔子学院的跨文化传播抹上政治色彩从而丑化其形象。

日益上升的中国影响力，让外国人既需要学习汉语言文化以便在经贸等领域进行沟通，又担心以孔子学院为代表的中华文化走向全球化会对其本土文化造成威胁，从而造成无意的、自然形成的、由接受定势决定的误读和有意的、人为的由期待视野决定的误读。其实在文化全球化的新视野下，以孔子学院为代表的中华文化走向全球并为世界多元文化的发展作出贡献是历史的必然，符合联合国教科文组织所强调的：尊重文化多样性、保持文化宽容和交流合作有利于世界和平与文化共荣。如此“狼来了”的文化恐慌大可不必。

第三节　跨文化人际传播与沟通的对策

在我们讨论了跨文化人际传播与沟通的障碍后，需要来论述下在现阶段应如何应对，其实这就是一个新形势下文化选择的问题。无论对跨文化传播活动持何种态度，视为洪水猛兽，还是敞开国门欢迎之至，都必须要承认“跨文化”已经在全球范围内传播开来，越来越多的人要遭遇“跨文化”，会常常面对跨文化传播的种种困惑，人们应该更相信自己的亲眼所见、亲耳所闻，而不要被一些媒体的舆论报道所误导。要更好地展开跨文化的人际传播与沟通，首先要做到的，就是学会与异质文化的他者沟通。

---

① 李加军. 2011. 跨文化的对话：误读与化解路径——以孔子学院为例. 学术探索，(2)：113-118.

一、全球化背景下的文化共生

文化是一个符号的世界，容易在不同的系统中传播，可以说传播是文化的特性。从文化变迁的角度而言，任何一种文化都在不同程度上经历着发生、发展衰退、再生的过程，这是一个客观规律。文化的发展就是选择、吸纳、同化不同系统的文化成分，变成自己的构成要素。因此，文化在任何时候都是一个动态的、开放的、不断变化的系统，它的发展、壮大永远离不开与其他文化的交流、传播与沟通。任何由于担心全球化会带来文化冲击和消极后果，而主张文化上“闭关自守”的观点，都是没有根据，也是没有办法做到的。相反，把中国的文化发展壮大为真正先进的社会主义文化，就必然要进一步深化文化领域的改革开放，以与时俱进、不断创新的精神从世界不同文化的交流中汲取养分，来革新传统文化中一切过时的价值观念。

如果我们这样来认识跨文化人际传播与沟通问题，就会相信全球化绝不会导致文化的西化和同质化，就会增强自己的文化自信心，以“有容乃大”的包容心态去最大化化解不同文化的张力和冲突，为中国的发展营造出一个有利的国际环境[①]。“和而不同”出自《论语子路》：“君子和而不同，小人同而不合。”原意是说君子用自己的正确意见来纠正别人的错误意见，使一切恰到好处，而不盲从附和；而小人只是盲从附和，却不肯表达自己的不同意见。

在跨文化的视野下，走“和而不同”的道路是指在和携带异质文化的他者进行交流时，在保持自身的独立性的情况下，发挥自己的理性与人交流、沟通，表现为不同质文化之间通过相互传播彼此融合的过程形成丰富多元并存的全球文化。“和而不同”强调的是，不同民族国家的人们具有不同的传统文化和信奉不同的价值观，只要不互相对抗，就会为当今世界增添新的色彩，多样性与同一性是须臾不可缺少的。

“和而不同”就是要求人们打破国家、民族、地区间的界线，把文化视为一个整体进行宏观上的透视与分析，从而找出规律性的东西；同时要求人们具备较高的跨文化能力，在“地球村”的现状下，各国人民更好地增进彼此理解，消除民族矛盾，化解冲突隔阂，使地球变为人类充满诗意与美好的栖息地。

① 苏国勋，张旅平，夏光. 2006. 全球化：文化冲突与共生. 北京：社会科学文献出版社.

从传播学的角度来看，效果最好的跨文化传播手段并不是大众媒介，而是借助于各类活动的人际传播。人际传播着重于“人与人相遇”，一些成见、偏见、困惑都只有在传播者亲身经历和体会后，才会改观，更容易达到理想的“和而不同”境界。近些年来，中国文化积极走出去，随着民族艺术和华人艺术家蜚声海外，“中国文化年”不断取得轰动效应，我们发现，这些以人际传播为主导的文化活动可以容纳更多的政治、社会、经济信息，寓传播于文化交流之中，比一般的对外宣传方法更有效。

世博会的发展便是一个明证，世博会从主要展示工业革命成就和各国先进工业品的博览会，逐渐演变为综合展示各国经济、文化、科技、社会发展成就的世界盛会。跨文化的人际传播在世博会举办期间每天都在上演。

20 世纪 90 年代，国际上出现了一种论调认为：随着网络技术的发展，作为传统会展形式的世博会行将没落。对此，一位国展局专家的回答非常精彩：“150 多个国家的人们，来自非洲、亚洲、欧洲等，他们被吸引到一起，展示他们丰富多彩的文化，这种真实和快乐的场景，你能够只用屏幕来替代吗？恐怕只有世博会能带来这样的奇观。”现代世博会面临许多挑战，但经济越全球化，越会凸显多样文化的价值；世界越是网络化，越发强调人们直接交流的重要。2010 年的上海世博会通过举办活动，增强了人与人之间的感染力和亲和力，改变传统媒体给人们的刻板印象。这种跨文化的人际传播与沟通不仅给世界带来无限商机，更给世界带来信任和理解。来游园的国人通过世博会这个平台与各国文化亲密接触，同时也向世界各地友人展示多姿多彩的中华文明，这种平等友好状态的“和而不同”，正是我们所追求的。

二、抵制话语霸权

在跨文化传播的过程中，常会有因中外双方话语不统一而产生的“失语”现象，也会有因中外双方话语不平衡而产生的“话语霸权”现象。要坚持文化自主性，做到文化自觉。这意味着在跨文化人际传播与沟通中，一方面，要反对文化霸权主义；另一方面，要抵制文化中心主义的负面影响。

（一）反对文化霸权主义

全球化的浪潮不仅深刻改变着人类经济的发展过程，而且对人类的文化生活也产生了巨大影响。各民族文化通过交流、融合、互渗和互补，不断突破本民族文化的地域和模式的局限性而走向世界，不断超越本民族文化的国界获得文化认同和价值认同，不断将本民族文化区域的资源转变为人类共享、共有资源。我们反对强势文化以自己为标准强迫其他文化实现文化一致性、反对别有用心的强加于人的文化扩张行为。

文化霸权主义侧重于以一国文化价值观、民主制度向别国进行输出与扩张，其实质就是利用文化产品作为工具，对目标国人民进行思想和心灵上的征服，与之相伴的是攫取巨大的经济利益。

在跨文化传播中，文化霸权主义的典型代表就是美国。美国的对外政策时时处处都充满着霸权主义色彩，尤其是第二次世界大战后，文化价值观与霸权主义的关系越来越密切。不断通过文化传播输出西方的思想文化和价值观念。美国学者对国家权力和文化的关系有着敏锐和清醒的认识，福山在《文化的优越》一书中指出：在后意识形态时期，文化已经成为全球竞争的最后高地。曾任美国防部长助理的哈佛学者约瑟夫·奈（Joseph Nye）提出了“软权力”的说法，认为以文化这种易于接受的方式，可以在世界上建立起美国的影响力。各种大众媒介产品如好莱坞大片、美剧传递的是美国人的价值观念，打上了美国文化的烙印，不知不觉地让消费者接受信息，从而有效地传播美国文化。美中央情报局对华《十条诫令》中提出美国要“尽量用物质来引诱和败坏他们的青年，鼓励他们藐视、鄙视、进一步公开反对他们原来所受的思想教育，特别是共产主义教条。一定要毁掉他们强调过的刻苦耐劳的精神”，“一定要尽一切可能，做好传播工作，包括电影、书籍、电视、电线电波和新式的宗教传播。只要他们向往我们的衣、食、住、行、娱乐和教育的方式，就是成功的一半”。由此可以看出，美国的文化扩张并不是其所标榜的传播文明，而是通过文化侵略来瓦解我们的意志、控制我们的思想，最终使我们丧失自己的“身份和灵魂，从而形成21世纪的殖民地”。

面对以美国为代表文化霸权主义，各国的民族文化的危机意识和自觉意识保持着警醒，各个文明都在强化自身个性，突出自身特点，保护和发扬民族文化的独特优势，从而保证本土文化在未来的世界文化格局中占有自己的应有地位。

其实跨文化传播的双方并非总是战场上绝对的敌手，文化双方也会在彼此影响中互相提升和促进的。但我们也应该敏锐地意识到，当平等的文化进化的渠道被殖民主义打碎后，跨文化的传播实际上就占据了文化交往的主流，而这样的跨文化传播中，西方的强势文化将战场上的逻辑搬到了文化领域，在当前的世界上似乎上演着强权即真理的戏剧，这就从根本上颠覆了文化正常交往、彼此影响、互相提升的主题，而变成了文化的殖民主义。这样的文化交往现实，相信世界上任何崇尚平等和民主的国家和人民都不愿意看到。

中西价值观念分属两个不同的文化体系，其主要方面存在着鲜明的差异。西方文化进入中国大地后，它所拥有的价值观必然会与中国传统的儒学价值观发生激烈冲撞。我们要正面承认这种冲撞的必然性，同时，不能只是被动地停留在听之任之阶段，为了把民族文化、人类文化不断推向前进，还必须积极寻求融合之道，寻找两种文化的相近或相通之处。每个民族都应该学会开放和包容，受不住别人漫骂和反对，经不住强者竞争，只能说明自己的软弱，是封闭和狭隘。我们应该采取的正确态度是：既不一味因循守旧，抱残守缺，沉浸在传统的天地中不能张目以向世界；也不能盲目崇洋媚外，一味刮西风，在追新逐旧中全盘否定传统，遗弃传统。而应该在互为参照的认真比较、分析和研究中，搞清楚二者之间的异同、优劣和各自独具特色的价值及其在世界文化总体当中的位置，然后以积极的态度、开阔的胸襟、世界性的眼光，大胆引进、吸纳西方文化价值观中的精华为我所用。

在今天全球化的大背景下，人类各种思想文化在世界范围内的传播和交流大大加速，各种文明之间的冲突与融合也较以往更加激烈。反对西方媒体的暴力，反对西方的文化霸权，绝非一朝一夕的事，而是充满了复杂和曲折，要看到它的艰巨性和长期性。为此，我们必须在利用全球化机遇努力建设现代化、提高综合国力的同时，还应该高度重视国家的文化安全问题，增强反对西方对华文化霸权主义意识，构筑中国特色社会主义文化支柱，提高文化安全的防范能力。

（二）抵制文化中心主义

文化中心主义是指人们站在自己文化的立场上，以自身所处的文化为中心，认为不同于自己文化的文化是低等的或下等的。文化中心主义并非与生俱来，它是一个群体成员在文化进化的过程中形成的。每个人的身上都会或多或少地带有民族中心的成分，自然而然地对自己的文化产生一种优越感，同一群体的成员对文化身份有一种认同感，认为自己群体的价值观和行为规范是最理想的，总是自觉或不自觉地用自己的文化标准去评价其他群体的文化。

例如，日本人称自己是“大和民族”，却称朝鲜人是“吃大蒜的人”；朝鲜人则称日本人为“侏儒”，这都是狭隘的文化中心主义的表现。又如“欧洲中心论”，正是欧洲诸国几百年来自恃优越，认为可以对其他民族指手划脚的典型的民族中心心态作祟；日本军国主义的阴魂至今不散，与日出扶桑的自大心理有关；美国人将自己称为美洲人，认为自己代表美洲，似乎忘记了南美洲、中美洲居住者也是美洲人。文化中心主义具有强烈的感情色彩，是人们为自己民族的文化、宗教、信仰感到骄傲的极端表现。其作用具有两重性，一方面，有助于增强本民族成员之间的凝聚力；另一方面，则有碍于对其他民族的了解，为跨文化交际带来一定的负面影响，使人们习惯于用本民族文化去衡量和判断他种文化，因而容易得出不正确的褒贬结论。“异邦”与“己邦”的孰是孰非、“华夏中心论”和“欧洲中心论”等，都是这种意识的产物，是文化自恋倾向，会使一个群体的人视其他群体的人为外人，不同群体成员之间关系变得疏远，相互之间不信任甚至产生敌意。

不能因为其他文化与自己的文化不同，就对其他文化产生轻视的感觉，了解和评价一种文化要在其所处的社会环境中进行。如李安执导的电影《刮痧》，就深刻反映了中西文化观念的冲突。电影中的孩子生病后，祖父用中医刮痧疗法为其治病，遭到了深受美国文化影响父母的反对，认为这样的疗法没有科学依据。两代人围绕着刮痧的激烈争论，实际上从文化相对主义的辩证角度都是可以理解和解决的。孝顺父母也是中国文化的一个重要内容。影片中，许大同为了父亲能够拿到绿卡而向法官承认是自己给儿子刮痧的。后来，为了不让父亲担心，许大同又一直对父亲隐瞒一切。为了尽孝道，许大同替父背负罪名并对父亲隐瞒事实的行为与美国尊重事实的法律意识相悖。美国人若不能换位思考，是很难理解中国人的“孝”的概念。

其实每种文化都有优势，不能以一种文化之长比另一种文化之短。我们比较的目的不是发掘不同文化的优劣表现，更不是评论孰高孰低，而是求大同存小异，以利于更好地沟通与合作。必须承认人类文化是一个系统，每个民族文化都对人类文化进步做出过贡献，正是各种民族的文化组成了美丽神奇的全球文化万花筒。忽视一种文化，不仅会损伤该民族的感情，还有可能导致文化侵略，甚至还可能为霸权主义干涉制造借口，这点在当代国家关系方面尤为重要。从万隆会议开始，中国政府提出的“求同存异和和平共处五项原则”，就是正确对待不同民族文化的一个范例，对世界的意义是不言而喻的。

此外，为了减少以至消除文化中心主义，还要加强相互间的情感交流，应该到不同的文化群体中，与那里的人们接触以增进了解，从而加强对不同文化的认识。冷战期间，由于缺乏真正的了解和交流，中美两国的文化宣传都把对方描绘成恶魔形象，随着尼克松 1972 年访华，两个大国的手握在一起后，所有的不实的夸大之辞随着两国人民的不断交往而逐渐减少。而今，随着全球化的不断推进，越来越多的人有机会与不同于自己文化的人们交往，最常见的是出国工作或学习，或是直接从事涉外工作，依靠较强的语言能力、较长时间的接触和交往，与外国人友好地接触，等等。这些正面的接触和交往，使“天堑变通途”，通过加深彼此的情感联系，有效提高了跨文化交际成功的机率。

当然对更多的普通大众来说，出国留学、旅游，到外资或合资公司工作，都能培养一种跨文化的视野。学习外语，接受世界文化知识，了解各文化的礼仪习俗等，也有助于培养全球意识，减少盲目的文化中心主义倾向。

三、沟通过程中的技巧

成功的跨文化交际者通常具有较好的本族和异族文化的背景知识，具有双重文化或多重文化的理解能力。跨文化交际能力应包括交际能力和具有跨文化的知识与技能。文化交流中要求的交际基本要点和语言表达的艺术，像把握时机、注意场合、区别对待、适应特点、讲究礼貌、围绕中心、热情洋溢、简洁明了、观察判断、语言幽默等，都适应于跨文化人际传播活动。同时，在不同的跨文化交流场合，像教育、商业、旅游、医疗卫生、政府外交等方面，其技巧运用上又各有特色。

（一）尊重和信任

尊重是指对交谈者的人身尊重和对谈话内容的尊重。每个人都喜欢对方尊重自己的谈话、成就、信仰。如果在人际交流的过程中，不断用收拾、目光、微笑和鼓励言辞向对方表示尊重，那么对方也会对你做出积极的回应，因为尊重是相互的。西方人对于时间观念是很注重的，准时约会是对一个人的尊重。一般聚会，西方人都会准时出现，不会早到也不会迟到。

在西方，在社交场合最常用“先生”和“女士”来称呼人，习惯于对等式的称呼。家庭成员之间，则不分上下长幼尊卑，一般可互称姓名或昵称。在家里，可以直接叫爸爸、妈妈的名字。对所有的男性长辈都可以称“叔叔”，对所有的女性长辈都可以称“阿姨”。这在我们中国是不行的，必须要分清楚辈分、老幼等关系，否则就会认为你不懂礼貌，分不清礼数。

尊重是信任的基础，只有尊重才会达到信任，只有学习尊重个人自由和决定，平等对待他人意见，寻求和解的方式，在社会上才会更好地与人沟通，实现开放式的交际，让我们在分享不同观点、看法和感受时感觉舒畅，并实现相互理解。培养互信需要大量的耐心和对多元文化的敏感性。此外，开放的学习氛围能赋予每个人以自信，因此学习者应拥有表达自我的空间，学会珍视别人的经验、才华和贡献，明确各人的不同需要和期望。互信、互尊与真诚相待在跨文化学习中是十分重要的。

正如美国学者克莱尔・康塞逊（Claire Conson）说，我初识中国的时候正是 20 世纪 80 年代中国和中国戏剧实力不断增强的时候，当时中国正在改革开放，戏剧艺术家在中国国内试演，并开始到国外巡演。我亲自见证了中国观众的活力、艺术家的创新能力。我想起了劳伦斯・林德（Lawrence Linder）的深刻见解，即大多数外国人将中国文化等同于传统文化，将西方文化等同于现代文化，可实际上并非如此。对美国来说，将中国话剧带到美国是一件新奇的事。我认为原因之一是我们的观众不愿意观赏另一种语言的话剧，或者说更大的问题是我们一直都在看中国的传统艺术——京剧以及我们认为是中国作品的其他戏剧形式。而我们应该对他们改编西方经典作品及如何写关于自己经历的故事感兴趣。我希望能看到更多这样的事以及人们为了获得共同尊重所作出的努力奋斗。要知道，在建立合作关系和文化交流时，强调双方的共同点、深入了解对方的文化非常重要。

（二）同情与理解

同情与理解都是设身处地地体味他人的苦乐与际遇，从而产生感情共鸣，这是跨文化传播中发展和保持积极人际关系的重要条件。每个人的同情和理解能力是不一样的，有的人能够准确地把同情表现出来，有能力准确地理解对方的思想和感情，并及时作出反应；有的人在交谈时不容易将心比心，甚至不会对他人的境遇表示出起码的理解。

其实这种同情和理解的能力是可以培养的，在跨文化传播中称为“角色认知”（Experiencing Identity），首先从认识自身的文化背景和经历出发，充分了解自己的文化，然后再学习多元文化。在跨文化学习过程中，学习者的观念会不断变化，而周围的环境与现实却不会改变，所以学习者需要充分认清个人的责任，处理好二者之间的矛盾。亲身参与中美文化交流活动的美国爱荷华大学国际写作项目主任克里斯多弗·梅里尔教授，回顾了自己在中国云南组织的一次学术交流活动。在这项活动中，大家每天阅读相同的作品，并就中国作家讨厌而美国作家喜欢的角色进行讨论。美国作家与中国作家发生激烈争论，相互还为对方布置写作练习。经过几周的共同旅行、观光、阅读相同的书籍、辩论和探讨，所有人彼此都有了深刻了解。

任何成功的跨文化人际传播都是在知己知彼的基础上建立起来的。深入了解本国文化，透彻理解文化自身的产生、演变，可以增强传受双方的跨文化意识，把握好中西文化的类同和差异。同时，尊重异国文化，把自己置身于对方文化的立场，从对方异国文化的角度上思考问题，在一定程度上摆脱自身的本土文化，这样可以在跨文化沟通中避免一些不必要的错误，处于有利地位，掌握主动权，而不是盲目地陷入另一种文化中。

（三）交谈与倾听

谈话是每个人都会的事情，而如何让跨文化中的人际交流活动卓有成效，要注意三个方面。

第一，应当要善于组织交谈，在确定谈话的开始、进入正题和结束等环节时要充分考虑对方的意见。在谈话的过程中，让双方轮流交谈，给予每个人在讨论中发言的机会。中国传统文化强调修身养性，忌锋芒毕露，使得中国人在表达上往往含蓄内敛，害怕说错话，招人耻笑，并不太喜欢在公众场合发表观点，如此表现在大学课堂上，会给人留下害羞腼腆的感觉。在会谈时若轮到自己时不发言，会看做拒绝合作的表示。因此，在有机会表达自己意见的公共场合，应该多多发言，让其他人注意到你，发现你身上的优点，机会可能就会不期而至。

第二，中国人受中庸之道的熏陶，万事以和为贵，十分重视人与人之间的关系。在日常的生活和工作中，中国人重视人际关系的和谐相处，避免直接冲突，多是以委婉礼貌的方式表达自己的不同观点。而美国人则倾向于直截了当、直言不讳的交际方式，自由表达观点看法。这种交际方式富有挑战性，但是争论往往只针对工作不针对人。因此，在商务活动中，受文化的限制，中国人往往把直截了当、直言不讳当成是一种鲁莽行为，而美国人则认为说话含糊不清是没有诚意的。

因此，中美之间的这类会谈，特别在商务活动和政治谈判中，中国人首先考虑的是达成共识，然后是细节层次的分析，面对复杂谈判时，注重问题的整体讨论，通常临近谈判尾声时，才会在一些问题上做出让步和承诺，从而达成一揽子协议。美国人则通常将整个活动分解成一系列的小活动，从小到大的思维方式。例如，在商务谈判中，他们会将价格、交货、担保服务合同等问题分次解决，每个步骤都做出让步和承诺，最后达成的是一连串小协议的总和。

第三，要学会倾听，不要轻易打断他人的讲话，不要在他人没有全面阐述完自己观点时就轻易摇头反对，否则就会给正常的交流带来障碍，削弱阐述者交换信息的兴趣。正确的做法是：在未得到足够和确凿信息，或未完全了解对方观点之前，应当尽量避免做出语言或非语言的评价。

（四）沟通与交流

在跨文化交流往来中，分歧和争执是无法避免的，达成共识是必经之路。在全球化的今天，没有哪个国家可以孤立存在，所以在任何活动中文化冲突都是不可避免的。文化整合是基于不同文化基础之上通过寻求共同发展而创立的，通过文化整合融合差异冲突，求同存异。解决跨文化中的差异，适应异国的社会特点，解除文化冲突，最好的办法就是不断加强与国际市场的文化沟通。反馈可以帮助人们根据别人的反映及时调整、改正交际策略。由于各种因素的影响，人们会对异族文化容易产生误解。只有交流才能增加反馈，才能知道对于该文化的理解是否正确。

高语境和低语境文化的差异是影响人们有效沟通的重要因素。低语境的人希望信息表达准确与明确，尽量避免模糊、歧义或多义。高语境的人希望表达信息间接、含蓄、耐人寻味。高语境的人可能对来自低语境详尽、重复的信息感到厌烦，而低语境的人对于来自高语境曲折、含蓄的意义无所适从。因此，为了增强跨文化的人际交往的能力，需要了解对方的文化背景，接受对方的文化差异，灵活地处理文化交往中的各类问题。要认识到没有哪一种文化比另外一种文化更好，没有哪一种文化是奇怪的，没有哪一种文化是不同寻常或异质的。分析不同的语境特点，有助于人们对彼此的文化理解、宽容与尊重，减少交流的失误与失败。

从语境的角度，中国属于高语境国家，很多时候表达含蓄、用字隐晦，需要他人根据当时讲话的环境以及非言语的线索，比如声调、表情、动作，让人去揣测文字背后或话语背后的真正含义。所以，中国人特别注意语言表达的曲折性、间接性和委婉性，在交流中要用心体会“言外之意”“话外之音”。高语境交际对语境的依赖性较强，要成功地与中国人交往，外国人除了要有较深的语言知识外，还应具有很强的推断能力。

而美国是典型的低语境国家，低语境文化中信息的意义，通过语言可以表达得很清楚，不需要去领会、去揣测，交流过程中信息的大部分都通过清晰的符号传递，只有少量由隐性的环境来负载。低语境文化的成员习惯于利用语言本身来表情达意。如在与美国人沟通的时候，可直截了当、开门见山，必须把所有要沟通的信息都用明白无误的、可编码的文字语言传达出去，没有隐藏在字里行间的必要。

因此，了解文化的语境，在跨文化的人际传播和沟通中是极为重要的，这样才能知晓对方的表达方式和行为方式，这样才能避免沟通的失败。在中国，如果你到主人家做客，问你喝什么，即使你拒绝，主人也会端出茶水招待你。西方人处理问题的方式就大不相同，你若明明很渴，装客气表示不渴，对方就认为是你的真实意图，不会招待你。这些生活细节折射出不同的文化模式和表达方式。如果这位客人不以自己高语境交际惯常的方式传递信息，直接说出自己的想法；而那位主人能够超越自己的文化的规定，理解来自不同语境文化的人的表达方式，沟通就会顺利得多。因此，跨文化交往的双方应该熟悉并适应不同语境的文化差异，尽量从对方可以接受的方式出发传递信息。

如何使两种冲突语境的人达到沟通？有人认为还需要在交际过程中留有余地，保全双方的面子，使用礼貌语言。礼貌就是人们为了满足脸面上的需求所采取的理性行为，它本质上是策略性的，特别当高语境和低语境的人在交流时，应通过多种手段给交际者双方都留有面子，诸如多微笑、真诚赞美对方的优点、认真倾听、有效回应等。

第九章　新媒体环境下的人际传播与沟通

近年来，以信息技术为支撑的新媒体发展十分迅猛，各种形态的新媒体，包括数字电视、数字杂志、数字报纸、手机短信、移动电视、网络微博等，不仅强烈冲击着社会经济形态的变化，而且也广泛地渗入到人们的日常生活中，极大地改变了人们的工作、生活与交往方式。与此同时，传统媒体也纷纷加快与新媒体间的融合。这些无不预示着一个新媒体时代的到来。新媒体的迅猛发展给传统的人际传播与沟通带来了巨大影响，深刻改变了传统人际传播与沟通的方式，也对传统人际传播与沟通的理论形成了新的挑战。本章即聚焦于新媒体中人际传播与沟通的发生、发展，分析面对新媒体中新出现的传播与沟通方式时人们所应采取的策略。

第一节　新媒体的一般理论

一、新媒体的内涵

新媒体（New Media）这一概念最早由美国哥伦比亚广播电视网（CBS）技术研究所所长戈尔德马克（P・Goldmark）于 1967 年提出，他在一份电子录像商品开发报告中，将“电子录像”称为“新媒体”。其后，“新媒体”一词开始广泛流行，并成为全世界范围内的热门词汇。

然而，关于到底什么是新媒体，人们的理解并不一致。国内外对新媒体内涵的表述也不下几十种。有学者从时间相对性的角度解释新媒体，认为新媒体“是一个相对的概念，是报刊、广播、电视等传统媒体以后发展起来的新的媒体形态，包括网络媒体、手机媒体、数字电视等”[①]。有学者从技术数字性角

---

① 匡文波. 2007. 2006 新媒体发展回顾. 中国记者，（1）：76-77.

度出发，认为新媒体可以表述为：“一是基于数字技术的界定，就是把数字化后的媒体形态称为新媒体，包括有线数字电视、直播卫星、地面数字电视等；二是基于IP协议的界定，就是指IP化以及与网络媒体有关的媒体形态称为新媒体，包括IP电视、网络广播、网络电视、手机电视等。”①还有学者从传播互动性角度描述新媒体，美国资深媒体分析师凡·克劳思贝（Vin · Crosbie）认为新媒体“就是能对大众同时提供个性化的内容的媒体，是传播者和接受者融会成对等的交流者、而无数的交流者相互间可以同时进行个性化交流的媒体”。著名媒体人杨继红在《谁是新媒体》中，曾将目前学界对新媒体定义归纳为“传承论”“相对论”“规模论”“互联论”“数字论”“多维论”以及“一言难尽论”等②。

尽管各家对新媒体的概念众说纷纭，莫衷一是，但其中有两点是肯定的。首先，新媒体中的“新”是相对于旧媒体而言，从此角度出发发现，新媒体一定程度上是一个相对的时间概念，是相对于传统媒体而言的。作为信息传播工具与渠道的媒体，其物质形态伴随着科技的发展而不断发生变化，经历了从最初的口语媒介到文字的诞生、印刷术的发明，以及近代新闻媒体的兴起、广播电视电子媒介的运用，直至目前以数字、网络技术为支撑的新媒体的兴盛等诸多阶段。因此，每次媒介技术的变革都会带动所谓的“新媒体”的产生，其形态是不断变化和发展的。如此，广播相对于报纸是新媒体，电视相对于广播是新媒体，互联网相对于电视又是新媒体，而目前发展势头正猛的手机媒体也可以被称作是新媒体。从这个角度看，新媒体只是一个相对的概念，并无固定指向。今天的“新媒体”，在未来的新的媒介革命中，也会成为“旧媒体”。现阶段，新媒体主要是依托数字式信息符号传播技术实现传播功能的各类形态。

然而，这并不意味着“新媒体”这个概念没有边际，无法解释。从技术层面上可以发现，今天所言的新媒体，与数字技术、计算机网络技术、移动通信技术等的发展密不可分。新媒体需要依托这些技术，向受众提供各种信息服务。其中，数字技术是新媒体的核心技术，也是支撑现阶段所有新媒体形态的基础技术，因此，新媒体也被称作是数字化新媒体。而计算机网络技术则为信息的

---

① 周建新. 2008. 新媒体：竞合与共赢. 现代传播，(1)：143-144.

② 杨继红. 2008. 谁是新媒体. 北京：清华大学出版社.

传播提供了相互连接的通道，QQ 聊天工具、微博、网络游戏等都是依托互联网而产生的新媒体方式。移动通信技术的发展则使信息传播摆脱了实体网络限制，4G 技术所推动的手机媒体的强势发展，使手机日益成为提供多媒体信息服务的信息接收和发送终端。

结合以上阐述，可以说，新媒体“是相对于传统媒体而言的，是继报刊、广播、电视等传统媒体以后发展起来的新的媒体形态，是利用数字技术、网络技术、移动技术，通过互联网、无线通信网、卫星等渠道以及电脑、手机、数字电视机等终端，向用户提供信息和娱乐服务的传播形态和媒体形态”[①]。

二、新媒体的主要类型

按传播途径和终端划分，可将现阶段各种新媒体形态分为三类，即：互联网新媒体、手机新媒体与电视新媒体。

（一）互联网新媒体

互联网新媒体是建立在互联网上的各种媒体形式，包括门户网站、搜索引擎、虚拟社区、即时通讯、RSS、博客、播客、网络电视、网络杂志、网络游戏等。它可以通过电缆、电话线或无线通信等，将地理位置不同的两台或多台计算机联系起来，以实现信息的数字化交互传播。1998 年，联合国新闻委员会将其正式列为继报纸、广播、电视之后出现的“第四媒体”。互联网的迅速发展，推动互联网媒体成为目前我国各种新媒体中最主要同时也是最重要的形式。鉴于网络新媒体类型众多，本章仅介绍其中较为重要的几类：

1. 门户网站

所谓门户网站，“指的是集成了多样化内容和多种服务模式的 Internet 网站。由于这种类型的 Internet 网站提供搜索引擎、免费资源服务、个性化服务、新闻发布、虚拟商店、虚拟社区等多种功能，集成了当前 Internet 网络的多种服务模式，因而使得它们成为了 Internet 网民进进出出的必经之门户，成为互联网上访问率最高的网站，同时也构成了 Internet 的中坚力量”[②]。门户网站最

① 石磊. 2009. 新媒体概论. 北京：中国传媒大学出版社.

② 郭长禹. 2005. 论高校数字图书馆门户网站建设. 图书馆学刊，(3)：114-116.

初大都向用户提供信息检索服务，后来逐渐拓展新的业务类型，以致如今其业务几乎无所不含，如包括新闻发布、搜索服务、免费邮箱、电子商务、影音资讯等。目前，世界上影响较大的门户网站有 yahoo、google 等，搜狐、新浪、网易则被喻为中国的三大门户网站。

2. 即时通讯

即时通讯，英文为 Instant Messaging（IM），它是一种使用户能在网上识别对方，并与对方实时交换消息的技术。即时通讯工具使人类的传播方式突破了空间限制，并改变了报纸、电视等单向的信息传播方式，而达到了即时性与交互性传播。目前，网络上最流行的即时通讯工具为微信、QQ 与 MSN 等。

当前，我国最流行的即时通讯工具是微信，微信（Wechat）是腾讯公司于 2011 年 1 月 21 日推出的一个为智能终端提供即时通讯服务的免费应用程序，微信支持跨通信运营商、跨操作系统平台、通过网络快速发送免费（需消耗少量网络流量）语音短信、视频、图片和文字。同时，也可以使用通过共享流媒体内容的资料和基于位置的社交插件“摇一摇”“漂流瓶”“朋友圈”“公众平台”“语音记事本”等服务插件。

微信提供公众平台、朋友圈、消息推送等功能，用户可以通过“摇一摇”“搜索号码”“附近的人”扫二维码方式添加好友和关注公众平台。同时，微信将内容分享给好友及将用户看到的精彩内容分享到微信朋友圈。

2016 年 12 月，微信团队在 2017 微信公开课 PRO 版上发布了《2016 微信数据报告》。报告显示，微信 9 月平均日登录用户达到 7.68 亿，较去年增长 35%，50%的用户每天使用微信时长达 90 分钟。消息日发送总次数较去年增长 67%。日成功音视频通话总次数 1 亿次，较去年增长 180%。

3. 博客、微博

博客是近年来非常流行的一种网上写作形式，为英文单词 Blog 翻译而来。一个博客事实上就是一个网页，通常由用户个人管理，用户可以不定期更新内容。运用博客，人们可以通过网络，迅速、便捷地发布信息，并且能够方便地与他人进行交流。而博客的内容则可以非常广泛，它可以是对某一社会事件的评价，可以是个人心情的呈现，可以是个人创作的诗歌、小说等文学作品，还可以链接其他网站、转载他人文章，等等。博客于 2002 年正式被引入中国，由于其便捷性以及互动开放性，持续吸引了越来越多的用户使用。中国互联网络信息中心（CNNIC）于 2017 年 1 月发布的《第 39 次中国互联网络发展状况调查统计报告》显示，2016 年底，包括博客在内的各种论坛和 BBS 用户达到 1.2 亿。尽管受到微博的巨大冲击，时至今日，博客仍被很多人认为这是网络时代最有效的言论发布中心与思想汇集地。

微博是微型博客（Micro Blog）的简称，它是“可实时发布消息的迷你型博客，一般不超过 140 个字符”，通过微博，“用户可以通过网站、即时通信、短信、电子邮件或 API 接口随时随地表达微言大义，以时间轴方式展现出网友 24 小时即时状态”①。然而，微博绝不只是“博客的微型化”，较之博客，除去形式上更加短小精悍外，微博的使用更加简单、信息发布更为快捷，载体也不仅仅限于网络，用户还可以通过手机等媒体使用。由于这些特性，微博发展速度迅猛异常，自 2009 年 8 月新浪网推出“新浪微博”内测版，微博开始正式进入中文上网主流人群视野，根据 2017 年 CNNIC《第 39 次中国互联网络发展状况调查统计报告》提供的数据，截至 2016 年 12 月，微博用户规模为 2.7 亿，逐渐回升，使用率为 37.1%，用户数与使用率都有上涨。微博主打陌生人社交，通过人与人之间的“关注”“被关注”网络来传播信息。在内容维度上，微博正在从早期关注的时政话题、社会信息，更多地向基于兴趣的垂直细分领域转型。

4. SNS

SNS（Social Network Service），即社交网络服务或网络社交平台，这是近几年来互联网新媒体发展的又一亮点。它通过互联网，在人与人之间建立网状连接，并形成各种各样的团体。SNS 的价值在于其真实性，其中的用户不再单纯只是一个 ID 符号，个人信息带有匿名性。通过 SNS 建立起的某个人脉圈，主要采取实名制，会员需要填写详细的真实信息。目前，世界上最火爆的社交网络无疑为 Facebook。截至 2017 年第一季度末，Facebook 日活跃用户数（DAUs）为 12.8 亿人，同比增长 18%。Facebook 发现新一代用户都比较倾向“相机优先”的互动模式，发布一项 new camera 和直播频道来吸引年轻人。中国的 SNS 网站类型包括校园生活型、职业商务型、交友婚恋型等。其中，人人网无疑是目前最火爆的校园网站，也是中国最大的实名制 SNS 网络平台，

① 沈阳. 2011. 什么是微博. 青年记者，（6）：65-66.

对当代大学生的社交、资讯、娱乐等方面生活产生了重要影响。

5. 网络游戏

随着网络技术的不断发展和互联网规模的不断扩大，近年来，网络游戏吸引了越来越多人的目光，成为一种具有普遍性的娱乐方式。网络游戏可分为大型角色扮演类网络游戏、大中型休闲网络游戏和棋牌网络游戏。而且，如今的网络游戏不单单是以互联网为依托的电子游戏，而已经发展成为一个交互性媒体平台。用户通过网络游戏，可以进行实时聊天、游戏中虚拟角色扮演、虚拟财产交易等活动。这些游戏为使用者创造了一个虚拟的现实世界。在游戏中，玩家可以扮演角色，与网络上其他玩家进行实时双向的人际互动，大大增加了游戏的新鲜感与吸引力。

（二）手机新媒体

手机新媒体是借助手机进行信息传播的媒体，被誉为继报纸、广播、电视、网络后的“第五媒体”。手机最初主要是作为一种通讯工具，人们用其打电话、发短信。它使人类的传播方式突破了传统的时间、空间限制，较之计算机互联网，又使人类实现了移动状态下的传播，因而，极大地改变了人们日常的交际方式。现在，随着移动通信与互联网技术的快速融合，手机已不仅是一种通信工具，而是越来越智能化，人们可以用其阅读报纸、小说，观看视频、收听广播、发布微博等。手机已经成为了具有通讯功能的微型电脑。又由于其便携性的特性，手机新媒体发展越来越迅猛，甚至给互联网新媒体也带来了巨大挑战。

（三）电视新媒体

电视新媒体包括数字电视（Digital Television，简称 DTV）、车载移动电视、楼宇电视等诸多类型。其中，数字电视是“音频、视频和数据信号从信源编码、信道编码和调制、接收和处理等均采用数字技术的电视系统”[①]。数字电视较之传统电视，其明显的优势即在于可以为用户提供多元化的资讯与数字增值服务，用户可以自由、主动地选择电视节目。此外，数字电视信号在传输过程中

---

① 中国电子视像行业协会编. 2008. 解读数字电视. 北京：人民邮电出版社.

损失较小，所以图像清晰度也要远高于传统电视。车载移动电视，如公交移动电视、列车移动电视等，它们使观众在移动状态中也可以观看电视节目。楼宇电视则是安装在商务楼宇、居民住宅楼电梯入口或内壁、餐厅、酒吧等场所，滚动播出信息——主要是商业广告的新媒体。无论是移动电视还是楼宇电视，它们的信息传播都带有一定程度上的“强制传播”的特性，用户并不拥有选择电视频道的余地。然而，正是这种强制性传播特征吸引了众多商家目光，使它们获得了快速发展。

三、新媒体的主要特征

（一）交互性与即时性

交互性是新媒体较之传统媒体的一个重要特性。传统媒体如报刊、广播、电视等，信息的传播是单向性的，即使它们可以通过读者来信、来电、来访等方式加强发送者与受众间的交流，然而，这种方式受到版面、电话接入等的限制，因此并不方便，交互性不强。而新媒体却真正实现了信息发送者和接收者之间的双向交流。受众可以通过网络留言、短信参与等方式，随时随地参与传播过程，还可以实时与发送者进行交流，发表自己的观点。例如，现在很多网站常常会在发布的新闻末尾添加一个“评论”字样，网友点击一下，即可在弹出的页面中发表自己对该事件的评价。在一些重要事件中，网民还可以进行在线提问与交流，大大加强了受众在信息传播过程中的地位。不仅如此，在新媒体中，受众的身份也发生了变化，他们不再是被动的信息接受者，自身也可以发布消息，并与其他受众进行互动交流，这真正实现了信息的双向互动传播。

与报纸、电视需要一定的制作、出版或播出周期不同，新媒体实现了即时传播。网络媒体运用光纤技术，使信息能以光速传播，如一封电子邮件可以使任何信息在几秒钟内传至世界上任何一部联网的信息终端；手机移动通讯也打破了时空界限，使人们能够随时随地相互联系。再如，大部分网络媒体的网站新闻都实行 24 小时实时更新，受众可随时通过互联网、手机等终端设备，第一时间了解世界各地发生的重大新闻。新媒体的即时性特征大大突破了交流双方时间上的限制，使信息传播、沟通变得更加轻松、快捷。

（二）选择性与强迫性

传统媒体受到版面、播出时间等的限制，因而容量有限。在这方面，新媒体受到的限制可能仅仅是自身的存储空间以及网络的带宽，而这两点难题都可以很容易地加以解决，“理论上讲，只要满足你计算条件，一个新媒体中心即可满足全世界的信息存储需要”①。网络的普及，大大降低了用户发布信息的门槛，使世界上发生的任一事件，都可能成为网络消息而被广泛传播。因而，新媒体上有着海量的信息。用户每天打开网站，就会有各类信息接踵而来，其中不乏大量的广告。海量信息，一方面，极大了开阔了用户的眼界；另一方面，却在一定程度上对用户构成了强制性接受。而新媒体的传播方式部分也带有强制性，例如，公交车载电视、楼宇广告、手机垃圾短信等。这些传播是新媒体的运营机构或个人在没有征求受众意愿的情况下，以强制手段发送的，受众无法拒绝，且大多具有明显的商业目的。

然而，与此同时，新媒体也可以为用户提供更加个性化的服务。相对于以往传统媒体大多是大众化的传播，新媒体可以面向更加细分的受众。所以在海量信息面前，用户可以通过新媒体检索、定制、选择信息，同时还可以自由选择接收时间与地点，而不必拘泥于传统媒体“节目单”的限制。因此，新媒体提供给每个受众的信息可以完全不同。例如，数字电视就可为用户提供诸如新闻、电影、电视剧、音乐、游戏、旅游、购物、远程教育等诸多服务，此外，在每个分类下面，还可以有更小的细分，如电影、电视剧还可以进一步细分为古装、现代、言情、战争、科幻等。受众完全可以根据自己的兴趣和需要进行选择。

（三）隐蔽性与开放性

新媒体传播具有隐蔽性和匿名性。用户在BBS、QQ、MSN时，并不需要用自己的真实名字；在博客、微博发言时，也不必要提供自己的真实信息。这一方面，给了用户极大的发言权，普通人可以通过新媒体更为便捷地发表自己的见解，草根话语权得到了前所未有的尊重；但另一方面，新媒体的隐蔽性却

---

① 王诚. 2005. 通信文化浪潮. 北京：电子工业出版社.

也为很多虚假消息的存在提供了温床。部分人不负责任地发表具有危害性的信息，而不顾忌是否需要承担不负责任的言论所造成的后果。例如，著名武侠小说作家金庸在网络上就曾多次“被死亡”。2013 年，六小龄童被传死讯，让娱乐圈再度沸腾。除了六小龄童，陈忠实在电影《白鹿原》上映后被网友爆料“去世”，金庸也曾多次无辜“死去”，在娱乐圈这个“谣言四起”的地方，名人、明星被“死亡”比比皆是。新媒体传播还具有开放性的特征，这恰如一枚硬币的两面。一则消息一旦被发布到网络上，只要该信息具有足够的吸引力，瞬间就可以传遍全球，人们利用搜索引擎也会很容易地查找到该信息。2011 年 7 月 23 日在发生的温州动车组事故中，就让人充分见识到了微博的力量。“D301 在温州出事了，突然紧急停车了，有很强烈的撞击。还撞了两次！全部停电了！我在最后一节车厢。”几乎在事故发生的同时，新浪网友“袁小芫”就发布了第一条微博，比国内媒体的第一条报道早了两个多小时，随后该微博即被转载，成千上万素不相识的人从四面八方赶来，向求救者施以援手。此外，目前互联网、手机新媒体上的电子书刊、电子杂志等共享性资料，也给用户带来了极大的便利，人们完全可以足不出户，利用网络查询自己所需的信息。

（四）超媒体性

超媒体性是指新媒体可以“在多种媒体中非线性地组织与呈现信息”，超媒体是超文本的延伸[①]。传统媒体如报纸等，对信息是以线性方式进行组织的，然而，网络传播则是建立在超文本之上。超文本可以使用户非顺序地进行信息访问，同时它也指任意相互链接的文本。超文本方式不是以字符，而是以节点为单位组织各种信息，节点间通过关系链加以链接。只要用户点击链接按钮，就可以直接到达目标文本。这样用户就可以根据自己的需求，选择性地接收信息。这些信息又可以将文字、声音、图片、动画、影像等多种形式集于一身，从而最大限度地实现各种传播方式的兼容并包。超媒体信息服务已成为新媒体未来发展的方向。诚如比尔·盖茨所描述的未来新媒体提供的超媒体信息服务那样：“假设你正在观看新闻，你看到一个你不认识的人与英国首相走在一起，你想知道她是谁。你用电视的遥控器指着这个人，这个动作就会带给你关于她

① 宫承波. 2007. 新媒体概论. 北京：中国广播电视出版社.

的小传，还有最近出现过她的其他新闻报道名单，指着名单上的一件东西，你就能阅读或观看它，无数次地从一个话题跳到另一个话题，在全世界范围内搜集视频、音频和文本信息。”[①]

第二节 新媒体中人际传播与沟通的走向

一、新媒体的发展促使传统人际传播与沟通出现新变革

新媒体中的人际传播与沟通，是借助互联网、手机、交互电视等新媒体进行的信息交流活动。常见形式如电子邮件、即时通讯、博客、微博、社交网站、BBS 论坛，等等。这是在现代科技的迅猛发展下强势催生的新的人际传播与沟通方式。

事实上，自古以来，人们便孜孜不倦地寻求如何实现人际交流与沟通的最大化。最早期的人际传播与沟通主要是采取以口语为媒介、直接面对面的交流与沟通方式。后来，文字的诞生、印刷术的发明、近代新闻报业的兴盛、广播电视等电子媒介的出现等，无不大大延伸了人们的交往能力，也使人际传播出现了间接传播形式。可以说，每一次通讯技术的革命，都会给人们的交流与沟通带来巨大变革，正如有学者在谈道互联网对人们生活方式及看待世界方式产生的影响时所言：“印刷机彻底改变了个人获取事实记录、其他人的思想和遥远文化的方式；便士邮政改变了我们从朋友处获得新闻和我们与其他团体进行通讯的方式；电话改变了我们的谈话方式并扩大了可进行问题讨论的人们的范围。因特网所能改变的东西都包含这些，但会远远多于这些。”[②]

借助数字技术与网络技术的迅速发展，新媒体的形式不断增加，功能不断完善。例如，手机被喻为继报纸、广播、电视、互联网后新兴的“第五媒体”，现在的智能手机不仅具有通讯功能，人们还可以用它浏览新闻、阅读书目、观看视频、发微博等，俨如一台微型电脑。

而人们使用新媒体进行沟通、交流的习惯与方式也在不断发生变化。一度，电子邮件、BBS、博客是人们应用新媒体进行沟通、交流最火爆的方式，然而，

① 比尔·盖茨. 1996. 未来之路. 辜正坤译. 北京：北京大学出版社.

② 巴雷特. 1998. 赛博族状态：因特网的文化、政治和经济. 李新玲译. 保定：河北大学出版社.

近两年，社交网站、微博、微信等又成为人们热衷的对象。中国互联网络信息中心于2017年1月发布的《第39次中国互联网络发展状况调查统计报告》称，截至2016年12月，网民中即时通信的用户规模达到6.66亿，较2015年底增长6.8%。当前，新媒体应用最火的APP是即时通信，调查显示2016年79.6%的网民最常使用的APP是微信；其次为QQ，占比为60%；淘宝、手机百度、支付宝分列3-5位，占比分别为24.1%、15.3%和14.4%。

加拿大著名传播学家马歇尔·麦克卢汉（Marshall Mcluhan）曾说道："传播样式的变化可以改变人们的感觉，可以改变人与人之间的关系。"[①]确实，新媒体的兴起带来了传播手段的革命，也深刻地改变了传统的人际传播与沟通模式。新媒体的兴盛促使人们的交往与沟通出现了新类型，如电子邮件、BBS论坛、微博等。社会成员间的沟通、信息的传递、人们的娱乐等，都可以通过新媒体来实现。新媒体打破了人类以往沟通、交往所受的地域、时间乃至阶层的限制，而代之以极快的速度，将世界各地联系在一起，建立起一个虚拟的网络空间，使整个世界真正成为"地球村"。同时，这个"网络社会""虚拟社会"为其中的成员提供了更方便、更广阔的社会交往机会，人们发言的门槛更低，可以更加畅所欲言，由此，人际关系也发生了巨大的变化。较之传统的人际传播与沟通模式，新媒体中的人际传播与沟通有着独特的特征和无可比拟的优越性。

二、新媒体中人际传播与沟通的特征

（一）从传播主体上看，新媒体中人际传播与沟通的参与者具有来源的广泛性，身份的匿名性、平等性、多重性等特征

传统的人际传播与沟通往往受到时空、参与者身份等限制，相对而言，范围较为狭窄，一般局限在参与者自己认识的圈子内。尽管在日常生活中人们也经常与陌生人交流，然而，其范围与次数毕竟有限。新媒体却打破了此种限制，它给人们提供了一个无限巨大的传播与沟通空间。在这个空间内，交流者之间大多时候彼此并不相识，而是借助网络的隔离，隐匿在物理现实中部分或全部的真实身份，如姓名、住址、社会关系等，采用"化身"或"在线身份"在一

① 孙玉胜. 2003. 十年——从改变电视的语态开始. 上海：生活·读书·新知书店.

个虚拟空间内和他人交流。交流对象也在不断变换之中，人与人之间产生联系具有很大程度上的随意性与偶然性。

以腾讯公司的QQ即时通讯工具为例，目前，腾讯公司为用户提供QQ账号免费申请服务，任意个体，只要有意愿申请，都可以拥有自己的QQ账号。其中，每个用户都拥有一份可以随时更改的个人资料，包括自己的网名、头像、职业、性别、年龄、生日、国籍等。用户可以根据自己的意愿随心所欲地创造自己的身份，甚至可以省却除网名、头像外的任意资料，而只利用自己的网名这一虚拟身份与他人交往。交流对象则并不限于用户现实世界中相识的人，用户可以随意选择自己感兴趣的对象，向对方发出邀请，对方如有交流意愿，即可开始对话。正如比尔·盖茨所言：你甚至不知道对方电脑屏幕前坐着的是一条会敲键盘的狗。

再不妨以国内著名的天涯社区网站（http：//www.tianya.cn/bbs/）为例。天涯社区成立于1999年，目前已发展成为拥有注册用户7000万，以论坛、博客、微博为基础交流方式，综合提供个人空间、企业空间、分类信息、问答等一系列功能服务的综合性虚拟社区和大型网络社交平台。用户可以免费申请成为天涯社区成员，申请成功后，即可运用自己的ID账号浏览、发表文章，并可就某一话题与他人在虚拟空间内交流。而社区中某一热门话题甚至会得到几千次的跟帖、回复，用户们就这一问题发表自己的意见，并与其他用户进行交流。参与交流的人是动态变化的，人们间的相互关系也可以随时变化，而彼此间并不需要了解对方的真实身份。

因此，可以说新媒体中的人际传播与沟通打破了地域、身份、地位等方面的限制，传播主体的来源更加广泛，地位更加平等。不仅如此，新媒体中的人际传播与沟通较之以往还有另一鲜明特征：传统的人际传播与沟通多是单向进行的，传者处于主动地位，而受者则被动地吸纳接收，缺乏能够进行交互式对话的现场。而新媒体中的人际传播与沟通，其参与者大多有权利发送信息、控制信息内容及终止传播、沟通活动，大大弱化了受者的被动地位，从而在另一层面上实现了传播主体地位上的平等性。仍以腾讯QQ为例。QQ用户与他人进行交流时，用户自身可以随时发出信息，内容随意，而接收方则可以自由回应，甚至完全不回应，并且在交流的过程中，任意一方随时都可以终止对话。

匿名给新媒体中人际传播与沟通的参与者带来了自我隐匿和改头换面的

可能性。用户可以同时与多个对象进行交流，或者在不同时间与不同对象进行交流。而在不同的交流情境中，其所扮演的角色可以完全不同，这即是说，用户的身份可以是多重的。一个用户在不同的网站甚至在同一个网站即可同时拥有多个 ID，每个 ID 的注册身份都相异，如某个 ID 可以显示是大学生，但另一个 ID 上则可以显示是会计师、建筑师、调酒师，又或是自由职业者等，甚至连性别也可随意变换。例如，一个网络上的“扮异癖”曾说过：“在绝望中，来到了因特网的世界。起先，我是用女孩名在网上充当 Girl，许多热情的男孩把我当成了真正的 Girl，要与我交朋友。在网上我就觉得自己真正成了女孩，可以毫无顾忌地使用女性的语言甚至撒娇。我真是好开心。”[①]在不同的 ID 上，用户可塑造出不同的形象，一些 ID 是活跃的发言者，另一些 ID 则可能是一个沉默者的形象。面对部分交往对象，用户可能尽可能营造出一个优秀者的形象，而面对另一部分人，则展现自己的阴暗一面。总之，在新媒体中，用户可以为自己确立多个不同的身份。

（二）从传播环境上看，新媒体中的人际传播与沟通所受情境因素的制约较之传统大为降低

传统的人际传播与沟通，受到时间、地点、参与者、话题等语境因素影响明显。正如有学者所言，人与人之间的交谈或交际不是在真空中，而是在特定的时间、地点进行的。“他们可能坐着或站着，走着或者同乘一辆车。他们可能在人群之中或者单独在一起，在朋友中间或者在陌生人中间，在房间里，在大教堂里或在街上。所有这些因素都可能在交谈过程中起作用”，也即是说，传播与沟通参与者在什么时间、什么地方、同谁在一起等情况，会影响到谈话的内容和形式，“对于某些事物来说，有适宜谈论它们的时间和地点，同样也有不宜谈论它们的时间和地点……如果环境嘈杂，我们就得大声说话；如果谈话范围过于广泛，我们就应加以紧缩；如果在正式的场合，我们就应选用一套同给正式场合下所用的完全不同的语词”[②]。又如，部分人在陌生的环境中警惕性会增强，行为也变得拘谨，等等。而这些时间、地点、参与者、话题等因

① 彭兰. 2011. 网络中的人际传播. 国际新闻界，（3）：47-53.

② S.皮特・科德. 1983. 应用语言学导论. 上海外国语学院外国语言文学研究所译. 上海：上海外语教育出版社.

素，就构成了所谓的传播情境。曾有学者将人际传播的场合分为公务场合、社交场合与私密场合三种类型，指出，在不同的场合中应采用恰当的传播方式。例如，在与上级的人际传播与沟通中要虚心而有主见，而与下属的沟通要态度和善、用词礼貌，宴会时则要慎重选择话题、以免倒人胃口，等等[①]。

然而，上述传播环境对新媒体中人际传播与沟通的影响程度已大大弱化。新媒体中，参与传播与沟通的各方大部分情况下并非在同一场所，传播主体们所面对的通常只是自己的电脑与手机，通过这些工具与对方在一个虚拟的世界进行交流。例如，微信、QQ、MSN 即时通讯工具使人与人之间的交流与沟通很大程度上克服了地域限制，世界上的任意个体，只要拥有这些聊天工具及网络，即可随时与他人联系。而利用这些聊天工具给对方发送信息时，如果对方同时在线，即可马上收到消息，如果对方不在线，服务器则会将信息为对方保留一段时间，当对方打开聊天工具时，即可收到信息。可见，影响传统人际传播与沟通的地域、时间等因素，在新媒体中，其作用已基本消失。

不仅如此，诚如上文所言，新媒体中的传播主体具有匿名性特征，而新媒体中的传播语境较之传统也具有隐秘性与安全性的特点。每个用户通常只能用自己特定的 ID 及相应的密码登录 BBS 论坛、微博、微信、QQ、MSN，个人的真实身份则隐匿在这些 ID 之后。这有效地保护了个人的隐私，使参与者很少担心出现传统的人际传播与沟通中可能会出现的“隔墙有耳”现象，也不必担心与对方在社会地位、教育程度、年龄、职业、地域等方面的差异给自己言行带来的束缚，从而使言语行为的自由程度大大提高，一定程度上有利于提升人际传播与沟通的效果。

（三）从传播介质上看，新媒体中的人际传播与沟通是一种以文字信息为主要载体的传播与沟通方式

与传统的人际传播与沟通不同的是，新媒体中的人际传播与沟通通常是一种传播主体间非面对面的交流与沟通。无论是电子邮件、BBS 论坛、博客、微博还是微信、QQ、MSN 等即时通讯工具，这其中，人们并没有直接面对面的交谈，而是需要借助文字信息传达自己的思想，完成交流与沟通。

---

① 薛可，余明阳. 2007. 人际传播学. 上海：同济大学出版社.

以文字为主要交流手段，优势在于：一方面，有助于人们在发言前理清思路，更清楚地表达自己的意见，从而加深交流的移度；另一方面，却也限制了面对面传播时一些辅助性“语言”，也即所谓“副语言”的作用。因为面对面沟通时，参与者除去可以听到对方的有声语言外，还可以看到对方的表情、手势、动作等副语言信息，这些副语言能够辅助语言传达思想，使自己能更好地了解对方的意思。例如，当给他人指路时，人们通常一边告诉对方路线，同时还要用手指点方向。部分时候，副语言甚至能够替代语言帮助人们进行沟通，如在交流双方言语不通，或与一些不能说话的患者间进行交流时，传播主体就可以通过面部表情和手势等方式来代替语言完成沟通。

但新媒体中的人际传播与沟通，通常只是信息的线化传输，人们不可能在虚拟的环境中利用自己的表情、动作来表达自己的感受、心情，而且尽管可视交流已经越来越普及，但是，正如有学者所言：“即使以后可视交流得到普及，但网民为了确保自己在网络虚拟环境中的表现能有别于现实环境，也还是会大量依靠语言文字来进行交流。”①为弥补此种缺憾，在文字交流中更直接、形象地表达情感，“电子副语”就被创造出来，用来代替表达出如同传统传播环境中传播主体的面部表情、手势、语气等副语言信息。电子副语的主要形式有图画、动画乃至各种自创的图形等，使新媒体中的语言具有很强的表情化、符号化的特征。

新媒体中人际沟通与传播所运用的符号也经历了一个不断向前的发展过程。最早期的符号通常是利用键盘上的数字、字母、线条、标点符号等组合而成。如“：-)”表示最普通的笑，“^_^”表示明媚的笑，“：-D”表示开怀大笑，“：(”表示不高兴，等等。后来，丰富多彩的图形、图画取代了用键盘打出来的这些简单的符号。这些图画可以描摹人类的表情、体态。如腾讯 QQ 的“表情”一栏，即收入了可以表现人的微笑、大笑、偷笑、坏笑、得意、大哭、发呆、惊讶、鄙视、委屈等多种面部表情图，此外还有握手、抱拳等手势。用户通过这些表情来帮助传达即时的情绪或某种特定含义。这之后，又出现了一些动态的图画，这主要是用 Flash 制作而成的具有动态效果的图形，可以用来

① 黄春平，彭铁祥. 2005. 当前网络人际传播研究述略——从网络言语传播与非言语传播谈起. 辽东学院学报，(6)：42-45.

描绘一个动作的过程或是一个情节。这些动漫通常还有配上一些文字，深受人们青睐。这些生动的图形、动画令虚拟的网络人际传播环境显得更加自然、真实，同时也有利于弥补副语言信息缺失给人际交往带来的不便。

（四）从传播效果看，新媒体中的人际传播与沟通打破了传统人际传播与沟通中所受地域、时间、传播主体身份地位差异等方面的限制，达到了传统人际传播与沟通很难达到的深度与广度

新媒体的传播主体、传播环境都具有隐匿性特征。传播主体一般不会使用自己的真实姓名，而是使用代号在虚拟世界中行走。匿名性往往给人们一种安全感，去除掉在日常交往中的种种顾虑，而释放在现实中那些被压抑、隐匿起来的，不希望被身边人所了解的情感，更开放地向他人倾诉自己的心理，宣泄自己的情绪，展示更加丰富的自我。正如有学者所言："人们的自我披露的对象，主要是不会再见面的陌生人和亲近的或挚爱的人。现代人紧张的生活和巨大的压力以及他们内心的自尊使得他们更渴望将烦恼等向他人宣泄，可以说，网络恰好提供了这种可能。网络人际传播中的对象往往就是萍水相逢、永远可以不见面的陌生人。因此网上自我披露更容易发生。"①因此，新媒体中人际传播与沟通中，人们表露出自我信息的程度往往超出日常生活中面对面的交际，在交流深度上有很大拓展。

不仅如此，新媒体有助于将不同地域、不同背景的人联系在一起，并很大程度上消除了在传统人际传播与沟通中，人与人之间由于交往动机的不确定性而带来的彼此不信任。人们足不出户就可以将自己生活、工作中的乐趣、知识、经验与他人分享，并向他人求助解答工作、生活中的困惑与难题。网络上的人们也确实更乐于将自己的知识、经验、意见传递给他人。从此角度看，新媒体确实最大限度地扩大了人们的交往范围，让参与者真正感受到与来自地球各个角落、不同年龄阶段及专业领域的人交往的情境。

此外，新媒体中，人们还很容易对某一事件、话题产生共同的兴趣，将其转载到自己的博客、微博、QQ 空间内，并对其加以评论。又由于新媒体传播速度的迅捷，因此，借助新媒体的力量，一些意想不到的事件很容易迅速发展

---

① 陈泳华. 2003. 网络人际传播中网民的分裂心态及自我调适. 河北师范大学学报，（5）：100-104.

成为热门事件，从而得到全社会的关注。这又是在传统人际传播与沟通中很难看到的现象。例如，被评为 2011 年“十大网络事件”之一的郭美美事件，就是首先通过微博而得到人们的广泛注意。这个 20 岁即拥有名包、名车、豪宅的女子首先在微博中发布了一系列的“炫富”内容，又自称为“中国红十字会商业总经理”而在网络上引起轩然大波，进而引发了人们对中国红十字会的信任危机。

2010 年“十大网络事件”之一的“我爸是李刚”事件，也是借助网络而迅速被人们所关注。肇事司机李启铭在河北大学校园内撞死、撞伤各一名学生，然而态度非常冷漠嚣张，甚至高喊：“我爸是李刚！”此事在网络上引起轩然大波，网友们自发地“人肉搜索”该名男子及其父李刚的真实身份。而“我爸是李刚”也成为当时网络最火的流行语。微博上也有网友发起了“‘我爸是李刚’造句大赛”活动，得到了至少几十万网友的热情回复，网友们造句：“床前明月光，我爸是李刚；老夫聊发少年狂，我爸爸，是李刚；假如生活欺骗了你，不要悲伤，我爸是李刚；前世五百年的回眸，才换来今生我爸是李刚；白天不懂夜的黑，只因我爸是李刚；桃花潭水深千尺，不及我爸是李刚；一骑红尘妃子笑，可知我爸是李刚？”如今，借助新媒体的传播与交流，舆情正以新方式呈现出来。

三、新媒体中人际传播与沟通的弊端

新媒体给传统的人际沟通与传播带来了巨大变革，但也应注意到这一新的人际交流与沟通方式存在的弊端。

（一）从其对传播主体的影响看，新媒体中人际传播与沟通环境的虚拟性，以及交往对象之间的非面对面性，易于给传播主体健全人格以及自我意识的建立带来障碍，影响人的社会化过程

新媒体人际传播与沟通的特点，使其比现实世界的人际传播与沟通更为轻松。它所提供的虚拟世界相对于现实世界更为完美、自由。在这个虚拟的世界里，人们可以按照自己的意愿在其中任意行走，实现在现实生活中难以实现的一些梦想，解决现实社会中难以解决的一些问题。由于这个世界的隐秘性与安全性，人们也确实更容易打开心扉，与他人探讨一些难以与周围人沟通的话题，

寻觅到更加志同道合的朋友。人们还可以扮演多重角色，也可以随意转换自己的角色，释放现实生活中那些被压抑的情感，展现多层次的自我，等等。

然而，如此下去久而久之人们很容易对其产生一种依赖感，醉心于它给自己带来的满足感。很多人每天都必须打开电脑，否则就心神不宁，坐立不安；一些人对手机也有严重的依赖，总会不自觉地把手机拿出来把玩儿，有时候甚至手机没有响都会产生它在响的错觉。对方明明就在几步远的地方，却宁可用手机联络。而部分人尤其是一些青少年由于对网络的过度沉迷，而患上了所谓的“网瘾”，即“互联网成瘾综合症”，(Internet Addiction Disorder 简称 IAD)。一般而言，有“网瘾”的人对网络有极其强烈的渴望或冲动，一旦减少或停止上网，就会有周身不适、烦躁、易怒等反应，为了上网，甚至可以不吃饭、不睡觉。目前，世界各地判断网络成瘾的标准并不统一，有学者提出这样三个标准：“一是连续一个月以上每天上网玩游戏 4—6 个小时，严重影响了工作和学习；二是认为上网能得到快乐；三是不上网就会出现躯体症状，如头痛、出汗、烦躁不安等，但一坐到电脑前面，这些症状就立刻消失”[①]。

对网络的过度迷恋，会影响到人们尤其是青少年健全人格的建立，因为青少年正处于个性发展的关键时期。网络世界的交往准则与现实世界有很大差异，很多人在 QQ、MSN 或网络游戏中，可以与他人侃侃而谈，但是在现实社会中却并不知如何与他人交往，腼腆、沉默，久而久之，甚至会主动回避与他人的直接交往，而得上了“网络幽闭症”。这些人只想与计算机打交道，面对现实中的人则冷漠、疏离，对周围环境的感受力与参与意识大大下降，最终性格也变得孤僻、冷漠。也曾有研究显示，频繁收发短信会对人的个性产生负面影响，使人更内向。英国普利茅斯大学研究人员对 1000 名使用手机短信服务的人调查后发现，所有被调查者越是频繁收发短信的，他们所表现出来的社会忧虑感和内向型个性就越强烈[②]。不仅如此，网络世界给人们建造自己的多重身份提供了可能，人们可以在其中随意体验不同的角色。然而，这在给人们展示多彩自我的机会同时，也会给人们带来对自我的多种认识，这些认识经过反馈反而会使个体对自己的认识更加模糊，分不清到底哪些是更为真实的自我，

---

① 李伦. 2007. 网络传播伦理. 长沙：湖南师范大学出版社.

② 宫承波. 2007. 新媒体概论. 北京：中国广播电视出版社.

甚至会导致人格分裂，对人们自我意识的建立产生不利影响。此外，网络的虚拟性、匿名性也助长了部分人撒谎、行骗、随意谩骂他人等恶习，使个性畸形发展。这些弊端严重影响了人的社会化过程，给人们现实世界中的人际传播与沟通带来严重的负面影响。

（二）从传播内容上看，新媒体中暴力、色情、虚假、垃圾消息泛滥，造成了传播内容优质化的缺失

新媒体本身的隐蔽性、自我性和易获取性，为各种暴力、色情、虚假、垃圾消息的泛滥提供了绝佳的温床。新媒体降低了对传播者素质的要求，而其匿名性特征又使部分人有机可乘，伺机在网络上传播不良消息，甚至利用网络犯罪，而难以被发现。

例如，近年来，网友见面被骗案件频发。一些不法分子利用 QQ 聊天工具骗财、骗色，一些女性与异性网友见面被抢夺财物、甚至被强奸的案例比比皆是，有一些人甚至还失去了生命。一则来自《武汉晨报》的报道称，汉阳警方破获了多起男色诱骗女网友见面劫财案件，其中一例即为：网友“天空”（化名）在某交友论坛闲逛时，收到一陌生人的好友申请。闲聊几句后，对方发来一张英俊帅气的照片，令“天空”怦然心动。双方进行视频聊天后，彼此谈得还比较投机。对方随即发出约会邀请，“天空”当即答应。次日凌晨 1 时许，“天空”独自来到汉阳钟家村附近，网友也如约而至。在该网友的提议下，两人到附近的绿色广场幽会。不料，刚刚走进幽暗的树林，刚才还文质彬彬的网友，就立刻变成凶神恶煞，和旁边冲出的另两名男子一起将其携带的 iPhone 手机和随身财物抢走。此外，部分人还利用 QQ 等聊天工具进行色情交易。

新媒体上各种虚假信息也泛滥不绝。在娱乐新闻中，从明星的恋爱关系，到娱乐圈的潜规则事件，假新闻可谓数不胜数。部分媒体为了吸引受众眼球，不惜炮制、夸大新闻。而论坛、博客的迅速发展，使人人都可以成为新闻的制造、传播者，部分人出于好奇或恶作剧心理，甚至受利益驱使，将一些并不属实的消息传播出去。例如，前文所言的著名作家金庸“被死”事件即为著名的网络虚假新闻之一。事实上，金庸先生并不止一次“被死”，2011 年也再度“被死”，一个名为“信 e 点”网友微博发布称：“金庸先生于 2011 年 10 月 15 日 3

点 12 分在香港尖沙咀圣玛利亚医院去世。”消息一出，引发网友议论，纷纷求证传言，后证实该消息也是属于谣言。这两则金庸先生“被死”的新闻也都分别入选了当年所评选的“网络十大虚假新闻”。

此外，新媒体中还存在大量垃圾信息，且这些垃圾消息的接受还具有强制性特征。例如，当我们打开一些网站，总会伴随着弹出一些窗口，其中大部分都是商家的广告；我们的电子邮件也经常会收到一些商家发来的商品广告；手机也会收到大量的垃圾短信。腾讯安全发布的《2016 年年度互联网安全报告》显示，腾讯手机管家用户全年共举报垃圾短信 10.7 亿次，其中，广告类垃圾短信占比为 80.56%，位居第一；诈骗短信举报数量为 1.1 亿次，占比 10.91%。随着个人信息泄露愈演愈烈，诈骗短信越来越精准，用户更容易中招。当前，诈骗短信不再单独作案，而是与钓鱼网址、木马病毒联合对用户进行循序渐进的攻击，造成的用户损失更加严重。也给社会秩序带来了潜在的危害。

（三）从传播功能上看，新媒体中的人际传播与沟通容易带来现实中人际情感的淡漠，并使人与人之间产生信任危机

传统的人际传播与沟通中，我们主要是与自己熟悉或亲密的家人与朋友分享自己的心事，对陌生人却会适度保持一种警惕，并且人们的交往范围主要也限于自己熟悉的人，与陌生人即使有所交往，其次数与范围也有限。然而，新媒体却大大拓展了人际传播与沟通的广度，人们可以按照自己的意愿与他人交往，同时，由于匿名性，人们一般都用特定的网络身份与他人交往，无需吐露自己的真实身份。平时不敢说的话，在网络中尽可以畅所欲言；平时不敢表露的情感，在网络上可以淋漓尽致地表达；平时不敢与他人分享的隐私，现在也可以拿出来与他人分享。

然而，尽管互联网、手机给了一个我们释放自己心灵、解放自己情感的平台，但它毕竟只是一种虚拟的接触，而并非面对面的、真实的接触与交流，因此并不能真正满足现实中人们的情感需求，使人们的心灵真正得到解脱。人们有可能因为过于沉醉于新媒体中虚拟的人际交往，而进一步加剧对现实的不满，从而拒绝与周围人的交流与沟通，这反过来又加剧了人们在现实社会中的孤独，使人与人之间变得疏离。同时，人们沉醉于新媒体提供给人们的新奇体

验中，用于现实中人际交往的时间必然也会越来越短，与家庭、朋友、邻居之间的感情联系最终也会转淡。

而且，新媒体人际沟通与传播的匿名性与非面对面特征，也使新媒体中的人际沟通与传播有着一个与生俱来的缺陷，即无法判断对方言论的真伪。尽管双方交流时，字里行间可能都透露着真诚，然而交流者也会对对方话语的真实性产生怀疑，这样就产生了一个很奇怪的现象："网民们都知道自己完全可以对对方讲真话，但又都清醒地认为对方给自己所提供的信息或许就是虚假的。"有调查显示："在网上，99%的网民都称自己的言论是真实的，但问及对他们言论的信任问题是，比例就降到了 83%。"[①]因此，新媒体中的交流者双方之间并没有建立起完全的信任机制。从另一方面讲，过于迷恋用新媒体进行人际传播与沟通，也会使现实生活中的人际传播与沟通信任感缺乏。因为人们已经习惯于在虚拟的网络社会中，带上"面具"用虚假的身份与他人交往，这种习惯很可能延伸到物理现实中来，于是使现实中的人际交往也缺乏真诚感和信任感。

第三节　构建理性和谐的新媒体人际关系

随着数字技术与网络技术的迅速发展，各类新媒体已经深深地渗透到社会生活的各个方面。它为人际传播与沟通提供了新的平台和渠道，是人与人之间沟通的重要方式，直接影响着人们日常的工作与生活。然而，在大大方便了人们之间交流与沟通的同时，新媒体却也使人际传播与沟通产生了新问题，带来了诸如使传播主体产生人格障碍、社会交往能力弱化，传播内容优质化欠缺等问题。但是，"技术本身是中性的，它既不会把人类带入一个高度自由、平等和民主的理想国，也无法颠覆和毁灭人类社会，它的'善'或'恶'是使用技术的主题选择、控制和导向的结果"[②]。因此，对待新媒体，我们必须充分意识到其给传统人际沟通与传播带来的巨大变革，同时正视其负面影响，趋利避害，构建起理性、和谐的新媒体人际交往关系。

---

① 陈泳华. 2003. 网络人际传播中网民的分裂心态及自我调适. 河北师范大学学报，(5)：100-104.

② 华伟. 2003. 网络交往与大学生道德自我发展. 南京：南京师范大学硕士学位论文.

一、必须正确认识新媒体中人际交往与现实交往的关系，切实增强现实生活中与人主动交往的能力

新媒体时代，仅仅因为新媒体可能给人际传播与沟通带来的负面影响，而杜绝人们接触新媒体，这是因噎废食，既不可能且无必要。正如有学者在谈到网络对青少年的影响时曾言：“不过可以肯定的是，若孩子无法接触与使用新媒体，对孩子的未来发展势必会有不利的影响”①。人们，尤其是青少年容易沉醉于新媒体带来的各种新奇体验，满足于在其中扮演各个角色，而对现实中的人际交往产生厌恶心理。针对于此，必须通过多种方式，引导人们分清网络与现实的差异。

新媒体中的人际传播与沟通与现实中的人际传播与沟通，其主体都是人，因此二者之间存在着密切的关系，从此角度看，新媒体中的人际传播与沟通实际上是现实中人际传播与沟通的延伸和补充，现实一些传播与沟通的规则也适合于新媒体。但是，二者之间毕竟也存在巨大差异，在传播媒介、活动方式、交往目的、传播时面对的对象等方面并不相同。

新媒体给人们提供的是一个虚拟的世界，在这个虚拟的世界里，人与人之间的交流通常并不需面对面，对象很多都是陌生人，因此，其传播与沟通带有很大的偶然性与随意性。而人是社会化的人，并不能脱离现实社会而生活在一个虚拟世界里，需要学习语言、知识、技能、礼仪等，以适应社会环境对人的要求。新媒体中的人际关系并不等同于同时也并不能取代现实生活中的人际关系。直接的面对面的交往是人们正常生活的基础，也是个体适应社会、培养健全人格的重要途径。正如有研究者所言：“虚拟生存也只能以客观世界的现实性作为发展的根基，并且永远扎根于这种自然物质环境。任何认为可以脱离这种环境的想法，都会直接导向荒谬和虚妄”②。同时，个人在新媒体中所扮演的角色，与现实生活中也有很大不同，长期沉溺于新媒体中的角色扮演，很容易造成虚拟与现实脱节，而不能进行正常的社会人的生活。

因此，我们必须清醒地认识到现实世界与新媒体所提供的世界的区别，正

---

① 唐·泰普斯科特. 2003. 数字化成长——网络时代的生活主张. 陈晓开等译. 长春：东北财经大学出版社.

② 章铸. 2001. 论虚拟实践——对赛博空间主客体关系的哲学探析. 南京大学学报，(1)：5-14.

视这个世界在给我们的交流与沟通带来便利的同时，也有一些负面影响。要培养起新型的人际交往观念，针对不同的人群尤其是青少年，进行适当的人际交往训练，在学校中开设一些人际交流课程，帮助学生建立起正确的交往观念，懂得尊重他人和如何与他人进行良好的沟通，切实加强人们在现实中的人际交往能力，帮助他们积极参加社会活动，主动而非被动与他人交流，建立起良好的人际关系。

二、加强新媒体中人际传播与沟通的道德教育，树立起新媒体中人际传播与沟通的道德规范

新媒体给人际传播与沟通带来了诸多便利，然而，其匿名性特征却也为部分素质低下的人，甚至是犯罪分子提供了一个廉价的温床，使其能随意地发表不负责任的言论，散布诸如暴力、色情、谣言等信息。因为尽管从技术上讲，在网络中追查一个人的真实身份是可能的，但从现实讲，这需要花费大量的人力、物力与时间。在新媒体中辨识用户身份往往十分困难，因此给有些人造成了可乘之机。在这个新媒体已经深深渗透到人们日常生活各个方面的时代，新媒体中的虚拟世界必须是一个理性、和谐的世界，否则会严重影响到现实社会的秩序。例如，那些网络人际传播与沟通中经常出现的诈骗等不道德的现象与行为等。因此，有必要加强新媒体中人际传播的道德教育，树立起新媒体中人们交流与沟通的道德规范。

诚如上文所言，新媒体中的人际传播、沟通与传统一样，其传播主体都是人。所以传统的人际传播与沟通中一些基本道德规范与原则，也完全适用于新媒体。例如，现实生活的人际传播与沟通必须遵循一定的礼仪，包括言谈礼仪、服饰礼仪、仪容礼仪、见面礼仪、社交礼仪等。由于新媒体中的人际传播与沟通通常是非面对面的传播与沟通，因此，一般而言，服饰礼仪、仪容礼仪、社交场合的礼仪等并不适用。但是新媒体中的人际传播与沟通，基本上也还是依靠语言实现的，并且以口头语居多，因此人们也必须遵循一定的言谈礼仪，用语上不仅要言辞达意，还要以礼待人。

例如，当与他人第一次在网络上邂逅，或当彼此间并不是很熟悉时，可以以“你好”之类的招呼语开头，结束时加一句“再见”“祝好”等；发送电子邮件时，针对不同的对象，也应选择合适的称呼语。与陌生人交谈时，更需要

真诚、友好，充分尊重他人，保护他人的隐私；要言语有度，选择双方都感兴趣的话题，并及时调整谈话的方向与内容；还必须尊重他人的政治、宗教信仰以及风俗习惯等。用户不能将新媒体作为自己不正当地发泄情绪的工具，随意侮辱、谩骂、攻击他人，而要保持语言的净化。

加强新媒体中人际沟通传播与沟通的道德教育，是建立起新媒体中人际传播与沟通道德规范的重要途径，这需要学校、家庭与社会等各个方面紧密结合起来，共同发力。首先，学校要加强对青少年的网络道德教育，他们是未来新媒体中的主体。学校在教授学生网络知识的时候，就要有意识地教授学生一些基本的网络道德规范，引导他们以积极、健康的心态对待网络，规范自身在网络上的行为。而家庭也要积极地推进新媒体道德教育的开展，平时家庭成员内部应加强交流，积极沟通，减少不必要的上网时间，并且互相提醒、监督在网络上的言行符合道德规范。社会各管理部门则应加大宣传、倡导力度，积极组织、实施教育活动，并及时发现、披露与处理那些不道德的网络行为，力争在全社会形成一股文明上网的新风气。

三、传播主体必须主动增强道德意识，加强行为与道德的自律能力

理性、和谐的新媒体人际传播与沟通关系的建立，不仅有赖于道德规范的确立，更重要的是应促成传播主体产生内在的道德与行为自律。“外在规范的他律，实际上是作为道德主体的自律的生成条件而存在，真正的道德行为，最终依赖于行为主体的道德自律。”[①]尤其在新媒体中，由于其中的人际传播与沟通所具有的匿名性与非面对面性特征，这种行为与道德自律就显得更加重要，因为很难辨识传播主体的真实身份而将日常的道德规范加诸其身。

因此，良好的新媒体人际传播与沟通秩序的形成，非常依赖于传播主体自身的道德修养、行为控制能力。参与者不能将新媒体视为不正当发泄自身情绪的廉价窗口，而随意谩骂、侮辱他人，或者发布色情、暴力、虚假信息等；同时，也不能随意公布他人隐私。如目前网络上非常流行“人肉搜索”现象，即“以网络为平台，集合广大网民的力量搜集整理各种信息，追查某些事件真相

---

① 钟瑛. 2009. 网络传播伦理. 北京：清华大学出版社.

或人物身份，并给予曝光的活动。”[①]

“人肉搜索”是网络时代一种独特的传播方式与传播现象，有着所谓的“惩恶扬善”的功能，同时也给普通民众进行意见表达提供了一个平台，帮助民众行使舆论监督权利等。如南京江宁区房产局原局长周久耕“天价烟局长”事件、广西来宾市烟草专卖局原局长韩峰的“香艳日记”事件等，网友们自发的“人肉搜索”已经成为反腐利器，有利于促进政府的廉政建设。但与此同时，“人肉搜索”也带来了一系列负面效应，部分网友将当事者以及与其相关人物的姓名、住址、工作单位、手机号码、邮箱、QQ 号等随意发布到网上，严重了侵犯个人隐私权、名誉权。一些还未被验证为事实的消息也被随意发布到网上，使一些无辜者受害。例如，上述局长“香艳日记”事件中，网友们“人肉搜索”出其中几位女主角，并将她们的照片张贴出来，然而其中一张照片中的人却并非真正的女主角，而是一位即将毕业的女大学生。这位女大学生的照片被盗用，无辜受到牵连，受到网络上铺天盖地的谩骂，生活受到了严重困扰。

再如，2008 年轰动一时的被誉为“网络暴力第一案”的“死亡博客”事件。2007 年 12 月 29 日，31 岁的北京女白领姜岩因为丈夫出轨而跳楼自杀。自杀前，她公开了自己的博客，上面记录了自杀前两月的心路历程，并贴出了丈夫与“第三者”的照片。随后，一场网络风暴由此展开，网友们人肉搜索出其丈夫及“第三者”的工作单位、电话、MSN 等资料，不仅在网上声讨他们，还将这种声讨延续到了现实。后来，其丈夫所在单位将其辞退，丈夫父母的住宅多次被人骚扰，激动的网友甚至在其门口用油漆写下了“逼死贤妻”等字样。2008 年 3 月，其丈夫终于不堪忍受谩骂、威胁与骚扰，而将发布其消息的主要的三家网站告上法庭。法院认为：对其丈夫的批评和谴责应在法律允许的范围内进行，不应披露、宣扬其隐私。

新媒体为人际传播与沟通提供了一个新平台，使人际传播与沟通变得更加便捷。它所提供的世界尽管不同于物理世界，但对人们日常生活的影响却让人无法小觑。因此，这个世界里，人与人之间更需要互相信任、尊重、理解，创造一个和谐、融洽的人际关系。由于它其中的人际传播与沟通相当时候是匿名的，用户的真实身份难以追踪，因此，一个理性、和谐的秩序的建立，更有赖

① 殷俊. 2009. 从舆论喧嚣到理性回归——对网络人肉搜索的多维研究. 成都：四川大学出版社.

于用户的自觉。用户需要知道，新媒体提供给人的自由并非是放纵，个人的自由不应建立在妨碍他人的自由与社会的进步基础上，个人在享受到新媒体带来的各种便利的同时，也要为自己的行为承担相应的社会责任和义务，而不应该利用新媒体给他人和社会带来危害。用户们良好的媒介素养，不仅为自身营造了一个良好的新媒体环境，同时也是社会稳定、和谐发展的需要。

四、建设一个规范、秩序的外部环境，将自律与他律有机结合起来

除去用户自身内在的道德规范约束外，针对新媒体中人际传播与沟通的负面因素，还有必要利用法律法规、技术等多种手段，对新媒体进行管理、规制，并将其用户自身的道德自律有机结合起来，为新媒体中人际传播与沟通创造一个良好的外部环境。

在这方面，其他一些国家的探索很有经验。例如，美国早在 1978 年即通过了《佛罗里达计算机犯罪法》，2004 年《儿童网上保护法》开始实施，此外还设立《电子商务法》《网上知识产权保护法》等法律法规对网络进行管理。日本警察厅成立了“信息系统安全对策研究会”来监管网络媒体。新加坡于 1996 年也开始对互联网实行管制，实施分类许可证制度等。

经过 10 余年的发展，我国也已颁布了一批网络管理法律法规，并成立了相应的管理机构。如，早在 1994 年我国就发布了《中华人民共和国计算机信息系统安全保护条例》，这堪称最早的网络管理文本，后来又接连出台了《中华人民共和国电信条例》（2000）、《互联网信息服务管理方法》（2000）、《互联网上网服务营业场所管理条例》（2002）、《关于规范短信息服务有关问题的通知》（2004）、《互联网新闻信息服务管理规定》（2005）《信息网络传播权保护条例》（2006），等等。我国网络监管机构有中国互联网信息中心（CNNIC）、国家的信息产业部等。

除去法律法规外，还可以利用技术手段对新媒体人际传播与沟通进行管制。我国较为流行的对互联网进行管制的方法包括阻止进入手段和过滤手段等。阻止进入即是限制网民对某些地址进行访问，使网民无法直接登录这些网站浏览信息、发表言论等。过滤手段即是通过设定某些关键词等方法，阻挡与其相关的信息。例如，如果对“性”这个词进行过滤，网民在搜索相关信息时，部分内容便无法浏览。随着中国反垃圾邮件联盟、中国互联网协会

反垃圾信息工作委员会、反垃圾信息中心等成立，我们要采取“疏堵结合、破立并举”的方式，通过支撑业务监管、推动行业自律、建设法律法规、开展普教宣传、加强国际合作、建立技术手段等多重举措来保障新媒体传播与交流的健康发展。

后　记

《人际传播与沟通》2012 年被列为中南大学卓越工程师培养系列精品教材，面向全校学生授课。经过众多老师多年的教学摸索，终于编写完成了这一教材，这实属不易。经过反复磋商，不断修订，教材各个章节的内容日渐成熟，体例也得以完善。参与教材撰写的老师都在教学实践中总结了经验，这使得教材坚持理论联系实践，吸纳不同学科的前沿知识，取得了良好的教学效果。

教材坚持正确的指导思想来阐述人际传播与沟通的性质，来衡量其社会效果，来解决人际关系中遇到的各种问题，保持时代的先进性，注重正能量的传达。

教材加强理论范畴的阐述，厘清人际传播与沟通的基本范畴、人际传播的特点、人际传播的情境、人际传播的过程、人际传播的技巧等相关知识理论。对人际传播与沟通的基本原理作重点阐述，对普通问题作一般阐述，对有关常识只作一般介绍，使学生花较少时间掌握人际传播最基础的知识。

教材坚持理论联系实际的原则，突出实用性，用日常生活及人际交往中经常遇到的事例进行案例展示，就其中共同性的问题和个别性的问题进行讨论辨析，提高学生对具体问题的理解能力，指导学生克服交往障碍，正确进行人际交往。

教材坚持人文精神的注入，强调人的修养，把人文精神贯穿在人际传播与沟通的各个层面，使学生深刻理解与人相处的本质，从而提升个人素养，增加个人魅力。

教材注重对前沿知识的吸纳，人际传播的教材大多脱胎于文秘和国际交流等专业，造成内容单薄、陈旧，理论脱离实际的现象。本教材打破了这种僵化惯例，增添了传播学、心理学、语言学等前沿知识，使学生更能理解当前人际传播与沟通的实际。

教材的撰写是一件很复杂、很艰辛的工作。在拟定好教材体例与章节之后，每位老师根据自己的研究特长进行了任务分工。具体分工为：胡艳撰写第一章人际传播与沟通概要，周灿华撰写第二章人际传播与沟通的规律和特点，王晓生撰写第三章人际传播与沟通的过程，黄芸撰写第四章人际传播与沟通的情境，范明献撰写第五章人际传播与沟通的技巧，陶瑷丽撰写第六章人际传播与沟通的言语行为，凌菁撰写第七章人际传播与沟通中的非言语传播，马薇薇撰写第八章跨文化的人际传播与沟通，纪海龙撰写第九章新媒体环境下的人际传播与沟通。提纲由禹建湘拟定，最终统稿和修改由禹建湘负责。老师们以热情、严谨的态度来撰写各自章节，本着文责自负、精益求精的精神愉快地完成了任务的合作，体现了知行合一、经世济用的知识分子担当。

本教材的出版是集体智慧的结晶，我们希望这是对人际传播与沟通相关教材的一种突破，期待着本教材能接地气，更好地服务于社会。